会计信息系统应用（T+Cloud版）

古丽娟　段玉红◎主编

图书在版编目(CIP)数据

会计信息系统应用：T＋Cloud 版 / 古丽娟，段玉红主编． -- 上海：立信会计出版社，2024. 8. -- ISBN 978-7-5429-7640-6

Ⅰ．①F232

中国国家版本馆 CIP 数据核字第 2024ZF0418 号

策划编辑　　王秀宇
责任编辑　　王秀宇
美术编辑　　吴博闻

会计信息系统应用(T＋Cloud 版)

KUAIJI XINXI XITONG YINGYONG T＋CLOUD BAN

出版发行	立信会计出版社		
地　　址	上海市中山西路 2230 号	邮政编码	200235
电　　话	(021)64411389	传　　真	(021)64411325
网　　址	www.lixinaph.com	电子邮箱	lixinaph2019@126.com
网上书店	http://lixin.jd.com		http://lxkjcbs.tmall.com
经　　销	各地新华书店		
印　　刷	上海华业装潢印刷有限公司		
开　　本	787 毫米×1092 毫米　　1/16		
印　　张	15		
字　　数	354 千字		
版　　次	2024 年 8 月第 1 版		
印　　次	2024 年 8 月第 1 次		
书　　号	ISBN 978-7-5429-7640-6/F		
定　　价	48.00 元		

如有印订差错，请与本社联系调换

FOREWORD
前　言

新一轮科技革命和产业变革深入发展,数字化转型已经成为推动经济高质量发展的国家战略。"十三五"期间,大数据、人工智能、移动互联、云计算、物联网、区块链等新技术已经在会计工作中得到应用,ERP在企事业单位逐步普及,会计信息系统与业务系统正在全面融合发展,财务会计工作正朝着智能化发展。

为适应经济社会数字化转型的发展,财政部制定的《会计改革与发展"十四五"规划纲要》指出,新时期会计信息化应用场景全面转向数字化,对业财融合将不断提出更高需求。为深入探索业财融合在会计信息系统的应用,本书遵循理论和实践相结合的原则,选取畅捷通T+Cloud软件为实践平台,以各项经济业务在畅捷通T+Cloud软件的具体操作流程为主线,讲解理论和操作技巧,突出岗位工作任务。全书包括七个项目:会计信息系统概述(基本理论)、账套和操作员管理(建账基础)、基础设置(基础档案)、初始化(期初余额)、供应链模块(业务实操)、财务模块(财务实操)、综合实训(业财融合)。

本书的特色如下。

1. 知识体系完整,业财一体化处理

本书采用工作任务驱动,以小型制造业企业1个月的经济业务为主线,详细介绍了业务流程、业务操作技巧,充分体现了业财一体化融合。

2. 内容循序渐进,理论实践相结合

全书结构清晰、内容完整,涵盖畅捷通T+Cloud软件的大部分内容。本书注重理论、突出实践,重点在于培养学生的实际操作能力,选取会计工作中的大部分典型业务,采用现行全电发票样式,业务以单据形式呈现,满足会计工作实际需要。

3. 教学资源丰富,课程思政系统化

本书配套的课程资源包括课程标准、教案、教学课件、操作视频。本书以畅捷通T+Cloud软件作为实践平台,实训教学资源丰富,能满足学生自测、自评及考试需要,方便教师授课。

4. 校企合作,双元育人

本书由洛阳职业技术学院牵头,联合河南物流职业学院、郑州财经技师学院、河南省工商行政管理学校共同编写,由郑州胜鑫软件有限公司提供技术支持,满足学生实训需求。本书的编写思路、编写案例充分考虑了学生的认知规律,培养能力目标已对标会计信息化应用能力培养要求。

本书既可以作为高职院校大数据与会计专业、大数据与财务管理专业等相关财经专业和中职学校会计事务专业的教学用书,也可以作为会计工作者的参考用书。

本书由洛阳职业技术学院古丽娟副教授、段玉红副教授担任主编,河南物流职业学院赵芳、郑州财经技师学院牛莉萍、河南省工商行政管理学校张凌燕参与编写,同时感谢郑州胜鑫软件有限公司李辉辉总经理、陈婷婷的大力支持!

由于编者水平有限,本书可能存在不妥之处,恳请读者批评指正!

编者

2024 年 6 月

CONTENTS 目 录

项目一　会计信息系统概述 ··· 001
- 任务一　会计信息系统的基本理论 ································ 002
- 任务二　会计信息系统的构成 ···································· 003
- 任务三　安装实训平台 T＋软件 ·································· 005

项目二　账套和操作员管理 ··· 007
- 任务一　账套管理 ·· 008
- 任务二　系统管理 ·· 014
- 任务三　用户权限 ·· 016
- 任务四　备份账套与恢复 ·· 018

项目三　基础设置 ··· 020
- 任务一　基础信息设置 ·· 021
- 任务二　财务信息设置 ·· 032

项目四　初始化 ··· 037
- 任务一　库存期初余额 ·· 038
- 任务二　往来期初余额 ·· 039
- 任务三　期初资产卡片 ·· 040
- 任务四　期初单据 ·· 042
- 任务五　现金银行期初余额 ······································ 043
- 任务六　科目设置 ·· 044
- 任务七　期初同步 ·· 045
- 任务八　科目期初余额 ·· 046

项目五　供应链模块 ··· 048
- 任务一　采购管理 ·· 049
- 任务二　销售管理 ·· 063
- 任务三　生产管理 ·· 070

任务四　库存核算 …………………………………………………… 075

项目六　财务模块 ……………………………………………………… 079
　　任务一　总账 ………………………………………………………… 080
　　任务二　往来现金 …………………………………………………… 086
　　任务三　资产管理 …………………………………………………… 090
　　任务四　T-UFO 报表 ………………………………………………… 092

项目七　综合实训 ……………………………………………………… 097
　　任务一　案例背景 …………………………………………………… 098
　　任务二　业务资料 …………………………………………………… 099

附录 1　1 月凭证 ……………………………………………………… 208

附录 2　1 月资产负债表 ……………………………………………… 229

附录 3　1 月利润表 …………………………………………………… 230

附录 4　1 月现金流量表 ……………………………………………… 231

项目一 会计信息系统概述

学习目标

◆ 知识目标
1. 了解会计信息系统的含义。
2. 理解会计信息系统与 ERP 的关系。
3. 掌握会计信息系统的功能结构。

◆ 能力目标
1. 能根据企业需求,选择适合的会计软件。
2. 能正确安装畅捷通 T+软件。

◆ 素养目标
通过为企业选择会计软件,了解行业新技术,不断增加技能。

知识导航

寓德于教

党的二十大报告提出,到 2035 年,我国发展的总体目标之一是:建成现代化经济体系,形成新发展格局,基本实现新型工业化、信息化、城镇化、农业现代化。发展数字经济是把握新一轮科技革命和产业变革新机遇的战略选择,推动数字经济和实体经济融合发展是推动我国经济高质量发展的重要方面。

"十三五"期间,我国企事业单位会计信息化经历了传统财务软件、企业资源计划(ERP)、以数据为核心的数据治理系统等阶段。传统财务软件的广泛普及,夯实了企事业单位全面反映会计核算工作的能力;ERP在企事业单位的逐步普及,更加精准地反映了会计核算等会计信息系统与采购、销售、库存等业务系统的有机融合。"十四五"期间,我国在制定实施统一的会计数据标准的同时,完善会计信息化工作规范,制定软件功能规范,夯实规范信息化环境下的会计基础工作,提高财务软件质量,为会计数字化转型提供制度支撑。

思考:发展数字经济,会计数字化转型,会计人员应该怎么做?

任务一 会计信息系统的基本理论

一、会计信息系统的概念

信息系统是运用以计算机、网络和通信技术为主的信息处理技术,对企业经营中发生的数据进行获取、加工、传输、存储和分析等处理,为企业经营管理、决策提供信息的系统。会计信息系统是基于计算机的信息技术对会计数据进行采集、计算、分类、汇总,完成会计核算,并能为企业经营和决策提供信息的系统。

广义的会计信息系统,包含计算机硬件、软件、用户及规章制度;狭义的会计信息系统是指能完成会计核算、会计管理和会计决策的软件系统。对于应用会计信息系统的用户来说,会计核算软件是学习会计信息系统的必由之路。本书所指的会计信息系统应用就是会计核算软件部分,又称会计核算信息子系统。

二、会计核算软件的概念

会计软件是指企业使用的,专门用于会计核算、财务管理的计算机软件及软件系统或者其功能模块。会计核算软件是指用于会计核算工作的软件或功能模块,常有的功能模块包括总账模块、资产管理模块、采购模块、销售模块、应收模块、应付模块、会计报表模块、库存核算模块等。本书所用的畅捷通 T+Cloud 软件(以下简称 T+软件),属于会计核算软件的范畴。

三、会计信息系统模式的发展历程

会计信息系统模式是指会计信息系统在处理会计数据时所采用的方法。根据信息技术(如数据库、网络技术、人工智能等)对会计信息系统的影响程度,会计信息系统模式可分为手工会计信息系统、电算化会计信息系统、现代会计信息系统。

1. 手工会计信息系统

手工会计信息系统的核心是会计恒等式、会计科目表、会计分录和账簿。数据处理的工具是纸、笔、算盘等。

2. 电算化会计信息系统

1946年,世界上第一台电子计算机问世。1954年,美国通用电气公司第一次使用计算机计算职工工资,引起了会计处理的变革,标志着电算化会计信息系统模式的开始。电算化会计信息系统按职能结构可以划分为会计信息处理系统、会计管理信息系统、会计决策支持系统。

3. 现代会计信息系统

数据库技术、网络技术和现代管理思想引发了会计数据集中处理的变革,新的信息技术推动了ERP集成管理的发展,标志着现代会计信息系统时代的开始。

ERP系统的核心是信息集成,它不仅仅应用于财务管理,更面向整个企业管理过程。

四、会计信息管理系统与 ERP 系统

企业资源计划(enterprise resource planning,ERP)系统是指组织用于管理日常业务活动的一套软件,这些活动包括会计、采购、项目管理、风险管理、供应链管理等,用于帮助企业实现信息整合。

会计信息管理系统是ERP系统的一个子系统。ERP系统一般包括采购、供应链管理、库存、制造、维护、订单管理、项目管理、物流、风险管理、绩效管理、人力资源管理等。会计信息管理系统一般包括财务处理、购销存管理、应收应付管理、资金管理等。

任务二　会计信息系统的构成

一、会计信息系统的功能结构

会计信息系统的基本要素包括计算机硬件系统、软件资源、会计数据、会计运行规程、会计人员构成,它的主要功能结构随着企业需求的不断发展而逐步完善。从最初的规范会计核算业务、减轻会计人员重复手工劳动到现在的跨部门使用,使企业各个部门都能及时处理有关业务,信息充分共享,有效地实现了购销存业务和财务的一体化管理。

会计信息系统的功能结构分为三个基本部分:财务部分、购销存部分、管理分析部分。

1. 财务部分

财务部分主要有总账、薪资管理、固定资产管理、会计报表、出纳管理、应收应付管理、

成本核算管理等子系统。这些子系统以总账子系统为核心，为企业会计核算和财务管理提供解决方案。

2. 购销存部分

购销存部分主要有采购管理、销售管理、库存管理子系统。购销存部分可以处理企业采购、销售、仓库部门各环节的业务事项。

3. 管理分析部分

管理分析部分主要有财务分析、利润分析、销售预测、财务计划、决策支持子系统。管理分析部分可以为企业管理层决策提供支持。

二、常用会计软件介绍

会计软件是会计信息系统不可缺少的部分，企业应当根据自身信息化建设基础、业务需求选择会计软件。当前，大多数的会计软件已经融入 ERP 系统，成为 ERP 系统不可分割的一部分。因此，企业选择会计软件时，一定程度上是选择 ERP 系统。目前市面主要的会计软件有以下几种。

1. SAP

SAP 是"system applications and products"的简称，是思爱普公司的企业管理解决方案软件的名称。思爱普公司位于德国。SAP 是 ERP 软件的先驱，可以为各种行业、不同规模的企业提供全面的解决方案。

2. Oracle ERP

Oracle（甲骨文）公司是全球最大的信息管理软件供应商，总部位于美国加州。该公司生产的 Oracle NetSuite 企业云 ERP 管理软件，涵盖财务与会计、财务管理、财务计划、订单管理、供应链管理、生产管理等模块。其中，财务与会计是所有业务流程的核心。财务经理可以通过该模块在第一时间获取数据，掌控企业资金战略方向并管理风险，改进业务成果，优化财务流程，缩短财务账簿完成时间。

3. 用友 ERP

用友软件有 NC、U8、T＋系列，分别面向大、中、小型企业提供云 ERP 服务。用友软件的产品可以满足不同规模企业的管理需求。本书使用的畅捷通 T＋软件，是专门面向中小微企业的 ERP 软件。

4. 金蝶 ERP

金蝶 ERP 面向不同的服务群体有不同类别的软件，主要有企业管理软件、协同管理软件、政府非营利组织管理软件。金蝶 EAS 是适用于集团企业的一体化全面管控解决方案的软件；金蝶 K/3 主要面向中型企业，有财务管理、供应链管理、生产制造管理、人力资源管理、客户关系管理、企业绩效等模块；金蝶 KIS 适合小型企业，主要包括财务管理、采购管理、销售管理、仓存管理模块。

任务三　安装实训平台 T+软件

本书的实训平台可以选择 T+Cloud 版,也可以选择 T+单机版,实训平台 T+的安装步骤如下。

一、软件许可协议

安装实训平台 T+时,用户需仔细阅读本软件的使用许可协议。如果要继续安装,请选中"已阅读并同意用户许可协议",单击【快速安装】或【自定义安装】按钮。

二、安装选项设置

用户选择所需的"安装类型",浏览并指定【安装位置】,单击【安装】。"安装类型"有三种:全部安装、应用服务器安装、数据库服务器安装。

其中,全部安装是将 T+专属云软件相关文件全部安装在本机中,适合多用户的企业作为服务器使用,推荐在 Win2003 或 Win2008R2 等服务器版操作系统中使用,用光纤或专线网络接入(不推荐用 ADSL);实训平台 T+软件也适合单机用户本地使用,可在 Win XP 或 Win7 个人版操作系统中使用。

三、平台安装

实训平台 T+软件的安装界面如图 1-1 所示。

图 1-1　实训平台 T+的安装界面

四、系统库安装

如果选择的"安装类型"包含"数据库服务器",在文件复制完毕后,安装程序将提示进行【服务器配置】。

五、完成安装

待界面显示安装完成后,单击【完成安装】,退出安装程序。

项目二　账套和操作员管理

◆ 知识目标
1. 了解账套的含义。
2. 理解操作员权限的含义。
3. 掌握建立账套的方法。
4. 掌握建立操作员及分配权限的方法。

◆ 能力目标
1. 能正确登录系统。
2. 能熟练建立账套并录入信息。
3. 能正确设置操作员并分配权限。
4. 能熟练备份与恢复账套。

◆ 素养目标
1. 通过建立账套的学习,培养学生对财务软件的运用能力。
2. 通过操作员权限分配的学习,培养学生岗位责任意识。

知识导航

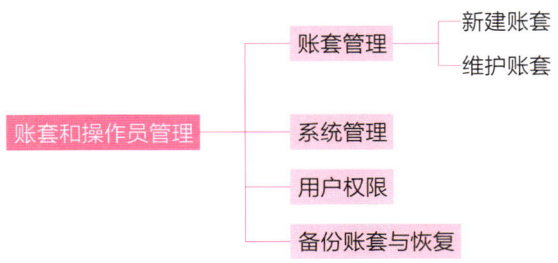

寓德于教

随着互联网技术的不断发展,企业信息化建设步伐加快。云会计是基于互联网构建的向企业提供在线服务的会计信息系统。云会计的主要功能包括根据环境变化作出调整、加强企业内外部信息的沟通与融合、实现企业内部不同部门之间的数据共享、提供非云端的企业内部核算、满足个性化云会计需求、即时完成会计数据的备份。云会计可以克服传统"单机式"管理会计信息系统的很多缺点,其优势主要体现在以下三点:①便利性。基于云计算建立的会计平台可以接入各种终端设备,方便企业的财务管理人员存取、分析云数据,极大地提高了管理效率。②系统高度集成。③与时俱进。云会计代表了目前信息技术最新的发展方向之一,拓展性和包容性很强,可以与AI等新技术很好地结合在一起,有利于系统的二次开发。

党的二十大报告指出,高质量发展是全面建设社会主义现代化的首要任务,云会计作为一种新兴的会计信息技术,为企业提供了高效、便捷、安全的财务管理解决方案,有助于支撑企业高质量发展。

(资料来源:张亚连,王喜枝. 制造业管理会计信息化创新探究,基于"中国制造2025"背景[J]. 会计之友,2019(21):96-101.)

思考:云会计软件应该怎么用?

任务一 账套管理

一、新建账套

新建账套

每个企业都可以为独立核算的单位建立一个账簿体系,在会计软件中我们把账簿体系称为账套,账套包括账套代码、账套名称、账套信息、启用日期等。账套代码是区别不同核算账簿体系的编号,不能重复。

平台提供两种身份登录系统:系统管理员身份登录、普通用户身份登录,用户首次使用必须使用系统管理员身份登录建立账套。登录系统界面如图2-1所示。

图2-1 登录系统

【例 2-1】 以系统管理员身份建立账套。

(1) 选择系统管理员,录入用户名:admin,密码:空。
(2) 打开账套管理,单击【新建账套】按钮,新建账套如图 2-2 所示。

图 2-2　新建账套

【例 2-2】 创建账套。

河南永盾门业有限公司是一家小型防盗门加工制造企业,成立于 2021 年 1 月,由自然人杨建刚出资 200 万元设立。该公司经营范围包括生产、销售防盗门;销售五金制品、金属材料。公司主要产品为 YJ 高级防盗门和 BD 普通防盗门。公司执行《小企业会计准则》。该公司于 2024 年 1 月在 T+软件建立账套。

公司基本信息如下:

公司名称:河南永盾门业有限公司

公司社会信用码:914103060678100182

公司地址:洛阳吉利区伟同路 158 号

法人代表:杨建刚

联系电话:15076698156

公司账户基本信息如下:

基本账户:中国农业银行洛阳吉利区支行(简称:农行吉利支行)314458118340348

一般结算账户:中国工商银行洛阳吉利支行(简称:工行吉利支行)170356720000245

(1) 录入基本信息。将公司基本信息录入新建账套中,如图 2-3 所示。

【说明】

教学中新建账套,不能勾选"开通云应用"。

(2) 设置启用年度、开始日期等如图 2-4 所示。

(3) 设置启用模块。要求:启用库存核算、购销管理、自制加工、总账、报表、资产管理等模块。界面如图 2-5 所示。

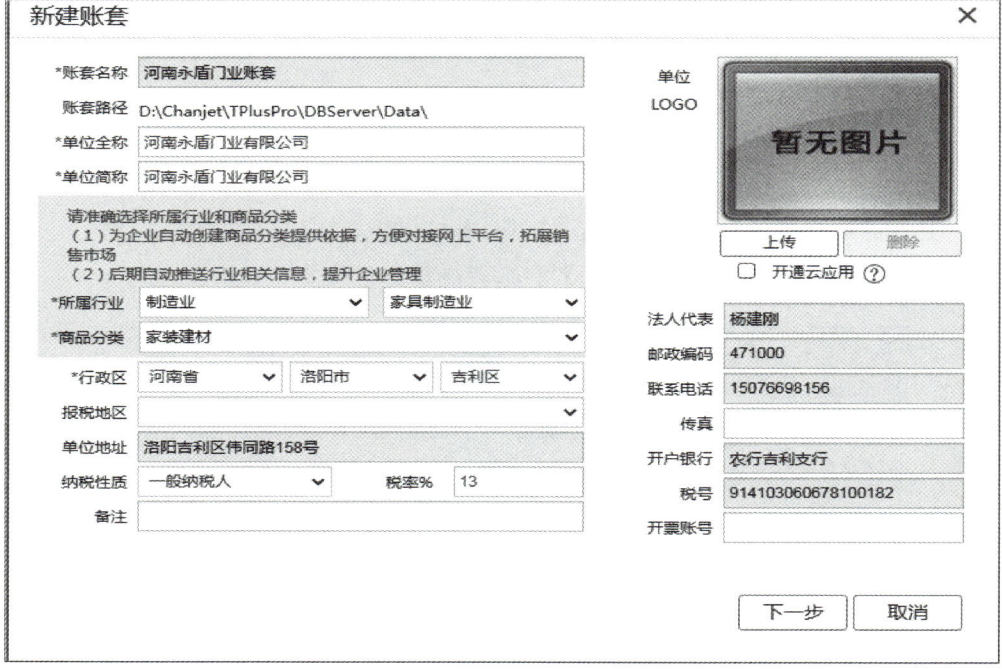

图 2-3　录入基本信息

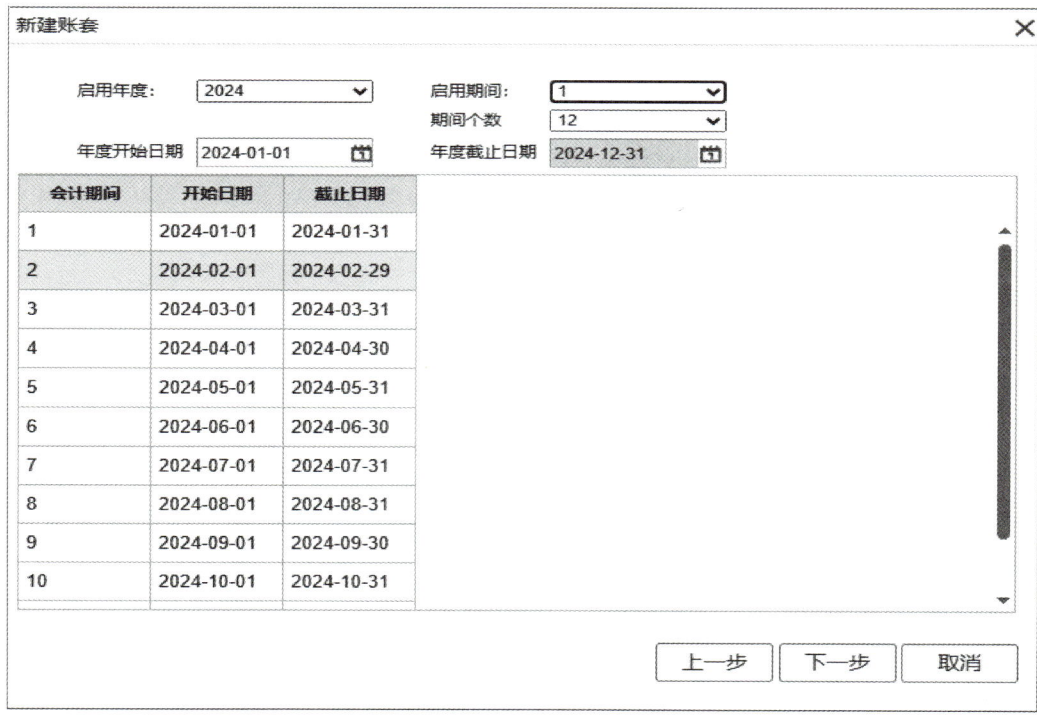

图 2-4　设置账套启用时间

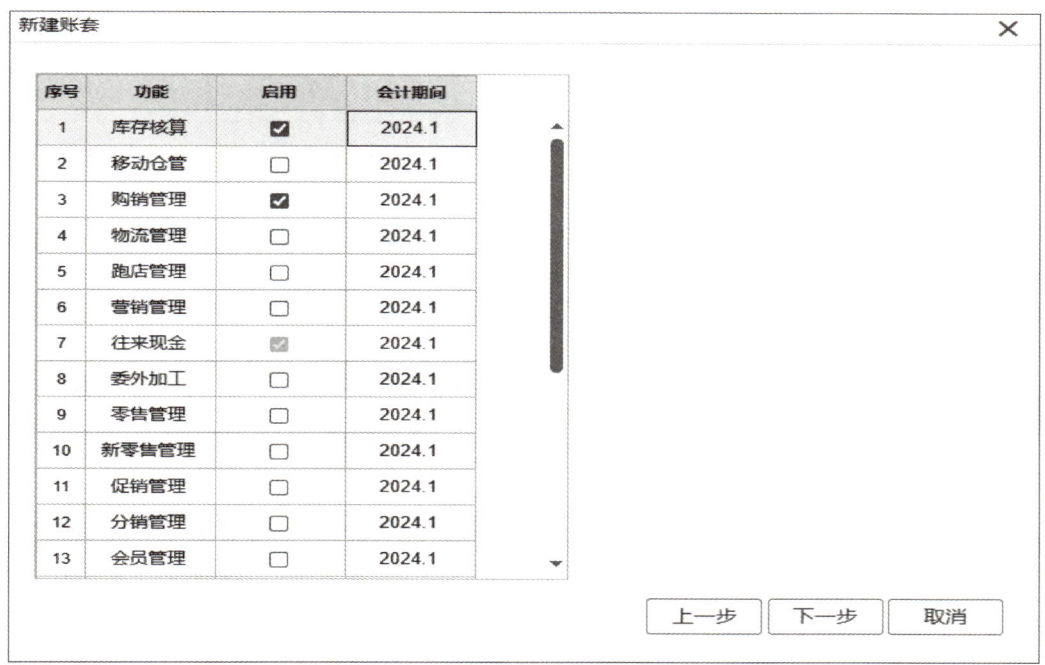

图 2-5 设置启用模块

（4）设置基础数据、计价模式等。数据精度按默认，计价模式选择"按存货（所有仓库相同存货成本相同）"，设置公共参数，如图 2-6 所示。

图 2-6 设置公共参数

(5)设置财务参数。例如,科目编码级次设置,将科目编码级数1~4的级长分别设置为"4""2""2""2"。设置财务参数如图2-7所示。

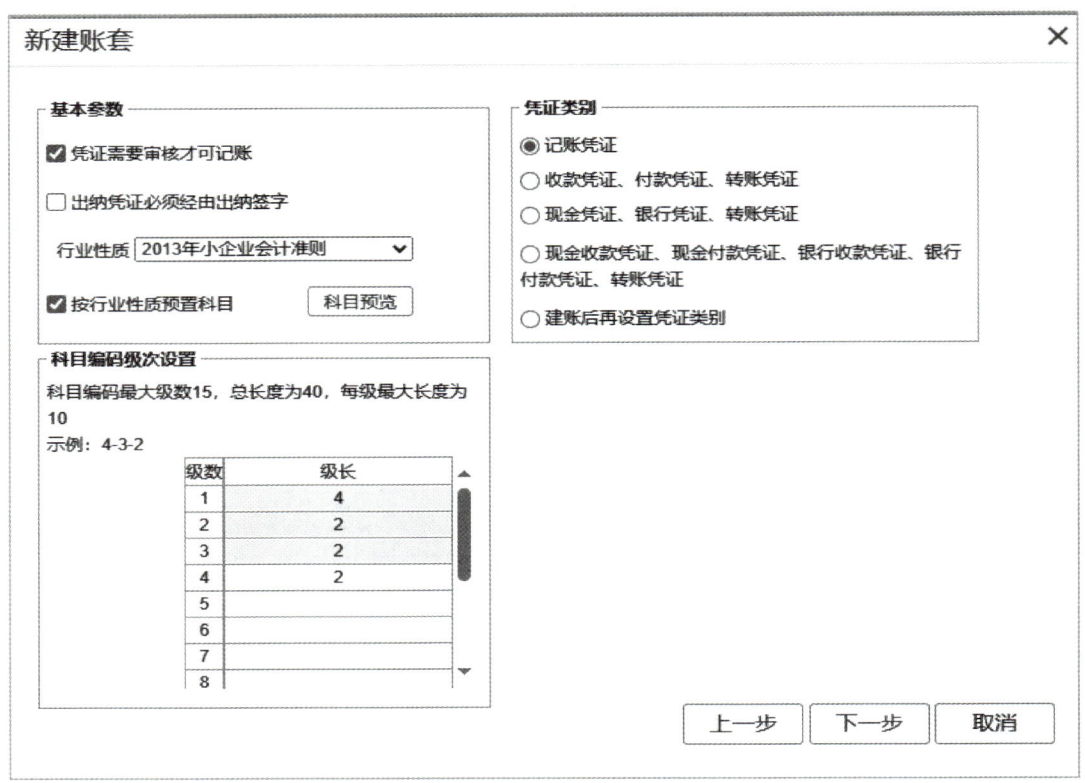

图2-7　设置财务参数

(6)设置业务流程立账方式。要求:采用销货单和进货单立账,销售管理中基本流程由销货单流转生成销售出库单,采购管理中基本流程由采购入库单流转生成进货单。设置业务流程如图2-8所示。

企业选择不同的业务流程将影响后续业务处理,业务流程选择的区别如表2-1所示。

表2-1　业务流程选择的区别

业务与仓库管理模式	销售流程		采购流程	
	销货单立账	销售发票立账	进货单立账	采购发票立账
分开管理	销售订单,销货单,销售出库单,在销货单上收款	销售订单,销货单,由销货单生成销售出库单和销售发票,在销售发票上收款	采购订单,进货单,采购入库单,在进货单上付款	采购订单,进货单,由进货单生成采购入库单和采购发票,在采购发票上付款
合并管理	销售订单,销货单,在销货单上收款		采购订单,进货单,在进货单上付款	

项目二　账套和操作员管理

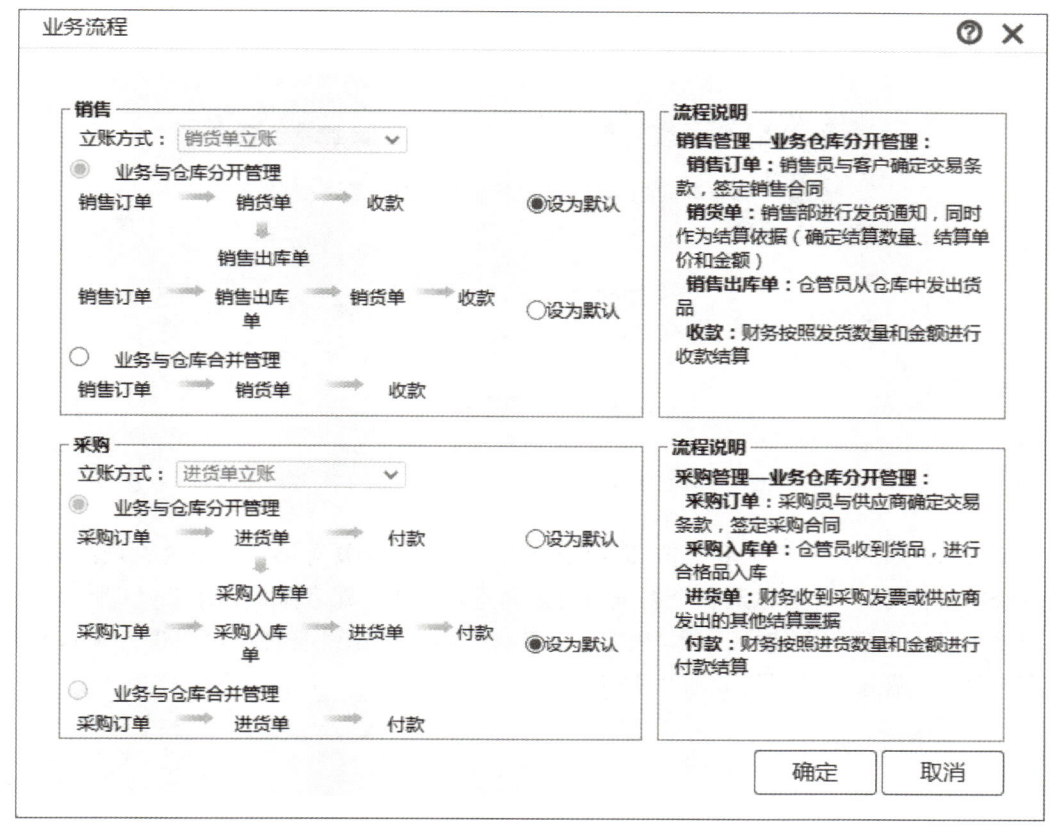

图 2-8　设置业务流程

（7）设置账套主管账号姓名、密码，教学中密码设置为空。设置账套主管如图 2-9 所示。

图 2-9　设置账套主管

账套主管账号：003，姓名：李通，单击【完成】按钮。系统弹出建立账套的进度条，完成建账后，系统提示"账套创建完成！是否进入新建账套？"，单击"是"，建账成功如图 2-10 所

013

示。用户可以用新建账套过程中已经设置的账套主管账号登录系统。如果单击"否",则关闭提示窗口。

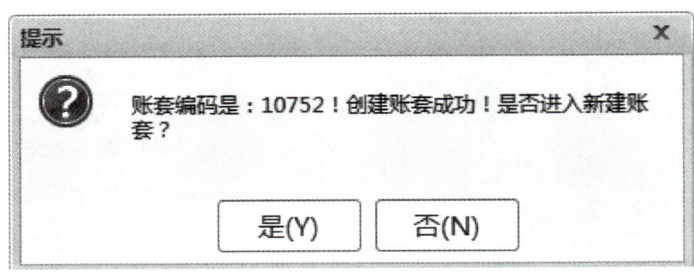

图 2-10 建账成功

二、维护账套

系统管理员可以进行账套维护,进行账套删除、备份、恢复等操作。系统管理员负责整个系统的维护工作,即可以对整个系统所有账套进行维护。账套维护如图 2-11 所示,打开账套维护可以看到账套编号、版本号、账套主管、启用期间,系统管理员可以进行账套备份、账套恢复等。账套维护详情如图 2-12 所示。

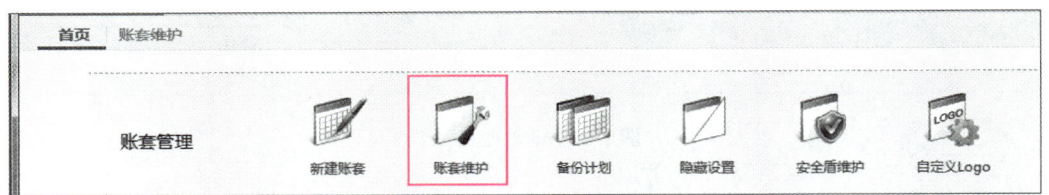

图 2-11 账套维护

图 2-12 账套维护详情

任务二 系统管理

畅捷通 T+软件由多个模块构成,这些功能模块相互联系、数据共享,共同完成财务、业务一体化处理。为了实现财务、业务一体化管理的要求,系统提供了公共的基础信息平台,拥有相同的账套、操作员和操作员权限等。这个公共基础平台在T+软件中被称为系统管理,其主要功能如下:

(1) 账套管理,包括备份账套、恢复账套、任务管理、日志管理等。

(2) 基本设置,包括账套基本信息修改、功能启用、选项设置、业务流程设置、用户权限设置等。

(3) 单据档案设置,包括单据设计、基础档案设置、枚举档案调置等。

【说明】

账套主管进入系统后才可以对本账套进行系统管理,因此系统管理的功能应用仅限于本账套。系统管理员(admin)的管理权限是对所有账套进行维护,两者的权限级别不相同。

【例2-3】 以账套主管身份打开系统管理。

(1) 选择普通用户,录入账套主管代码、密码、账套号、登录日期。账套主管登录如图2-13所示。

图2-13 账套主管登录

(2) 打开系统管理。进入账套后,选择系统管理,打开系统管理页面如图2-14所示。系统管理是用于本账套管理的公共平台。

图 2-14 系统管理页面

任务三 用户权限

为了避免无关人员非法进入会计信息系统,也为了避免相关人员越权进行非法操作,会计信息系统的每一个子系统在进入之前都要对操作人员进行权限检查。因此在会计信息系统使用前需要明确规定系统每一个操作人员的岗位分工和操作权限。

软件提供新增用户组和新增用户以及授权。用户组是将具有相同工作内容和工作权限的用户组成的集合,用户是指有权限登录系统并操作的人员。用户组授权后,对组内所有用户有效。用户授权仅对指定的用户有效。新增用户权限如图 2-15 所示。

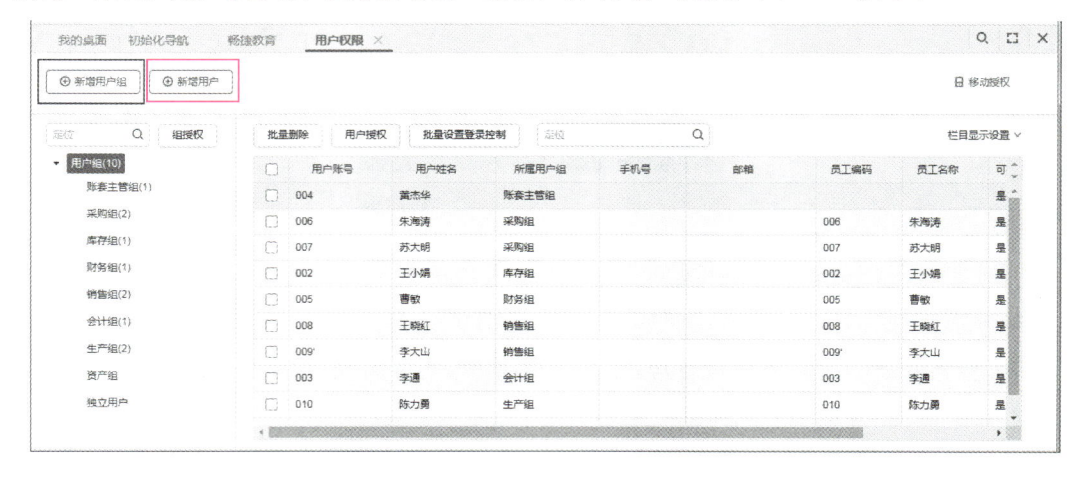

图 2-15 新增用户权限

【例 2-4】 设置用户及权限。用户权限明细分配如表 2-2 所示。

设置用户及权限

表 2-2 用户权限明细分配

员工编码	员工名称	所属组别	权限
003	李通	账套主管组	拥有账套全部权限
004	黄杰华	会计组	拥有总账(除了出纳签字)、资产管理、基础设置、系统管理所有权限
005	曹敏	财务组	拥有往来现金、总账中出纳签字、基础设置、系统管理权限
011	姜宁宁	生产组	拥有生产管理、采购管理、销售管理、库存管理、基础设置、系统管理权限

操作步骤

（1）新建用户。录入用户账号：004，用户名：黄杰华，所属组别：会计组。新增用户的操作如图 2-16 所示。

图 2-16 新增用户

（2）组授权。选中会计组，单击【组授权】，依次选中总账、取消总账，出纳签字、资产管理、基础设置、系统管理、保存。用户组授权如图 2-17 所示。

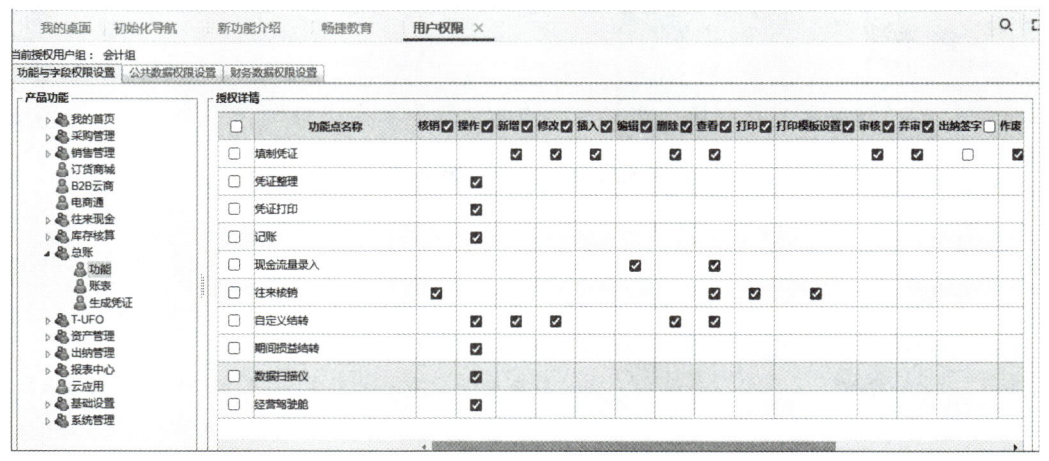

图 2-17　用户组授权

任务四　备份账套与恢复

备份账套就是将账套数据输出。它能将账套数据输出到系统外保存。对于企业而言，账套备份非常重要，可以避免数据因不可预知的原因丢失。账套恢复就是将账套数据引入的过程，它和账套备份是相反的操作。

系统管理员负责整个系统的数据维护，可以管理系统中所有的账套，可以进行账套的建立、备份和恢复。账套主管仅负责本账套的数据维护。两者备份账套与恢复的用法相同，权限范围不同。

备份账套后，系统管理员可以将账套数据以压缩包文件形式下载到本地保存。备份文件太多的时候，用户需要手工清理，防止服务器硬盘容量不够，影响系统运行。备份账套有两种备份方式，一种是账套维护下的手工备份账套功能，另外一种是备份计划。手工备份账套，只能一次备份一个账套数据。备份计划则不需要手工干预，由系统自动定时对账套进行备份，这种备份方式可以一次备份多个账套数据。

当账套数据出现问题的时候，可以通过恢复账套功能进行恢复。

备份账套及恢复

【例 2-5】　将河南永盾门业有限公司的账套备份，并保存至 D 盘永盾账套文件夹。

（1）新建文件夹。在"D:\"中新建"永盾账套"文件夹。
（2）账套备份。以系统管理员身份登录账套，打开账套管理、进入账套维护，选择账套

项目二　账套和操作员管理

号,执行备份,系统提示下载文件到本地,单击"是",如图 2-18 所示。将备份文件存放在指定路径中,完成备份。

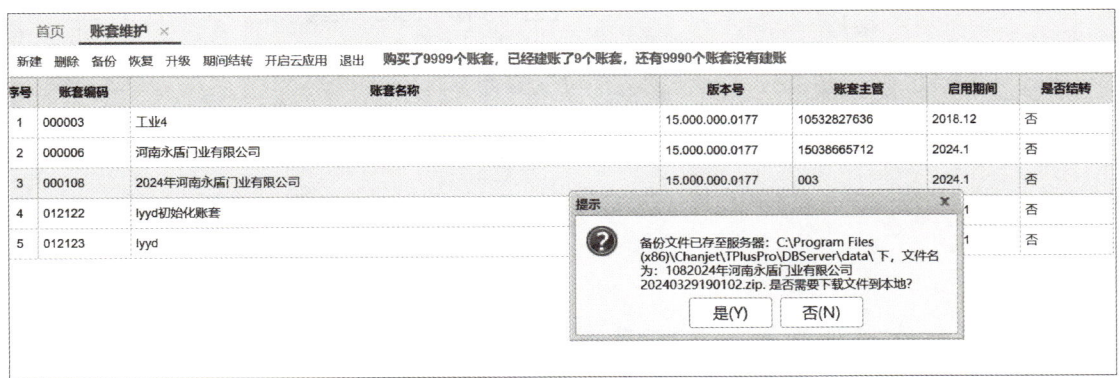

图 2-18　备份账套

 操作任务

【例 2-6】　将 D 盘的备份文件恢复到河南永盾门业有限公司的账套中。

操作步骤

（1）账套恢复。以系统管理员身份登录,打开账套管理、进入账套维护,执行恢复,恢复方式有新建账套和覆盖账套,恢复类型选择本地文件恢复,选择文件目录,单击【确定】,如图 2-19 所示。

（2）完成恢复。系统提示恢复成功,单击【返回】。

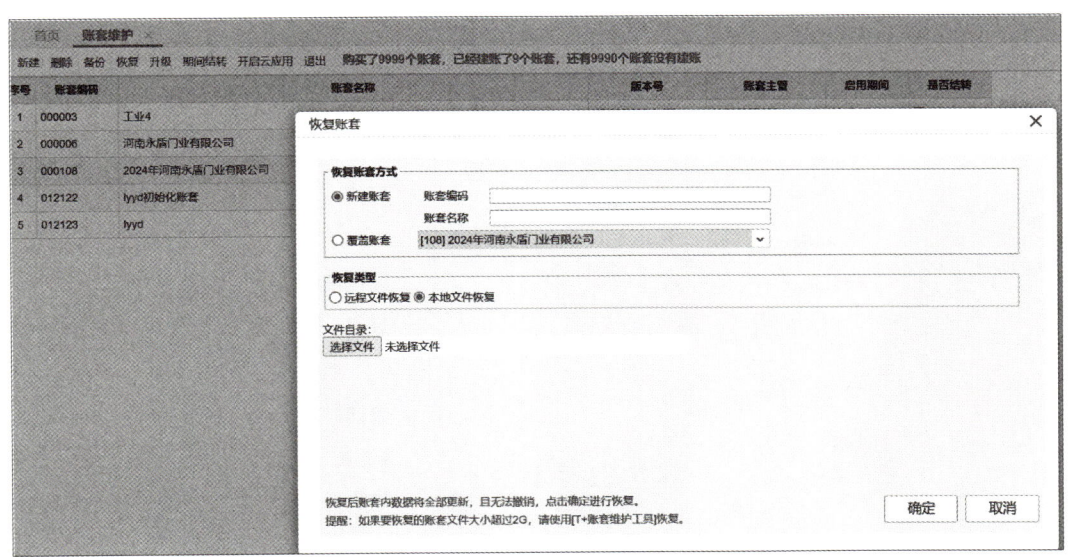

图 2-19　恢复账套

019

项目三 基础设置

学习目标

◆ 知识目标

1. 了解基础信息设置、财务信息设置的意义。
2. 掌握基础信息设置、财务信息设置的流程。
3. 掌握基础信息设置、财务信息设置的内容和方法。

◆ 能力目标

1. 能熟练设置各项基础信息。
2. 能熟练设置物料清单。

◆ 素养目标

在设置基础信息中,培养学生的逻辑思维,帮助学生掌握一定的分析问题和解决问题的能力。

知识导航

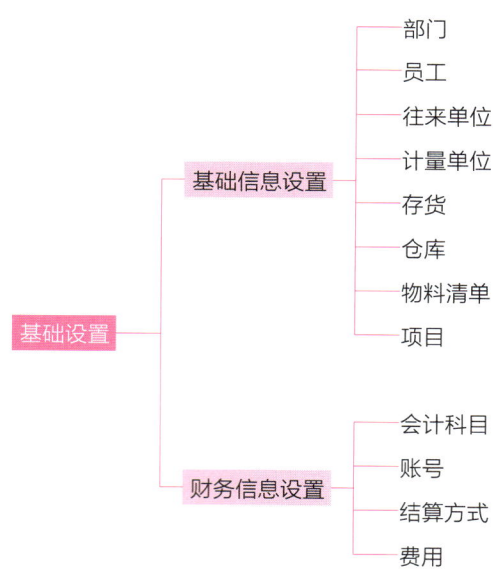

项目三　基础设置

寓德于教

东风实业有限公司（简称东风实业）是一家汽车零部件制造商，有30家子公司。东风实业信息化全面实施后，统一了全公司的财务管理流程和数据标准，实现了物料数据标准化、客商数据标准化、核算规则标准化、会计科目标准化、各子公司的关键业务流程标准化。但在运行过程中，出现了生产的BOM（物料清单）和设计的BOM不一致，导致无法生产领用的情况。经分析，这是由于技术部门、制造部门、采购部门掌握的BOM不一致，变更后的数据更新不及时造成的。有人说，20%的基础数据决定了ERP管理系统80%的运行效果。在信息化实施中设置好基础信息，才能保证企业业务顺利运行。重视基础信息设置，建立统一规范的数据基础，久久为功，才能行稳致远。

（资料来源：黄辉，钟燕雁，罗勇."业财一体"建设中的问题与对策[J].财会月刊，2020(S1)：102-108.）

思考：为什么基础数据能决定ERP系统的运行效果？

基础信息设置

任务一　基础信息设置

企业日常业务需要用到大量的基础信息，如部门档案、员工档案、往来单位、会计科目、结算方式等。这些基础信息是每一个账套所有子系统共用的基础信息，因此，用户在启用新账套之后，应根据企业的实际情况，先设置基础信息。

一、部门

部门是指与企业财务核算或业务管理相关的职能单位。设置部门档案的目的在于按部门进行数据汇总和分析。部门档案包括部门编码、名称、负责人和上级部门等信息。

操作任务

【例3-1】　设置部门档案。部门档案如表3-1所示。

部门员工操作

表3-1　部门档案

部门编码	部门名称	部门编码	部门名称
1	办公室	5	生产车间
2	财务部	501	机加工车间
3	采购部	502	喷涂车间
4	销售部	503	装配车间

021

操作步骤

（1）以账套主管"003 李通"身份进入 T+软件窗口中，单击基础设置菜单，在菜单中单击基本信息下的【部门】按钮。

（2）进入部门档案窗口，单击【新增】按钮。部门档案窗口如图3-1所示。

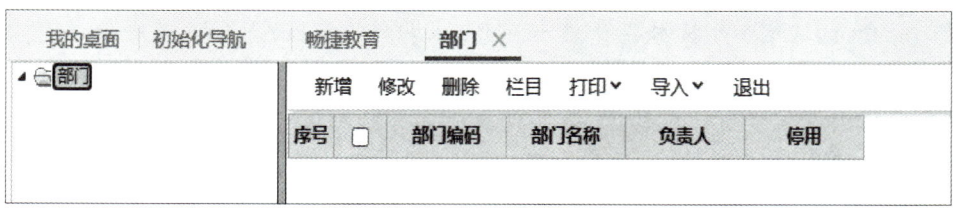

图3-1 部门档案窗口

（3）在窗口右侧部门编码处输入"1"，部门名称输入"办公室"，如图3-2所示。

图3-2 新增部门

（4）单击【保存】按钮。

（5）按以上步骤，输入其他部门数据，完成后单击【退出】按钮。

二、员工

员工是指企业的各个职能部门中，参与企业业务活动且需要对其进行核算和管理的人员，如经理、采购员、销售员等。设置员工档案可以便于用户进行个人往来核算和管理等操作。员工档案包括员工编码、名称、所属部门及职务等。

 操作任务

【例3-2】 设置员工档案。员工信息表如表3-2所示。

项目三　基础设置

表 3-2　员工信息表

员工编码	员工名称	所属部门	业务员	职务
001	杨建刚	办公室	否	总经理
002	王小娟	办公室	否	职员
003	李通	财务部	否	经理
004	黄杰华	财务部	否	会计
005	曹敏	财务部	否	出纳
006	朱海涛	采购部	是	经理
007	苏大明	采购部	是	采购
008	王晓红	销售部	是	经理
009	李大山	销售部	是	销售
010	陈力勇	装配车间	否	车间主任
011	姜宁宁	装配车间	否	核算员
012	刘建民	机加工车间	否	生产工人
013	张卫国	机加工车间	否	生产工人
014	王祥顺	机加工车间	否	生产工人
015	张阳阳	机加工车间	否	生产工人
016	吴晓强	喷涂车间	否	生产工人
017	孙明锋	喷涂车间	否	生产工人
018	高向阳	喷涂车间	否	生产工人
019	王兴雷	装配车间	否	生产工人
020	吴天照	装配车间	否	生产工人

（1）在 T+软件窗口中，单击基础设置菜单，在菜单中单击基本信息下的【员工】按钮。

（2）进入员工窗口，输入员工编号"001"，名称"杨建刚"。

（3）单击所属部门栏旁的下拉按钮，在设置好的部门档案中选择所属部门，输入职务"总经理"。新增员工如图 3-3 所示。

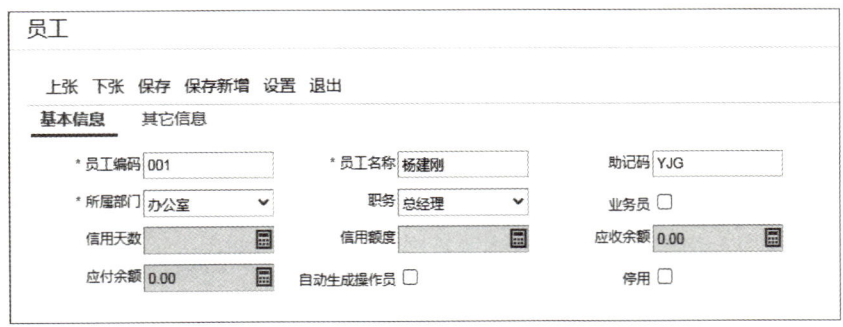

图 3-3　新增员工

023

（4）单击【保存】按钮。

（5）按以上步骤，输入其他职员数据，完成后单击【退出】按钮。

三、往来单位

【例3-3】 设置往来单位分类及往来单位档案。往来单位分类如表3-3所示，往来单位档案如表3-4所示。供应商报价均不含税。

表3-3 往来单位分类

分类编码	分类名称	分类编码	分类名称
01	客户	0201	材料供应商
0101	一般客户	0202	包装供应商
0102	票据客户	0203	其他供应商
02	供应商	0204	房屋租赁

表3-4 往来单位档案

编码	往来单位名称	开户行	账号	纳税号
1010001	河南华源家居有限公司	工行郑州文化支行	21999038147	914101031111122562
1010002	安阳启明建材有限公司	农行安阳和平支行	00853215512	914105026900754929
1010003	中原兴盼门业有限公司	工行郑州健康支行	21993000019	914101035890225313
1010004	丹阳优品门业有限公司	工行丹阳兴达支行	62170083002	91421083M833459556
1020001	重庆康达门业有限公司	中行万州江波支行	77833108109	915001014770653856
2010001	郑州讯达实业有限公司	工行郑州群星支行	60356169518	914101025905884560
2010002	雅丹化工建材有限公司	建行济南泉城支行	46442698935	913701026992988105
2010003	华阳钢铁有限公司	工行安阳汉森支行	20353127812	914105023674711667
2010004	郑州通志有限公司	农行郑州航空支行	28312900014	914101078938842221
2020001	洛阳红景包装材料有限公司	农行洛阳新城支行	28344972428	914103026185762599
2030001	宏达设备有限公司	建行宁化英才支行	99316786257	91330201M995380726
2040001	长远资产管理有限公司	农行吉利洪波支行	38671071251	91410306M377032587

（1）在T+软件窗口中，单击基础设置菜单，在菜单中单击基本信息下的【往来单位】按钮。

（2）打开往来单位分类窗口，单击【新增】按钮。

(3) 输入类别编码"01"、类别名称"客户"。

(4) 单击【保存】按钮,保存设置。

(5) 按以上步骤,输入其他数据,完成后单击【退出】按钮。往来单位分类如图3-4所示。

图3-4　往来单位分类

(6) 单击右边【新增】按钮,录入往来单位档案,保存设置。往来单位档案如图3-5所示。

(7) 按以上步骤,输入其他数据,完成后单击【退出】按钮。

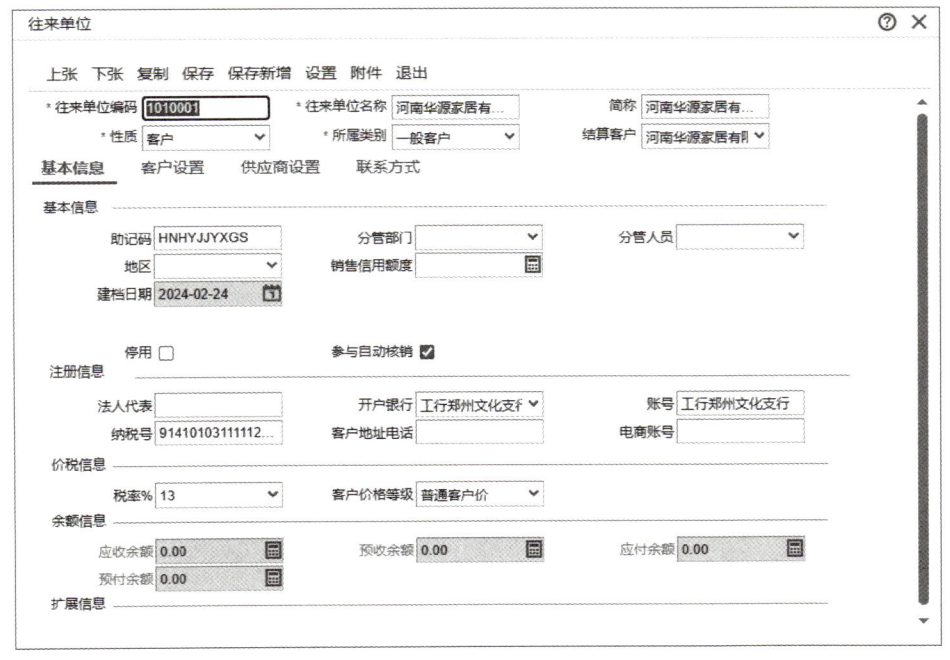

图3-5　往来单位档案

四、计量单位

企业应在基础信息设置阶段对存货的计量单位进行设置。

【例 3-4】 设置计量单位,已知计量单位均为单计量,如表 3-5 所示。

表 3-5 计量单位

计量单位编码	计量单位名称	计量单位编码	计量单位名称
1	千克	2	平方米
3	个	4	米
5	套	6	台

(1) 在 T+软件窗口中,单击基础设置菜单,在菜单中单击基本信息下的【计量单位】按钮。

(2) 单击【单计量】按钮,单击【新增】按钮。

(3) 输入计量单位编码"1"、计量单位名称"千克"。

(4) 单击【保存】按钮,保存设置。

(5) 按以上步骤,输入其他数据,完成后单击【退出】按钮。

五、存货

为了便于对存货进行分类统计和汇总,可对存货进行分类管理。存货分类设置主要是设置存货类别编码和类别名称。

设置了存货分类以后,存货档案必须在末级存货分类中设置,存货档案中包含了存货的基本信息、成本和控制等内容。存货档案的基本信息有存货名称、规格型号、计量单位和存货属性等内容。

【例 3-5】 设置存货分类及存货档案,存货默认增值税税率为 13%。存货分类如表 3-6 所示,存货档案如表 3-7 所示。

表 3-6 存货分类

存货分类编码	存货分类名称	存货分类编码	存货分类名称
01	原材料	03	周转材料
02	产成品	04	半成品

项目三 基础设置

表 3-7 存货档案

编码	存货名称	计价方式	所属类别	计量单位	存货属性	默认供应商
01001	冷轧钢板	全月平均	原材料	千克	外购、生产耗用	华阳钢铁
01002	不锈钢管	全月平均	原材料	千克	外购、生产耗用	华阳钢铁
01003	不锈钢轴承合页	全月平均	原材料	个	外购、生产耗用	郑州讯达
01004	可脱卸旗形合页	全月平均	原材料	个	外购、生产耗用	郑州讯达
01005	J型防盗锁	全月平均	原材料	个	外购、生产耗用	郑州讯达
01006	D型防盗锁	全月平均	原材料	个	外购、生产耗用	郑州讯达
01007	猫眼	全月平均	原材料	个	外购、生产耗用	郑州讯达
01008	岩棉	全月平均	原材料	平方米	外购、生产耗用	郑州通志
01009	橡胶密封条	全月平均	原材料	米	外购、生产耗用	郑州通志
01010	塑粉	全月平均	原材料	千克	外购、生产耗用	雅丹化工
01011	磷化液	全月平均	原材料	千克	外购、生产耗用	雅丹化工
02001	YJ高级防盗门	全月平均	产成品	套	自制、销售	
02002	BD普通防盗门	全月平均	产成品	套	自制、销售	
03001	包装箱	全月平均	周转材料	个	外购、生产耗用	洛阳红景
03002	PE保护膜	全月平均	周转材料	平方米	外购、生产耗用	洛阳红景
0401	YJ机加工件	全月平均	半成品	套	自制、生产耗用	
0402	BD机加工件	全月平均	半成品	套	自制、生产耗用	
0501	YJ喷涂件	全月平均	半成品	套	自制、生产耗用	
0502	BD喷涂件	全月平均	半成品	套	自制、生产耗用	

操作步骤

(1) 在T+软件窗口中,单击基础设置菜单,在菜单中单击基本信息下的【存货】按钮。

(2) 进入存货分类窗口,单击【新增】按钮。

(3) 输入类别编码"01"、类别名称"原材料"。

(4) 单击【保存】按钮,保存设置。

(5) 按以上步骤,输入其他数据,存货分类如图3-6所示,完成后单击【退出】按钮。

(6) 单击右边【新增】按钮,录入存货档案,保存设置。存货档案如图3-7所示。

(7) 按以上步骤,输入其他数据,完成后单击【退出】按钮。

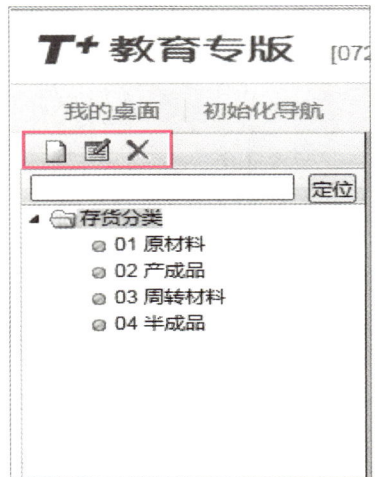

图3-6 存货分类

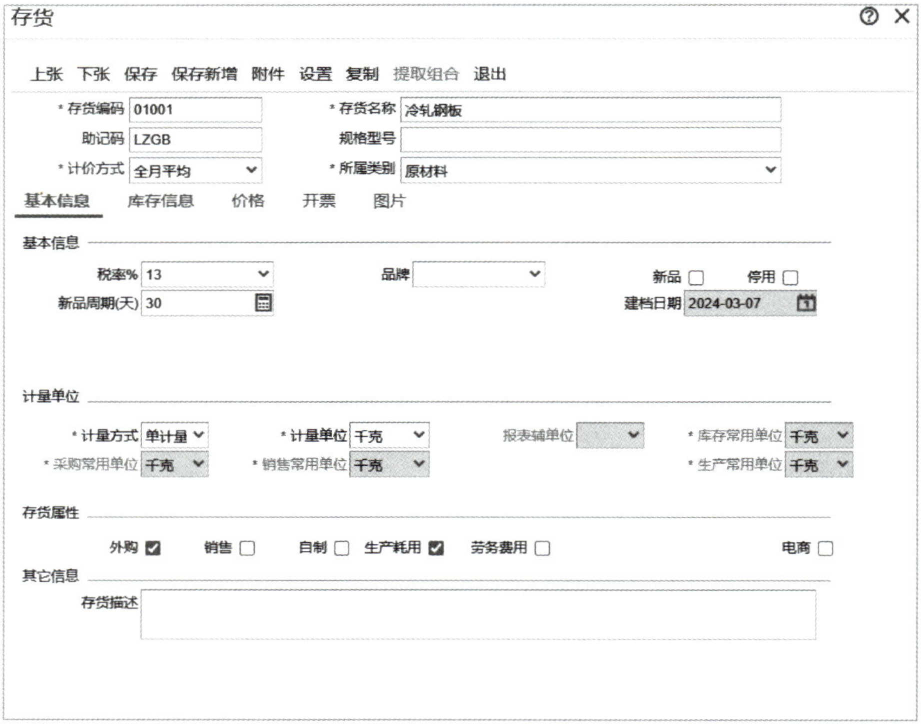

图 3-7　存货档案

六、仓库

企业应在基础信息设置阶段对仓库信息进行设置。

操作任务

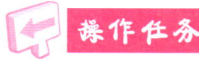

【例 3-6】　设置仓库，仓库信息如表 3-8 所示。

表 3-8　仓库信息

仓库分类	名称	仓库分类	名称
01	原料库	03	周转材料库
02	成品库	04	半成品库

操作步骤

（1）在 T+软件窗口中，单击基础设置菜单，在菜单中单击基本信息下的【仓库】按钮。

（2）进入仓库窗口，单击【新增】按钮。

（3）输入仓库编码“01”，仓库名称“原料库”，如图 3-8 所示。

图 3-8 仓库

（4）单击【保存】按钮，保存设置。
（5）按以上步骤，输入其他数据，完成后单击【退出】按钮。

七、物料清单

物料清单是指产品的组成成分及其数量，简称 BOM，即企业生产的产品由哪些材料组成。只有定义了物料清单，企业才可以根据 BOM 的组成进行配比采购、配比出库。

物料清单

物料清单操作

【例 3-7】 设置物料清单，成品率均为 100%。父件信息如表 3-9 所示，子件信息如表 3-10 所示。

表 3-9 父件信息

父件编码	父件名称	版本号	计量单位	生产数量	生产车间	预入仓库	默认 BOM
02001	YJ 高级防盗门	YJ-3	套	1.00	装配车间	成品库	是
02002	BD 普通防盗门	BD-3	套	1.00	装配车间	成品库	是
0401	YJ 机加工件	YJ-1	套	1.00	机加工车间	半成品库	是
0402	BD 机加工件	BD-1	套	1.00	机加工车间	半成品库	是
0501	YJ 喷涂件	YJ-2	套	1.00	喷涂车间	半成品库	是
0502	BD 喷涂件	BD-2	套	1.00	喷涂车间	半成品库	是

表 3-10　子件信息

父件编码	父件名称	子件名称	计量单位	需用数量	预出仓库
0401	YJ 机加工件	冷轧钢板	千克	45	原料库
		不锈钢管	千克	10	原料库
0402	BD 机加工件	冷轧钢板	千克	30	原料库
		不锈钢管	千克	6	原料库
0501	YJ 喷涂件	塑粉	千克	1.2	原料库
		磷化液	千克	0.9	原料库
		YJ 机加工件	套	1	半成品库
0502	BD 喷涂件	塑粉	千克	0.8	原料库
		磷化液	千克	0.6	原料库
		BD 机加工件	套	1	半成品库
02001	YJ 高级防盗门	不锈钢轴承合页	个	1	原料库
		可脱卸旗形合页	个	1	原料库
		J 型防盗锁	个	1	原料库
		猫眼	个	1	原料库
		岩棉	平方米	6.40	原料库
		橡胶密封条	米	4	原料库
		包装箱	个	1	周转材料库
		PE 保护膜	平方米	9.60	周转材料库
		YJ 喷涂件	套	1	半成品
02002	BD 普通防盗门	不锈钢轴承合页	个	1	原料库
		可脱卸旗形合页	个	1	原料库
		D 型防盗锁	个	1	原料库
		猫眼	个	1	原料库
		岩棉	平方米	4.60	原料库
		橡胶密封条	米	1	原料库
		包装箱	个	1	周转材料库
		PE 保护膜	平方米	9.60	周转材料库
		BD 喷涂件	套	1	半成品

操作步骤

（1）在 T+软件窗口中，单击基础设置菜单，在菜单中单击基本信息下的【物料清单】

按钮。

(2) 进入物料清单窗口,单击【新增】按钮。

(3) 输入信息:父件编码"0401",父件名称"YJ机加工件",计量单位"套",生产数量"1",版本号"YJ-1"如图3-9所示。

图3-9　物料清单设置

(4) 输入信息:子件编码"01001",子件名称"冷轧钢板",计量单位"千克",需用数量"45",损耗率"0"。

(5) 单击【保存】按钮,保存设置。

(6) 按以上步骤,输入其他数据,完成后单击【退出】按钮。

(7) 单击【审核】按钮,完成设置。

八、项目

项目核算就是将企业特定的经济业务按照项目进行分类、汇总并核算,类似于明细分类。企业需要对某一特定项目进行分类核算的,也可以设置项目,如产品分类、存货分类、工程项目等。项目核算可以减少新增明细科目,当某科目定义项目核算后,可以直接引用项目下所有的子目,而不用增加明细科目。

操作任务

【例3-8】 设置产品项目,产品项目信息如表3-11所示。

表3-11　产品项目信息

项目分类	01 产品	
子目	01　YJ高级防盗门	02　BD普通防盗门

操作步骤

(1) 在T+软件窗口中,单击基础设置菜单,在菜单中单击基本信息下的【项目】按钮。

(2) 单击左上角的白色小文本框按钮,新增项目分类01产品。

(3) 选中分类,点击右侧【新增】,增加【01　YJ高级防盗门】和【02　BD普通防盗门】具体项目。产品项目设置如图3-10所示。

(4)单击【保存】按钮,保存设置。

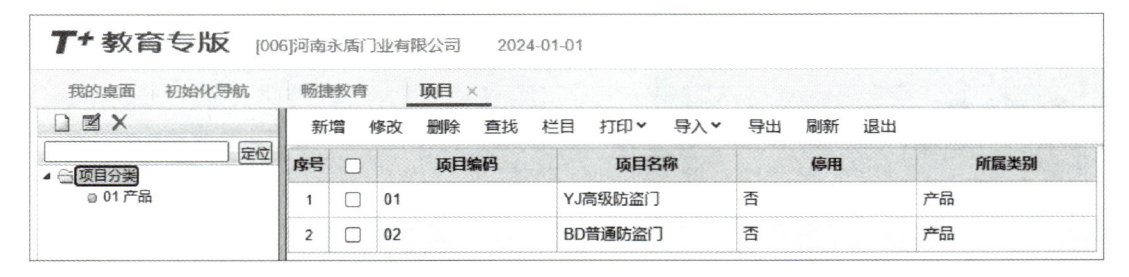

图 3-10 产品项目设置

任务二 财务信息设置

账套的财务信息设置包括会计科目、账号、结算方式、费用等。

一、会计科目

操作任务

【例3-9】 设置会计科目,会计科目表如表3-12所示。

表3-12 会计科目表

科目编码	科目名称	辅助核算	方向	科目编码	科目名称	辅助核算	方向
1002	银行存款		借方	220201	一般应付款	往来单位	贷方
100201	农行吉利支行		借方	220202	暂估应付款	往来单位	贷方
100202	工行吉利支行		借方	2203	预收账款	往来单位	贷方
1121	应收票据	往来单位	借方	2211	应付职工薪酬		贷方
1122	应收账款	往来单位	借方	221101	应付职工工资		贷方
1123	预付账款	往来单位	借方	221102	应付奖金、津贴和补贴		贷方
1403	原材料	存货	借方	221103	应付福利费		贷方
1405	库存商品	存货	借方	221104	应付社会保险费		贷方
1411	周转材料	存货	借方	22110401	单位养老保险		贷方
2201	应付票据	往来单位	贷方	22110402	单位失业保险		贷方
2202	应付账款	往来单位	贷方	22110403	单位医疗保险		贷方

(续表)

科目编码	科目名称	辅助核算	方向	科目编码	科目名称	辅助核算	方向
22110404	单位工伤保险		贷方	560101	工资		借方
221105	应付住房公积金		贷方	560110	四险一金		借方
221106	应付工会经费		贷方	560111	工会经费		借方
221107	应付教育经费		贷方	560112	水费		借方
221108	非货币性福利		贷方	560113	电费		借方
221109	辞退福利		贷方	560118	折旧费		借方
221110	其他应付职工薪酬		贷方	5602	管理费用		借方
2241	其他应付款		贷方	560201	工资		借方
224101	个人养老保险		贷方	560202	办公费		借方
224102	个人失业保险		贷方	560203	业务招待费		借方
224103	个人医疗保险		贷方	560204	开办费		借方
224104	个人住房公积金		贷方	560205	修理费		借方
3001	实收资本		贷方	560206	水费		借方
300101	杨建刚		贷方	560207	电费		借方
4001	生产成本	项目	借方	560208	周转材料摊销		借方
400101	直接材料	项目		560209	折旧费		借方
400102	直接人工	项目		560210	四险一金		借方
400103	制造费用	项目		560211	工会经费		借方
4101	制造费用		借方	560212	技术转让费		借方
5001	主营业务收入	项目	贷方	560213	财产保险费		借方
5401	主营业务成本	项目		560214	差旅费		借方
5601	销售费用		借方	560215	咨询费		借方

操作步骤

（1）在T+软件窗口中，单击基础设置菜单，在菜单中单击财务信息下的【科目】按钮。

（2）"勾选"银行存款科目前面的小框，单击【新增】按钮，分别输入科目编码：100201，科目名称：农行吉利支行。

（3）单击【保存】按钮，保存设置。

（4）如果科目需要设置辅助核算，"勾选"对应选项前面的小框。

（5）按以上步骤，输入其他数据，完成后单击【退出】按钮。

033

【说明】

辅助核算是用于说明本科目是否有其他核算要求,常用的辅助核算类型分为五类,分别是部门、个人、往来单位、存货、项目。辅助核算可以提高财务软件的应用效率。通过对辅助核算科目和辅助核算项目进行统计和分析,用户可以更好地利用财务软件的功能,提高工作效率和质量。

部门核算主要是针对企业的各种费用项目进行核算,包括员工薪资、福利、租金、水电等费用;个人核算主要针对个人与企业之间的往来款项进行核算,如企业员工多且差旅费报销频繁;往来单位核算主要是针对客户、供应商等往来单位提供的核算功能,记录和管理应收账款和应付账款等往来财务数据;存货核算主要针对企业的库存管理提供有效的核算功能,包括出入库、库龄分析、库存预警等业务;项目核算主要是针对企业的生产制造、销售业务提供的核算功能,包括原材料、半成品、产成品等生产成本的核算以及销售收入及销售成本的核算。

二、账号

操作任务

【例 3-10】 设置账号,并启用银行对账,银行账号信息如表 3-13 所示。

表 3-13 银行账号

账号编码	账号名称	账号类型	开户行	账号
001	现金	现金		
002	工行	银行	工行吉利支行	170356720000245
003	农行	银行	农行吉利支行	314458118340348

操作步骤

(1) 在 T+软件窗口中,单击基础设置菜单,在菜单中单击收付结算下的【账号】按钮。

(2) 单击【新增】,输入账号名称、账号类型及基本信息。

(3) 单击【保存】按钮,保存设置。

三、结算方式

操作任务

【例 3-11】 设置结算方式,结算方式如表 3-14 所示。

表 3-14　结算方式

结算方式编码	结算方式名称	默认账号
201	现金支票	
202	转账支票	
6	网银	农行

操作步骤

（1）在T+软件窗口中，单击基础设置菜单，在菜单中执行收付结算菜单下的【结算方式】按钮。

（2）单击【新增】按钮，输入结算方式编码、结算方式名称、是否支票管理。

（3）单击【保存】按钮，保存设置。

四、费用

操作任务

【例 3-12】　设置费用，费用信息如表 3-15 所示。

表 3-15　费用信息

费用编码	费用名称	税率	费用类型	进行分摊	分摊方式
02	采购运费	9%	采购费用	是	按数量
95	工资及个人三险一金		其他费用	否	
9501	工资总额		其他费用	否	
9502	个人养老保险		其他费用	否	
9503	个人失业保险		其他费用	否	
9504	个人医疗保险		其他费用	否	
9505	个人住房公积金		其他费用	否	
96	公司四险一金		其他费用	否	
9601	公司养老保险		其他费用	否	
9602	公司失业保险		其他费用	否	
9603	公司医疗保险		其他费用	否	
9604	公司工伤保险		其他费用	否	
9605	公司住房公积金		其他费用	否	

操作步骤

（1）在T+软件窗口中，单击基础设置菜单，在菜单中单击收付结算下的【费用】按钮。

（2）单击【新增】按钮，输入费用编码、费用名称，选择费用类型、是否进行分摊。

（3）单击【保存】按钮，保存设置。

项目四　初　始　化

◆ 学习目标

◆ 知识目标

1. 了解初始化的流程。
2. 掌握初始化数据的操作方法。

◆ 能力目标

1. 能熟练操作初始化业务。
2. 能正确填写初始化数据。

◆ 素养目标

通过填写初始化数据，培养学生掌握正确的操作规范，帮助学生养成严谨细致、一丝不苟的工作作风。

知识导航

初始化
- 库存期初余额
- 往来期初余额
- 期初资产卡片
- 期初单据
- 现金银行期初余额
- 科目设置
- 期初同步
- 科目期初余额

寓德于教

会计工作的连续性体现在多方面。其中，期初余额不仅是连接两个会计期间的桥梁，也是确保会计信息准确性和财务报表可靠性的关键因素。初始化是指录入期初余额，看似简单，实则不易。不同的业务数据需要分别计入不同的会计科目，只有熟练掌握软件的科目设置规则,才能正确完成初始化。用户需要在实践中勤学善思,灵活应用系统参数,善于对错误提示信息细心观察,寻找蛛丝马迹,才能真正掌握会计软件的应用。

思考:当系统提示错误,如何修改初始化设置?

任务一 库存期初余额

操作任务

【例 4-1】 设置库存期初,库存期初余额如表 4-1 所示。

表 4-1 库存期初余额　　　　　　　　　　　金额单位:元

仓库	存货编码	存货名称	计量单位	数量	主单价	金额
原料库	1001	冷轧钢板	千克	15 000.00	7.00	105 000.00
原料库	1002	不锈钢管	千克	3 200.00	10.00	32 000.00
原料库	1003	不锈钢轴承合页	个	200.00	33.00	6 600.00
原料库	1004	可脱卸旗形合页	个	240.00	15.00	3 600.00
原料库	1005	J 型防盗锁	个	200.00	55.00	11 000.00
原料库	1006	D 型防盗锁	个	200.00	40.00	8 000.00
原料库	1007	猫眼	个	200.00	12.00	2 400.00
原料库	1008	岩棉	平方米	2 200.00	8.00	17 600.00
原料库	1009	橡胶密封条	米	2 000.00	2.00	4 000.00
原料库	1010	塑粉	千克	600.00	15.00	9 000.00
原料库	1011	磷化液	千克	1 000.00	9.00	9 000.00
		原料库合计				208 200.00
周转材料库	3001	包装箱	个	1 000.00	8.50	8 500.00
周转材料库	3002	PE 保护膜	平方米	10 000.00	1.50	15 000.00
		周转材料库合计				23 500.00
成品库	2001	YJ 高级防盗门	套	300.00	1 100.00	330 000.00
成品库	2002	BD 普通防盗门	套	200.00	900.00	180 000.00
		成品库合计				510 000.00

操作步骤

(1)以账套主管"003 李通"身份进入 T+软件窗口中,单击初始化菜单,在菜单中单击期初余额的【库存期初】按钮,单击仓库下拉列表,选择要录入的仓库。库存期初界面如图 4-1 所示。

(2)依次录入原料库、周转材料库、成品库数据,单击【审核】按钮。

项目四 初始化

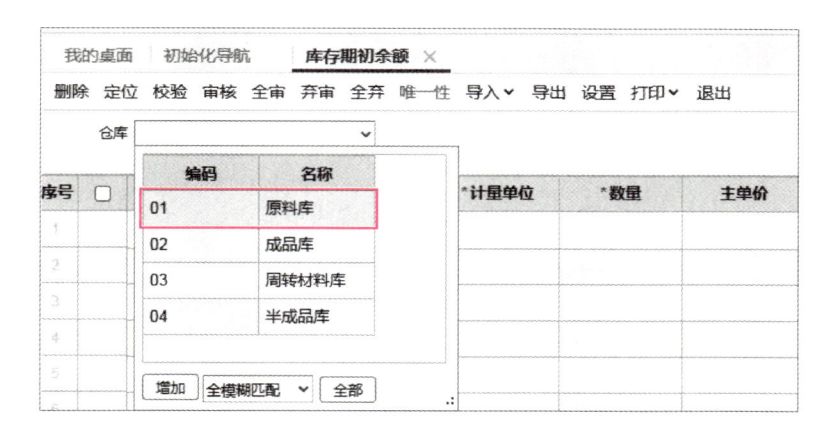

图 4-1 库存期初

任务二 往来期初余额

操作任务

【例 4-2】 设置往来期初,客户往来期初余额如表 4-2 所示,供应商往来期初余额如表 4-3 所示。

表 4-2 客户往来期初余额

日期	客户	应收账款(元)	应收票据(元)
2023-11-23	河南华源家居有限公司	284 760.00	
2023-12-10	安阳启明建材有限公司	144 640.00	
2023-10-26	中原兴盼门业有限公司	189 840.00	
2023-12-27	重庆康达门业有限公司		379 680.00
	合计	619 240.00	

表 4-3 供应商往来期初余额

日期	供应商	预付账款(元)	应付账款(元)
2023-10-21	华阳钢铁有限公司		273 460.00
2023-11-15	郑州讯达实业有限公司		101 135.00
2023-12-03	郑州通志有限公司		37 922.80
2023-12-26	雅丹化工建材有限公司	18 000.00	
	合计	18 000.00	412 517.80

操作步骤

（1）以账套主管"003 李通"身份进入 T＋软件窗口中，单击基础设置菜单，在菜单中单击【初始化】下的【期初余额】按钮。

（2）进入【往来期初余额】窗口，单击【应收期初】选项页，录入客户往来数据后保存。应收期初如图 4-2 所示。

图 4-2 应收期初

（3）单击【应付期初】选项页，录入供应商往来数据后保存。应付期初如图 4-3 所示。

图 4-3 应付期初

任务三　期初资产卡片

操作任务

【说明】

企业所有资产使用状态均为"在用"，增加方式默认为"购入"，预计净残值率为 4%。

【例 4-3】 设置期初资产卡片,期初固定资产如表 4-4 所示。

表 4-4 期初固定资产　　　　　　　　　　　　　　　　金额单位:元

分类	名称	数量	使用部门	入账日期	年限	原值	累计折旧
机器	剪板机	1	机加工车间	2021-06-20	10 年	30 000	7 200
机器	折弯机	1	机加工车间	2021-06-26	10 年	98 000	23 520
机器	冲床	1	机加工车间	2021-06-26	10 年	90 000	21 600
机器	热压机	1	机加工车间	2021-07-02	10 年	48 000	11 136
机器	电焊机	2	机加工车间	2021-07-02	10 年	28 000	6 496
机器	喷涂流水线	1	喷涂车间	2021-07-23	10 年	100 000	23 200
运输工具	轿车	1	销售部	2022-04-01	10 年	120 000	19 200
电子设备	空调	5	办公室	2022-05-01	3 年	15 000	7 600
电子设备	电脑	4	办公室 0.25, 财务部 0.50, 销售部 0.25	2021-12-21	3 年	14 400	9 216

操作步骤

(1) 以账套主管"003 李通"身份进入 T+软件窗口中,单击基础设置菜单,找到【财务信息】中的【资产分类】,修改资产默认净残值率,默认净残值率如图 4-4 所示。

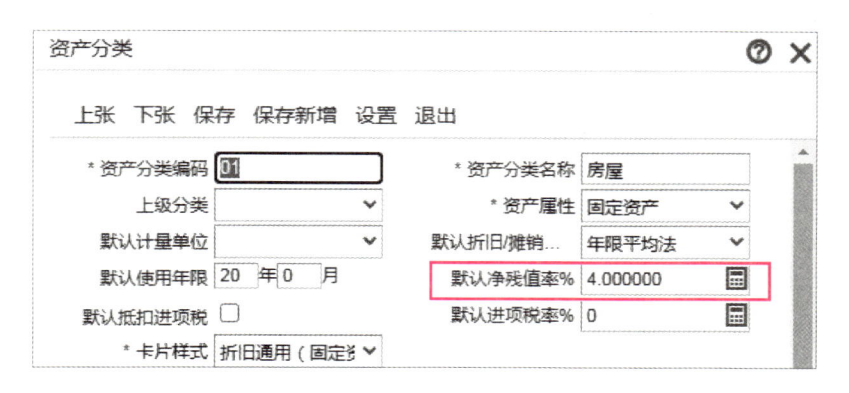

图 4-4 默认净残值率

(2) 在【基础设置】菜单中单击【初始化】下的【期初余额】按钮。

(3) 进入【期初资产卡片】窗口,单击资产分类,录入资产数据后保存,期初卡片如图 4-5 所示,所有资产使用状态均为"在用",增加方式默认为"购入"。

(4) 期初资产卡片录入后,单击【资产管理】按钮,打开【卡片管理】,查询资产卡片。查询条件选择入账时间,开始时间为空,查询卡片如图 4-6 所示。找到资产卡片,双击打开进入修改、删除。

041

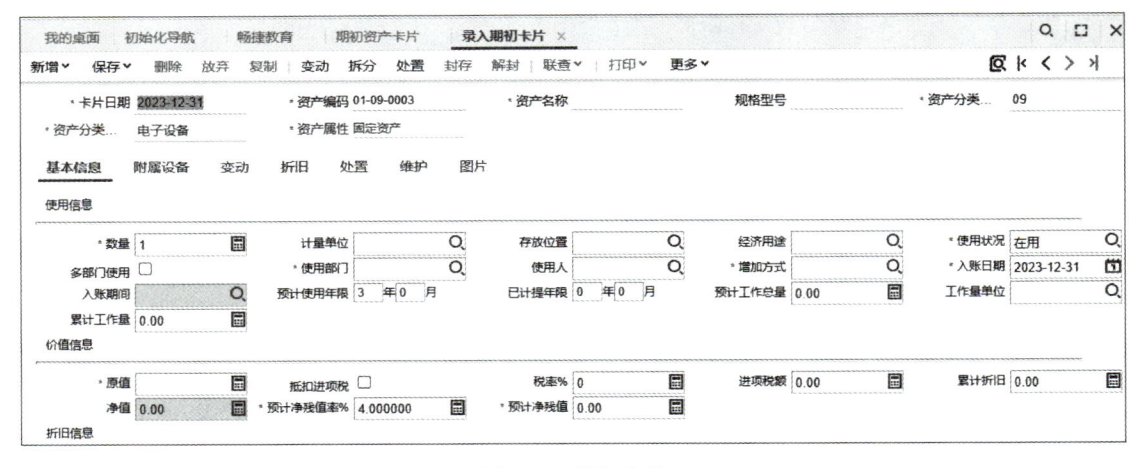

图 4-5　期初卡片

图 4-6　查询卡片

任务四　期初单据

操作任务

【例 4-4】　设置期初暂估入库单,2023 年 12 月 26 日,企业收到雅丹化工建材有限公司的货物,已验收入库,尚未收到发票。暂估货物如表 4-5 所示。

表 4-5　暂估货物　　　　　　　　　　　　　　　　　　金额单位：元

供应商	存货编码	存货名称	计量单位	数量	暂估单价	金额
雅丹化工	01010	塑粉	千克	600.00	15.00	9 000.00
雅丹化工	01011	磷化液	千克	1 000.00	9.00	9 000.00

操作步骤

以账套主管"003 李通"身份进入 T＋软件窗口中，单击基础设置菜单，找到【初始化】中的【期初单据】，打开【期初暂估入库单】，录入后保存并审核。暂估入库单如图 4-7 所示。

图 4-7　暂估入库单

任务五　现金银行期初余额

操作任务

【例 4-5】设置现金银行期初余额，现金银行期初余额如表 4-6 所示。

表 4-6　账号期初余额

账号	账号名称	余额
现金	现金	10 000.00
农行	农行吉利支行	464 621.23
工行	工行吉利支行	95 609.20

操作步骤

以账套主管"003 李通"身份进入 T＋软件窗口中，单击基础设置菜单，单击【初始化】中【现金银行期初余额】按钮，打开【现金银行期初余额】，录入后保存。

043

任务六 科目设置

操作任务

【例4-6】 维护科目设置，具体要求如下：

(1) 存货科目扩展设置中增设1411周转材料、1405库存商品。
(2) 应收科目扩展设置中增加票据客户的科目为1121应收票据。
(3) 暂估应付款科目修改为220202暂估应付款。
(4) 应付科目修改为220201一般应付款。
(5) 银行科目增加工行存款、农行存款。
(6) 删除资产科目和累计折旧摊销科目中周转材料的设置。

操作步骤

(1) 以账套主管"003 李通"身份进入T+软件窗口中，单击【总账】菜单，单击【科目设置】按钮，选择存货科目，单击【设置】按钮，录入后保存。其他科目设置方法相同。科目设置如图4-8所示。

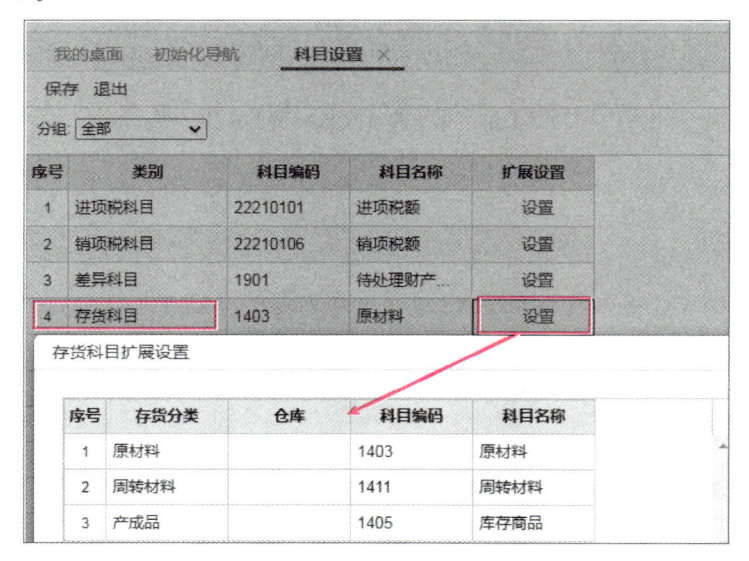

图4-8 科目设置

(2) 删除周转材料科目设置。本案例中周转材料设置了存货辅助核算，单击【总账】菜单，单击【科目设置】按钮，选择资产科目、累计折旧/摊销科目中与周转材料有关的行删除。删除科目如图4-9所示。

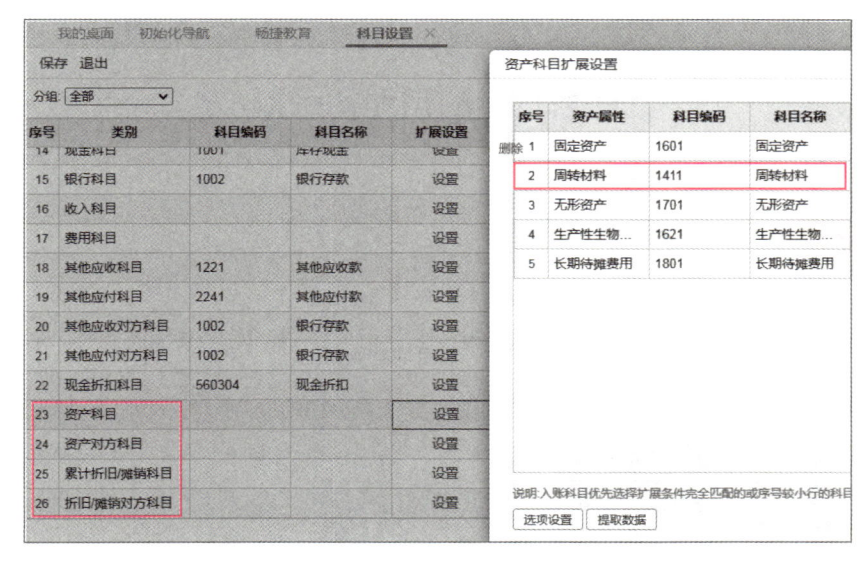

图 4-9 删除资产科目

任务七 期初同步

操作任务

【例 4-7】 期初同步,将业务期初数据同步到科目期初余额。

操作步骤

以账套主管"003 李通"身份进入 T+软件窗口中,单击【基础设置】菜单,单击【初始化】中的【期初同步】按钮,打开【期初同步】,单击【下一步】,将现金银行期初余额、往来期初余额、库存期初余额、暂估入库期初余额、资产期初余额同步到财务。期初同步如图 4-10 所示。

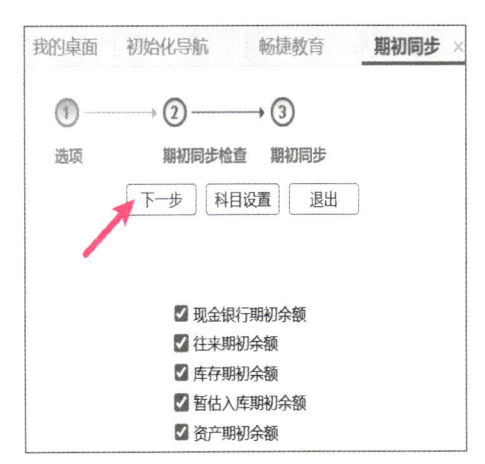

图 4-10 期初同步

任务八　科目期初余额

操作任务

【例 4-8】　录入科目期初余额,科目期初余额如表 4-7 所示。

表 4-7　科目期初余额　　　　　　　　　　　　　　　　　　单位：元

科目编码	科目名称	方向	金额
2211	应付职工薪酬	贷方	151 235.20
221101	应付职工工资	贷方	113 200.00
221104	应付社会保险费	贷方	7 810.80
22110401	医疗保险	贷方	7 358.00
22110402	工伤保险	贷方	452.80
221105	应付住房公积金	贷方	11 320.00
221111	设定提存计划	贷方	18 904.40
22111101	养老保险	贷方	18 112.00
22111102	失业保险	贷方	792.40
2221	应交税费	贷方	13 440.00
222102	未交增值税	贷方	12 000.00
222115	应交城市维护建设税	贷方	840.00
222120	应交教育费附加	贷方	360.00
222121	应交地方教育附加	贷方	240.00
3001	实收资本	贷方	2 000 000.00
300101	杨建刚	贷方	2 000 000.00
3101	盈余公积	贷方	12 700.00
310101	法定盈余公积	贷方	12 700.00
3104	利润分配	贷方	135 189.43
310415	未分配利润	贷方	135 189.43

操作步骤

（1）以账套主管"003 李通"身份进入 T＋软件窗口中,单击【初始化】中的【科目期初余额】按钮,录入有关科目期初余额后保存并试算平衡。科目期初余额如图 4-11 所示,试算平衡如图 4-12 所示。

我的桌面　初始化导航　科目期初余额

保存　明细　查找　试算平衡　清零　方向　对账　导入　定位　导出　设置　打印　刷新　退出

期间：2022.01

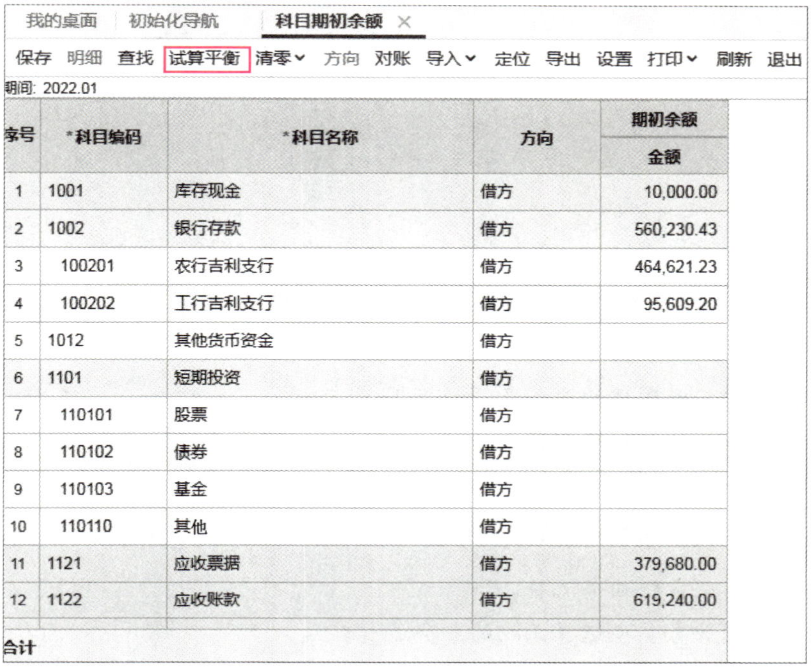

序号	*科目编码	*科目名称	方向	期初余额
				金额
1	1001	库存现金	借方	10,000.00
2	1002	银行存款	借方	560,230.43
3	100201	农行吉利支行	借方	464,621.23
4	100202	工行吉利支行	借方	95,609.20
5	1012	其他货币资金	借方	
6	1101	短期投资	借方	
7	110101	股票	借方	
8	110102	债券	借方	
9	110103	基金	借方	
10	110110	其他	借方	
11	1121	应收票据	借方	379,680.00
12	1122	应收账款	借方	619,240.00
合计				

图 4-11　科目期初余额

试算平衡

导出　打印　退出

试算结果平衡!

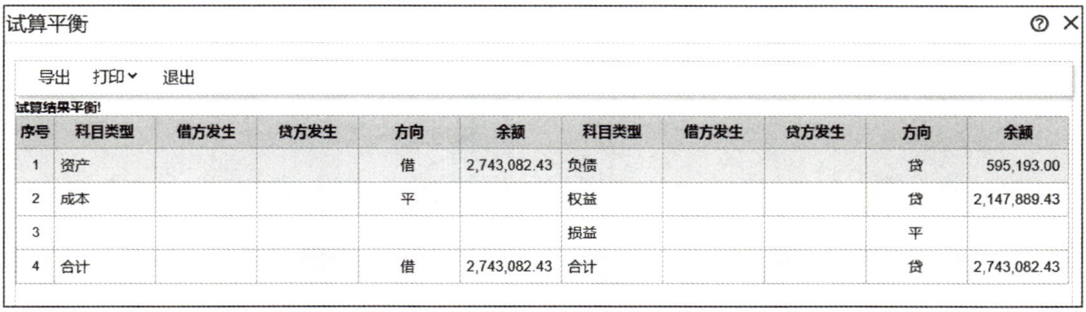

序号	科目类型	借方发生	贷方发生	方向	余额	科目类型	借方发生	贷方发生	方向	余额
1	资产			借	2,743,082.43	负债			贷	595,193.00
2	成本			平		权益			贷	2,147,889.43
3						损益			平	
4	合计			借	2,743,082.43	合计			贷	2,743,082.43

图 4-12　试算平衡

项目五 供应链模块

◆ 知识目标
1. 了解日常供应链管理的业务及原始单据。
2. 掌握供应链业务处理流程及规范。
3. 掌握业财一体凭证处理的内容和方法。

◆ 能力目标
1. 能熟练分析供应链业务流程。
2. 能根据不同业务类型选择正确的业务流程。
3. 能熟练地在财务软件中处理供应链业务。

◆ 素养目标
通过完成供应链业务处理,帮助学生掌握软件操作的流程,熟悉各岗位业务流程规范。

知识导航

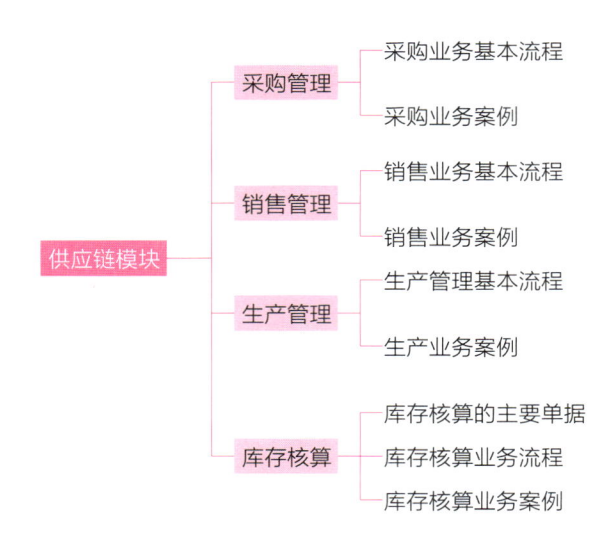

```
                      ┌─ 采购业务基本流程
         ┌─ 采购管理 ─┤
         │           └─ 采购业务案例
         │
         │           ┌─ 销售业务基本流程
         ├─ 销售管理 ─┤
供应链模块─┤           └─ 销售业务案例
         │
         │           ┌─ 生产管理基本流程
         ├─ 生产管理 ─┤
         │           └─ 生产业务案例
         │
         │           ┌─ 库存核算的主要单据
         └─ 库存核算 ─┼─ 库存核算业务流程
                      └─ 库存核算业务案例
```

寓德于教

农业发展,关乎千家万户,关乎国计民生。《中共中央 国务院关于做好2023年全面推进乡村振兴重点工作的意见》将"开展订单农业"作为"合理保障农民种粮收益"的重要举措。订单农业的特征是先找市场、再抓生产、产销挂钩、以销定产。党的二十大报告指出，全面推进乡村振兴，扎实推动乡村产业振兴。农业搭载上"互联网"的快车，形成了互联网＋订单农业模式，为农业生产销售提供方便，为农民增收保驾护航，为巩固乡村振兴和地方精准扶贫提供了有力的支撑。

思考：订单农业模式中蕴含了怎样的供应链管理思想？

任务一 采购管理

采购业务是企业从供应商获得生产资料或者服务的业务，包括采购原材料、运输、装卸等活动。采购业务涉及货物流、发票流与资金流，是企业供应链管理的重要内容之一。

一、采购业务基本流程

（一）采购业务活动

采购业务活动包括五个基本步骤，在每一步业务活动中有相应的单据和办理部门，采购活动业务流程如表5-1所示。

表5-1 采购活动业务流程

业务活动	对应单据	业务模块	涉及部门
第一步：请购与询价	请购单	采购管理	采购部
第二步：订立采购合同	采购订单	采购管理	采购部
第三步：到货验收	采购入库单	库存核算	仓储部
第四步：采购成本确认	进货单或采购发票	采购管理	采购部
第五步：采购付款	付款单	往来现金	财务部

业务描述：

（1）请购与询价：原材料使用部门根据计划向采购部门提出请购需求，填写请购单并按流程审核。如果没有请购活动，此环节可以省略。采购部门再依据批复的请购需求开展询比价活动。

（2）订立采购合同：采购部门向供应商发出采购需求计划，与供应商协商后订立采购合同，填写采购订单并按流程审核。如果没有采购合同，此环节可以省略。

（3）到货验收：仓库收到货物，组织验收，填写采购入库单并按流程审核。

（4）采购成本确认：采购部门收到供应商提供的进货单（或送货单）、采购发票，交由财务部门整理确认采购成本。

（5）采购付款：财务部门根据采购合同、采购发票向供应商支付货款。

对于一般企业,在采购业务流程中,请购与询价、订立采购合同可以省略,到货验收、采购成本确认、采购付款是三个必备环节,不可以省略。三个必备环节在时间上可以有差异。

(二)基本采购业务流程

采购业务活动中的主要单据是进货单、采购发票和入库单,根据进货单和入库单收到时间不同,基本采购业务分为单货同到、单到货未到、货到单未到三种基本类型。

1. 单货同到业务

单货同到是指进货单和入库单收到的时间相同,单货同到的业务流程可以由采购入库单流转生成进货单(采购发票),也可以由进货单流转生成采购入库单,两者的效果是相同的。单货同到的业务流程如图5-1所示。

采购入库单 → 进货单 → 采购发票

图5-1 单货同到业务流程

2. 单到货未到业务

单到货未到是指已经收到进货单或者采购发票,但货还没有收到。这里有两种处理方法:①等货到了再填写进货单。②先填写进货单,等货收到后验收入库要根据进货单流转生成采购入库单。

(1)收到进货单或者采购发票,被称为单到,在以进货单为立账方式时,收到进货单可以只填写进货单,不填写采购发票。在以采购发票为立账方式时,收到采购发票的单到业务流程如图5-2所示。

进货单 → 采购发票

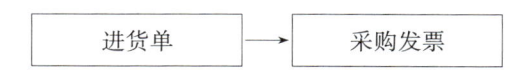

图5-2 单到的业务流程

(2)收到货物后办理验收入库。系统要根据进货单流转生成采购入库单,完成采购结算。采购结算是指根据入库实际数量与采购发票(或进货单)计算采购实际成本。采购结算是系统自动计算,无需单独完成。无论采用进货单立账还是采购发票立账,收到货物时都由进货单流转生成采购入库单,货到的业务流程如图5-3所示。

进货单 → 采购入库单

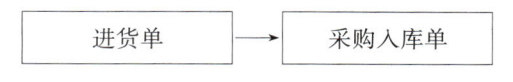

图5-3 货到的业务流程

3. 货到单未到业务

货到单未到(暂估业务)是指已经收到货物,但进货单或采购发票到了月底尚未收到,当月只能先按暂估价格入库。只收到货物,被称为货到。填写采购入库单按实际入库数量填写,单价按暂估价填写。货到业务涉及单据如图5-4所示。

```
采购入库单
```

图 5-4 货到业务

假设下月收到采购发票。系统处理暂估业务的默认方式是单到回冲。系统要根据上月的采购入库单流转生成进货单和采购发票，自动完成采购结算（又称暂估结算，区别于当月采购结算）。单到回冲时，系统会自动生成红字回冲单和蓝字回冲单，货到票未到的业务流程如图 5-5 所示。

```
采购入库单 → 进货单 → 采购发票
```

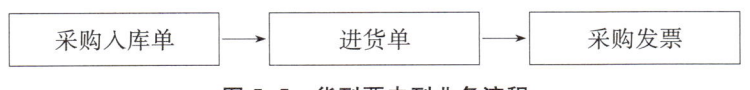

图 5-5 货到票未到业务流程

(三) 采购运费业务流程

在采购业务中如果有运费的情况，采购入库、进货单和采购发票处理方法与基本采购业务流程相同，先完成采购结算，采购运费发票通过费用单填写，然后填写费用分摊单，将费用分配计入采购入库单，完成采购成本的计算。采购运费处理的业务流程如图 5-6 所示。

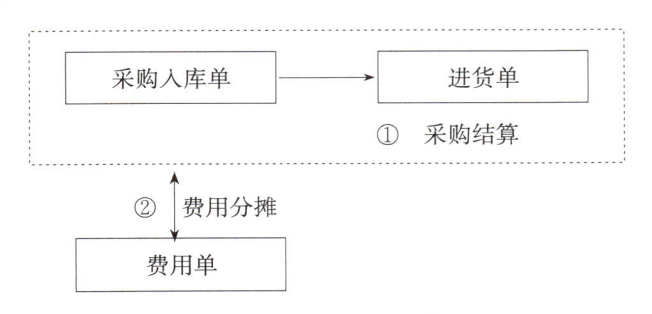

```
┌─────────────────────────────────┐
│  采购入库单 → 进货单             │
│         ① 采购结算              │
└─────────────────────────────────┘
         ② 费用分摊
      费用单
```

图 5-6 采购运费处理业务流程

【说明】

图 5-1 至图 5-6 中箭头指向的为下游单据，业务中的首张单据需要新增手工录入，一笔业务如果有上游单据，则下游单据不能新增手工录入，必须根据上游单据执行选单或生单完成，如由上游单据入库单选单或生单生成的进货单，系统能自动采购结算，反之，则不能自动结算。

(四) 采购付款

采购付款是采购环节中的最后一个步骤，采购付款按付款时间不同，分为现结、预付款结算、应付款结算。

1. 现结

现结是指在采购货物的同时直接付款，可以全额付款，也可以部分付款。若采购现结，系统将直接在立账单据（进货单立账或采购发票立账）上填写现结金额，审核立账单据后，系统自动生成付款单，无需手工再填写付款单，同时完成采购核销。

2. 预付款结算

采购业务中若供应商要求先预付部分或者全部货款，企业可以在填写采购订单时填写预付款，也可以在往来现金中填写一张付款单做预付款。

3. 应付款结算

采购业务中先到货后付款的付款方式会形成应付账款。先到货后付款时，系统根据立账单据确认应付账款，手工填写付款单并与应付单据进行核销。

（五）采购的账务处理

采购业务生成凭证时，主要单据是进货单（或采购发票）和采购入库单。系统根据采购立账方式选择是按进货单还是采购发票生凭证。选择【总账】的【单据生凭证】功能，系统自动根据业务单据生成对应凭证。

二、采购业务案例

（一）普通采购业务

【例5-1】操作演练

操作任务

【例5-1】 1月5日，向华阳钢铁订购的冷轧钢板、不锈钢管到货，收到采购发票如图5-7所示，验收入库，材料入库单如图5-8所示。

项目名称	规格型号	单位	数量	单价	金额	税率/征收率	税额
冷轧薄板	冷轧钢板	千克	10000	7	70000.00	13%	9100.00
焊接钢管	不锈钢管	千克	5000	10	50000.00	13%	6500.00
合计					¥120000.00		¥15600.00

电子发票（增值税专用发票）
发票号码：24327200000071472903
开票日期：2024年01月05日

购买方信息：
名称：河南永盾门业有限公司
统一社会信用代码/纳税人识别号：914103060678100182

销售方信息：
名称：华阳钢铁有限公司
统一社会信用代码/纳税人识别号：914105023674711667

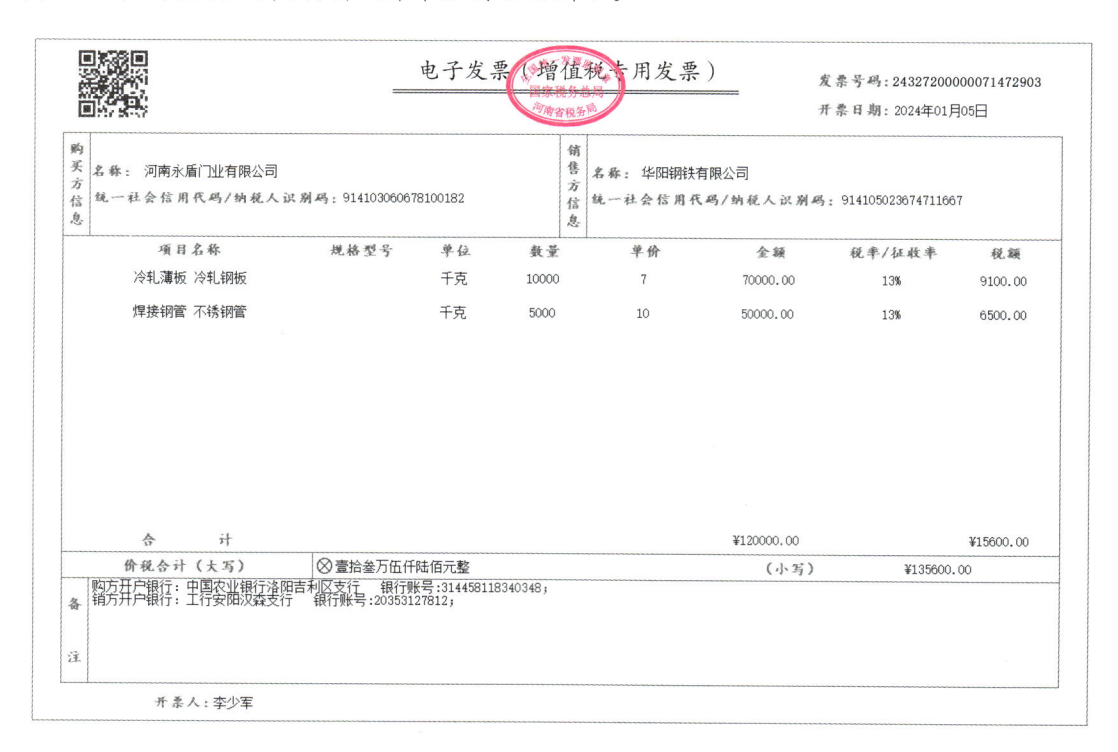

价税合计（大写）：壹拾叁万伍仟陆佰元整　　（小写）¥135600.00

备注：
购方开户银行：中国农业银行洛阳吉利区支行　银行账号：314458118340348；
销方开户银行：工行安阳汶森支行　银行账号：20353127812；

开票人：李少军

图5-7　采购发票

材料入库单

发票号码：
供应单位：华阳钢铁有限公司　　　　　　　　　　　　　　　　收料单编号：0001
　　　　　　　　　　2024 年 01 月 05 日　　　　　　　　　　收料仓库：原材料库
收发类别：

编号	名称	规格	单位	数量 应收	数量 实收	实际成本 买价 单价	实际成本 买价 金额	运杂费	其他	合计
	冷轧钢板		千克	10000	10000	7.00	70,000.00			70,000.00
	不锈钢管		千克	5000	5000	10.00	50,000.00			50,000.00
	合计			15000	15000		¥120,000.00			120,000.00
	备注									

采购员：苏大明　　　　检验员：姜宁宁　　　　记账员：　　　　保管员：姜宁宁

图 5-8　入库单

本案例是单货同到的采购业务，业务单据有采购发票、入库单。采购发票与入库单的时间是同一天，没有支付采购货款的业务单据。采购业务中没有签订采购合同，因此采购业务流程中只填写采购入库单，进货单，采购发票，系统自动完成采购结算。

操作步骤

（1）验收入库。打开【库存核算】，单击【新增】按钮，新增采购入库单，填写采购入库单保存并审核。

（2）收到采购发票。打开【采购管理】，单击【新增】按钮，新增进货单，单击【选单】按钮，选择采购入库单，生成进货单，保存并审核进货单，单击【生单】按钮，生成采购专用发票保存并审核。

（3）生成凭证。打开【总账】，单击【单据生凭证】按钮，选择业务单据，生成凭证。

【说明】

【选单】是指已有上游单据，在下一流程参照上游单据流转生成下游单据。【生单】是指在上游单据审核后直接在本流程流转生成下一流程单据。【选单】和【生单】操作的结果是相同的，主要区别是当软件分岗位操作时，不同岗位的操作员有时无法直接打开上游单据，只能使用【选单】功能。

（二）采购暂估业务（单到回冲）

操作任务

【例 5-2】　1 月 6 日，收到上月购买雅丹化工材料的发票，支付剩余货款 2 340 元。采购发票如图 5-9 所示，付款单如图 5-10 所示。

【例 5-2】操作演练

电子发票（增值税专用发票）

发票号码：24327200000063828042
开票日期：2024年01月06日

购买方信息：
- 名称：河南永盾门业有限公司
- 统一社会信用代码/纳税人识别号：914103060678100182

销售方信息：
- 名称：雅丹化工建材有限公司
- 统一社会信用代码/纳税人识别号：913701026992988105

项目名称	规格型号	单位	数量	单价	金额	税率/征收率	税额
其他塑料制品 塑粉		千克	600	15	9000.00	13%	1170.00
金属表面处理剂 磷化液		千克	1000	9	9000.00	13%	1170.00
合计					¥18000.00		¥2340.00

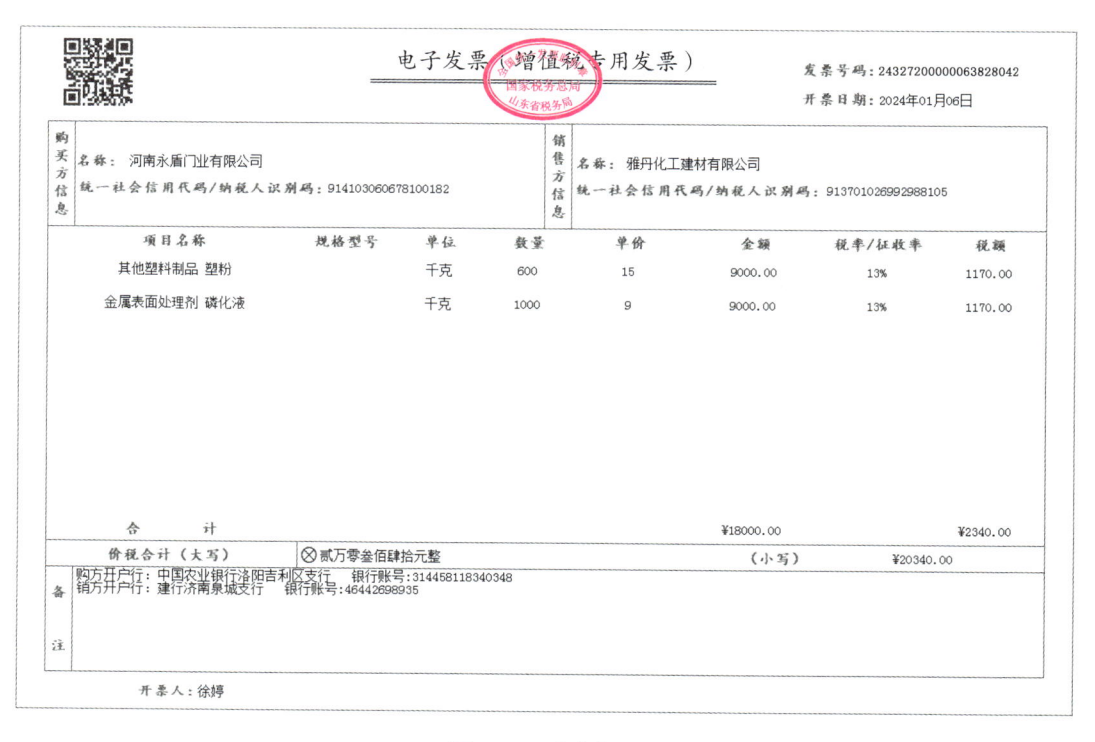

价税合计（大写）：贰万零叁佰肆拾元整　　（小写）¥20340.00

备注：
- 购方开户行：中国农业银行洛阳吉利区支行　银行账号：314458118340348
- 销方开户行：建行济南泉城支行　银行账号：46442698935

开票人：徐婷

图 5-9　采购发票

中国农业银行　网上银行电子回单

电子回单号码：62280511022

付款人 户名	河南永盾门业有限公司	收款人 户名	雅丹化工建材有限公司
账号	314458118340348	账号	46442698935
开户银行	中国农业银行洛阳吉利区支行	开户银行	建行济南泉城支行

金额：人民币（大写）：贰仟叁佰肆拾元整　　¥2340.00

摘要：
用途：货款
交易流水号：10192526959461
时间戳：
备注：
验证码：78994632

| 记账网点 | 103 | 记账柜员 | 671 | 记账日期 | 2024年01月06日 |

打印日期：2024年01月06日

图 5-10　付款单

本案例是暂估业务的单到回冲，业务单据是采购发票。根据业务描述，上月已经到货验收入库，本月收到发票，并支付剩余货款。

操作步骤

（1）收到采购发票。打开【采购管理】，单击进货单，单击【选单】按钮，选择上月采购入库单，生成进货单，保存并审核进货单，单击【生单】按钮，继续生成采购专用发票保存并审核。

（2）填写付款单。打开【往来现金】，新增付款单，填写结算明细，付款单"使用预付"填写"18 000 元"，保存并审核付款单。

（3）生成凭证。打开【总账】，单击【单据生凭证】按钮，选择业务单据，生成凭证。

【说明】

上月采购入库单已经生成，在增加进货单时必须选择上游单据采购入库单选单流转生成进货单，不能手工录入进货单，否则系统无法自动结算，将造成无法自动生成红字回冲单和蓝字回冲单。

（三）有运费的采购业务

操作任务

【例 5-3】 1 月 10 日，向华阳钢铁订购的冷轧钢板、不锈钢管到货，同时收到采购发票、运费发票，分别如图 5-11、图 5-12 所示，入库单如图 5-13 所示，付款回单如图 5-14 所示。

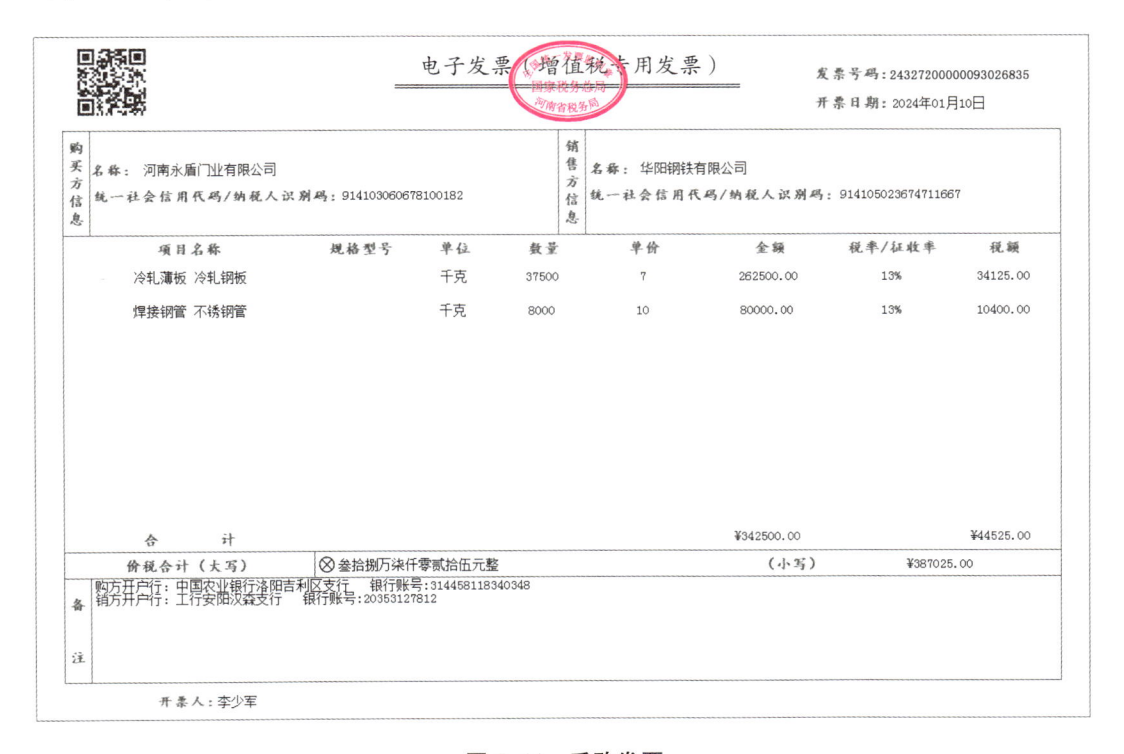

图 5-11 采购发票

电子发票（增值税专用发票）

货物运输服务

发票号码：12585240409497661086
开票日期：2024年01月10日

购买方信息	名称：河南永盾门业有限公司 统一社会信用代码/纳税人识别码：914103060678100182	销售方信息	名称：河南友达物流有限公司 统一社会信用代码/纳税人识别码：91410501M044282543

项目名称	单位	数量	单价	金额	税率/征收率	税额
运输服务 运输费	次	1	5000	5000.00	9%	450.00
合　　　计				¥5000.00		¥450.00

运输工具种类	运输工具牌号	起运地	到达地	运输货物名称
公路运输	豫A21453	河南安阳	洛阳孟津	钢板

价税合计（大写）　⊗　伍仟肆佰伍拾元整　　　（小写）　¥5450.00

备注：

开票人：杨华

图 5-12　运费发票

材料入库单

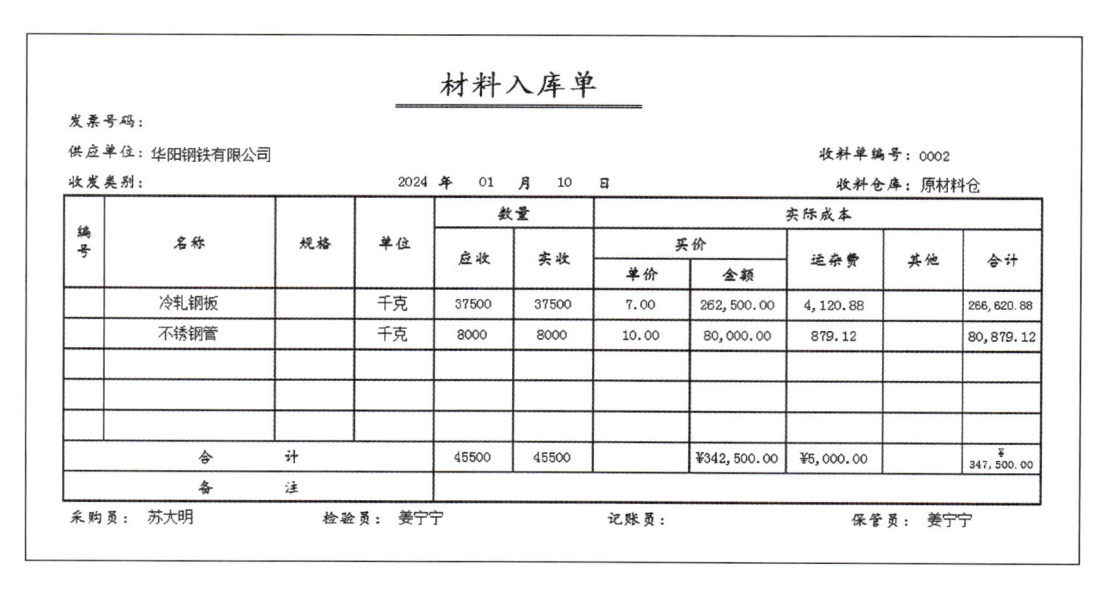

发票号码：
供应单位：华阳钢铁有限公司　　　　　　　　　　　收料单编号：0002
收发类别：　　　　　　2024 年 01 月 10 日　　　　　收料仓库：原材料仓

编号	名称	规格	单位	数量 应收	数量 实收	实际成本 买价 单价	实际成本 买价 金额	运杂费	其他	合计
	冷轧钢板		千克	37500	37500	7.00	262,500.00	4,120.88		266,620.88
	不锈钢管		千克	8000	8000	10.00	80,000.00	879.12		80,879.12
	合　计			45500	45500		¥342,500.00	¥5,000.00		¥347,500.00
	备注									

采购员：苏大明　　　检验员：姜宁宁　　　记账员：　　　　保管员：姜宁宁

图 5-13　入库单

```
中国农业银行    网上银行电子回单
```

电子回单号码：04614655895

付款人	户名	河南永盾门业有限公司	收款人	户名	河南友达物流有限公司
	账号	314458118340348		账号	770549578625960
	开户银行	中国农业银行洛阳吉利区支行		开户银行	中国建设银行安阳华信路支行
金额	人民币(大写)：伍仟肆佰伍拾元整				¥5,450.00
摘要			业务种类		
用途	运费				
交易流水号	45034836471663		时间戳		
	备注：				
	验证码：93846932				
记账网点	517	记账柜员	095	记账日期	2024年01月10日

打印日期：2024年01月10日

图 5-14 付款回单

本案例是有运费的采购业务，业务单据有采购发票、运费发票、入库单、付款单。其中付款金额是运费发票金额。采购发票与入库单是同一天，说明业务是当日采购并验收入库，没有支付采购货款。

操作步骤

（1）验收入库。打开【库存核算】，新增采购入库单，填写采购入库单保存并审核。

（2）收到采购发票。打开【采购管理】，新增进货单，单击【选单】按钮，选择采购入库单，生成进货单后保存并审核，在进货单页面，单击【生单】按钮，生成采购专用发票保存并审核。

（3）填写费用单。打开【往来现金】，新增费用单，业务类型选择"现金费用"，现结金额填写"5 450"，表体填写费用项目为"运费"，保存并审核费用单。

（4）填写费用分摊单。打开【库存核算】，单击【费用分摊单】按钮，分别选择"费用单"和"采购入库单"，指定分摊方式（金额或者数量），单击【分摊】按钮，完成费用分摊。

（5）审核付款单。打开【往来现金】，查找付款单，审核付款单。

（6）生成凭证。打开【总账】，单击【单据生凭证】按钮，生成凭证。

（四）采购现结业务

操作任务

【例5-4】 1月11日，向雅丹化工订购塑粉，当日收到发票，支付全部货款并验收入库。采购合同如图5-15所示，采购发票如图5-16所示，材料入库单如图5-17

所示,付款单如图 5-18 所示。

购 销 合 同

合同编号：75646545

购货单位(甲方)：河南永盾门业有限公司

供货单位(乙方)：雅丹化工建材有限公司

根据《中华人民共和国民法典》及国家相关法律、法规之规定,甲乙双方本着平等互利的原则,就甲方购买乙方货物一事达成以下协议。

一、货物的名称、数量及价格：

货物名称	规格型号	单位	数量	单价	金额	税率	价税合计
塑粉		千克	720	16.00	11 520.00	13%	13 017.60
合计(大写) 壹万叁仟零壹拾柒元陆角整							￥13 017.60

二、交货方式和费用承担：交货方式：<u>销货方送货</u>，交货时间：<u>2024 年 01 月 13 日</u>前，交货地点：_____，运费由<u>供货方</u>承担。

三、付款时间与付款方式：<u>款到发货</u>
_____。

四、质量异议期：订货方对供货方的货物质量有异议时,应在收到货物后<u>3 日</u>内提出,逾期视为货物质量合格。

五、未尽事宜经双方协商可作补充协议,与本合同具有同等效力。

六、本合同自双方签字、盖章之日起生效;本合同壹式贰份,甲乙双方各执壹份。

甲方(签章)：   乙方(签章)：
授 权 代 表：杨建刚   授 权 代 表：罗明
地   址：洛阳吉利区伟同路 158 号   地   址：济南历下区森道路 218 号
电   话：15076698156   电   话：21072464
日   期：2024 年 01 月 11 日   日   期：2024 年 01 月 11 日

图 5-15　采购合同

电子发票（增值税专用发票）

发票号码：24327200000033528478
开票日期：2024年01月11日

购买方信息	名称：河南永盾门业有限公司 统一社会信用代码/纳税人识别号：914103060678100182	销售方信息	名称：雅丹化工建材有限公司 统一社会信用代码/纳税人识别号：913701026992988105

项目名称	规格型号	单位	数量	单价	金额	税率/征收率	税额
其他塑料制品 塑粉		千克	720	16	11520.00	13%	1497.60
合　计					¥11520.00		¥1497.60

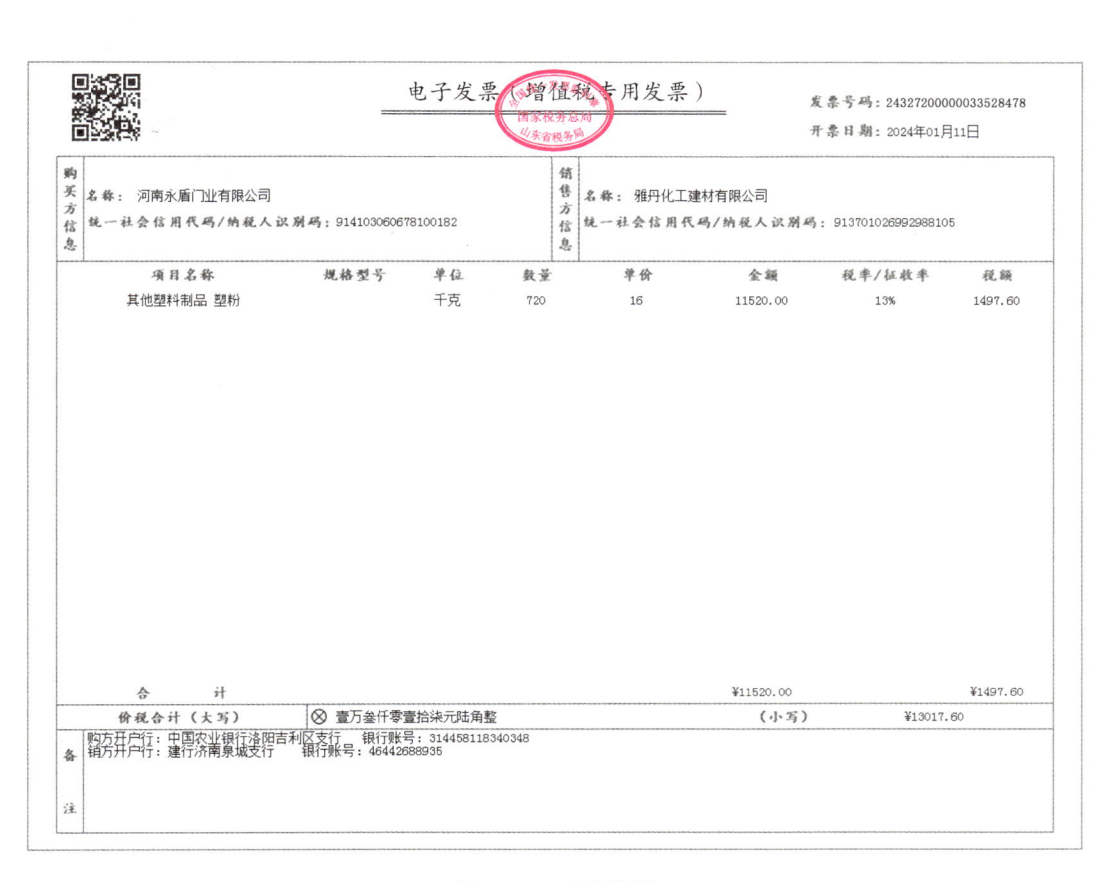

价税合计（大写）：壹万叁仟零拾壹拾柒元陆角整　　（小写）¥13017.60

备注：
购方开户行：中国农业银行洛阳吉利区支行　银行账号：314458118340348
销方开户行：建行济南泉城支行　银行账号：46442688935

图 5-16　采购发票

材料入库单

发票号码：
供应单位：雅丹化工建材有限公司　　　　　　　　　　收料单编号：0004
收发类别：　　　　2024 年 01 月 11 日　　　　收料仓库：原材料仓

编号	名称	规格	单位	数量 应收	数量 实收	实际成本 买价 单价	实际成本 买价 金额	运杂费	其他	合计
	塑粉		千克	720	720	16.00	11,520.00			11,520.00
	合　计			720	720		¥11,520.00			¥11,520.00
	备　注									

采购员：苏大明　　检验员：姜宁宁　　记账员：　　保管员：姜宁宁

图 5-17　材料入库单

图 5-18 付款单

本案例是采购现结业务,业务单据有购销合同、采购发票、入库单、付款单。其中付款日期与采购发票、入库单是同一天,说明业务是当日采购、验收入库并付款。

操作步骤

(1) 填写采购订单。打开【采购管理】,填写采购订单,保存并审核采购订单。

(2) 验收入库。打开【库存核算】,新增采购入库单,单击【选单】按钮,选择采购订单生成采购入库单保存并审核。

(3) 收到采购发票。打开【采购管理】,新增进货单,单击【选单】按钮,选择采购入库单,生成进货单,在进货单"现结金额"录入"13 017.6元"、结算方式选择"网银"、账户名称选择"农行",保存并审核进货单后,单击【生单】按钮,生成采购专用发票保存并审核。

(4) 审核付款单。打开【往来现金】,单击【上张】按钮,查找付款单,审核付款单。

(5) 生成凭证。打开【总账】,单击【单据生凭证】按钮,生成凭证。

(五) 有预付款的采购业务

操作任务

【例 5-5】 1月9日,向郑州讯达实业采购猫眼300个,支付货款并结清前欠款。采购合同如图5-19所示,付款单如图5-20所示。

购 销 合 同

合同编号：51004850

购货单位(甲方)：河南永盾门业有限公司
供货单位(乙方)：郑州讯达实业有限公司

根据《中华人民共和国民法典》及国家相关法律、法规之规定，甲乙双方本着平等互利的原则，就甲方购买乙方货物一事达成以下协议。

一、货物的名称、数量及价格：

货物名称	规格型号	单位	数量	单价	金额	税率	价税合计
猫眼		个	300	11.00	3 300.00	13%	3 729.00
合计(大写)　叁仟柒佰贰拾玖元整							￥3 729.00

二、交货方式和费用承担：交货方式：__销货方送货__，交货时间：__2024年01月11日__前，交货地点：_____，运费由__供货方__承担。

三、付款时间与付款方式：__款到发货_____。

四、质量异议期：订货方对供货方的货物质量有异议时，应在收到货物后__3日__内提出，逾期视为货物质量合格。

五、未尽事宜经双方协商可作补充协议，与本合同具有同等效力。

六、本合同自双方签字、盖章之日起生效；本合同壹式贰份，甲乙双方各执壹份。

甲方(签章):	乙方(签章):
授 权 代 表：杨建刚	授 权 代 表：梁金
地　　　　址：洛阳吉利区伟同路158号	地　　　　址：郑州中原区奥丰路847号
电　　　　话：15076698156	电　　　　话：74987945
日　　　　期：2024年01月09日	日　　　　期：2024年01月09日

图 5-19　采购合同

中国农业银行　　网上银行电子回单

电子回单号码：95629685315

付款人	户　名	河南永盾门业有限公司	收款人	户　名	郑州讯达实业有限公司
	账　号	314458118340348		账　号	60356169518
	开户银行	中国农业银行洛阳吉利区支行		开户银行	工行郑州群星支行
金　　额	人民币(大写)：壹拾万肆仟捌佰陆拾肆元整				￥104,864.00
摘　　要			业务种类		
用　　途	货款				
大、易流水号	53421691141303		时间戳		
备　注：					
验证码：01333797					
记账网点	064	记账柜员	643	记账日期	2024年01月09日
				打印日期：	2024年01月09日

图 5-20　付款单

本案例形成了预付款，业务单据有采购合同、付款单。付款单金额超过合同金额，应理解为预付了 3 729 元货款，并结清了前欠货款。

操作步骤

（1）填写采购合同。打开【采购管理】，填写采购订单，保存并审核。

（2）填写付款单。打开【往来现金】，新增付款单，选择业务类型为普通付款，填写付款金额"104 864 元"。单击【选单】按钮，选中应付单，单击【分摊】按钮，系统自动进行核销，审核付款单，单击【保存】按钮，系统提示"将多付的 3 729 元转成预付款"，单击【确定】按钮。

（3）生成凭证。打开【总账】，找到【单据生凭证】，生成凭证。

操作任务

【例 5-6】 1 月 11 日，收到向郑州讯达实业采购的猫眼 300 个，验收入原材料库，当日收到发票。入库单如图 5-21 所示，采购发票如图 5-22 所示。

材料入库单

发票号码：
供应单位：郑州讯达实业有限公司　　　　　　　　　　　　　　收料单编号：0003
收发类别：　　　　　　　　　2024 年 01 月 11 日　　　　　　收料仓库：原材料仓

编号	名称	规格	单位	数量 应收	数量 实收	买价 单价	买价 金额	运杂费	其他	合计
	猫眼		个	300	300	11.00	3,300.00			3,300.00
	合　计			300	300		¥3,300.00			¥3,300.00
	备　注									

采购员：苏大明　　　检验员：姜宁宁　　　记账员：　　　保管员：姜宁宁

图 5-21　入库单

本案例期初有预付款，业务单据有采购发票、入库单。根据明细账显示，该业务货款已经预付。

操作步骤

（1）验收入库。打开【库存核算】，新增采购入库单，单击【选单】按钮，选择采购订单生成采购入库单，保存并审核。

（2）收到采购发票。打开【采购管理】，新增进货单，单击【选单】按钮，选择采购入库单，生成进货单，保存并审核进货单，单击【生单】按钮，生成采购专用发票，保存并审核。

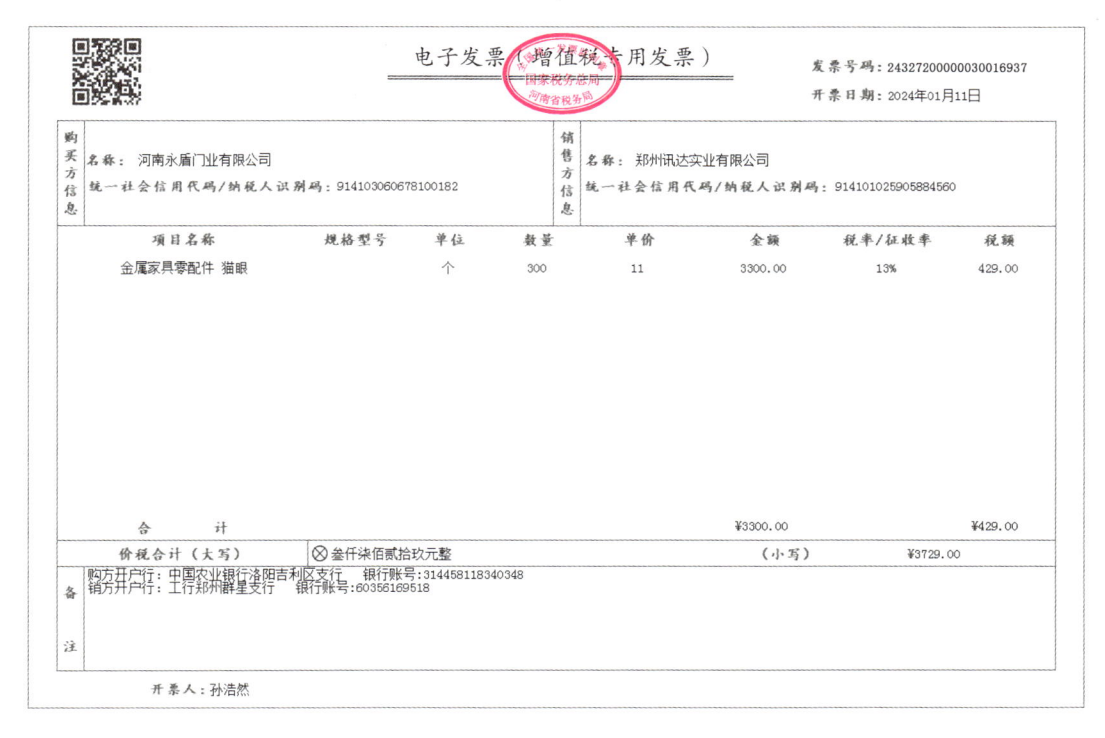

图 5-22　采购发票

（3）预付冲应付。第一种方法，打开【往来现金】，菜单往来冲销，单击【预付冲应付】按钮，选定供应商，单击【选单】按钮，选择【预付】与【应付】对应的单据，表头填写冲销金额，保存。第二种方法，可以在付款单中使用预付。打开【往来现金】，填写付款单，在表头使用预付金额栏中填写"3 729元"，保存并审核付款单。

【说明】

（1）预付冲应付，可以用预付款部分核销或者全部核销一笔应付款。

（2）付款单上的"使用预付"，只能用预付款核销部分应付款，剩下的部分要填写付款单核销。

（3）在进货单上的"使用预付"和付款单的"使用预付"填写金额后，系统都能自动生成预付冲应付单。本书后续业务全部是通过进货单使用预付。

任务二　销售管理

销售业务是将产品售出给客户并获得收入的业务。销售业务涉及单据包括报价单、销售订单、销货单、销售发票等。报价单、销售订单不是必填写单据，销货单、销售发票是必填写单据。销售业务常用单据如表5-2所示。

表 5-2　销售业务常用单据

系统单据	单据说明	业务单据
销售订单	销售订单是企业为销售货物或劳务，与客户之间签订的单据，主要内容包括销售什么货物、销售数量、发货给谁，什么时间送货、送货地点、运输方式、价格、收款方式等	合同、订货协议
销售出库单	销售出库单是确认产品出库的凭证	出库单
销货单	销货单是销货时向客户开具的销售单，销售立账方式有两种：销货单立账和销售发票立账。如果选择销货单立账，销货单是确立应收账款的依据；如果选择销售发票立账，销售发票是确立应收账款的依据	销售单、送货单、销货单
销售发票	销售发票用于记录开出的真实增值税发票的情况，销售发票包括：普通发票、专用发票、红字专用发票、红字普通发票	增值税发票

一、销售业务基本流程

（一）先出库后销货

先出库后销货适用于先发货，客户收到货物后定期结算，或按客户要求开出销售发票或销货单确认应收账款的情况。先发货后销货业务流程如表 5-3 所示。

表 5-3　先发货后销货业务流程

业务活动	对应单据	业务模块	涉及部门
第一步：报价	报价单	销售管理	销售部
第二步：订立销售合同	销售订单	销售管理	销售部
第三步：发货	销售出库单	库存核算	仓储部
第四步：销售确认	销货单 销售发票	销售管理	销售部
第五步：销售收款	收款单	往来现金	财务部

（二）先销货后发货

先销货后发货适用于销售时可以先根据送货单或销货单确认货款，随后一次出库或分次出库，或者先现款结算后发货业务的情况。先销货后发货业务流程如表 5-4 所示。

表 5-4　先销货后发货业务流程

业务活动	对应单据	业务模块	涉及部门
第一步：报价	报价单	销售管理	销售部
第二步：订立销售合同	销售订单	销售管理	销售部
第三步：销售确认	销货单　销售发票	销售管理	销售部
第四步：发货	销售出库单	库存核算	仓储部
第五步：销售收款	收款单	往来现金	财务部

二、销售业务案例

操作任务

【例 5-7】 1月4日，销售部与安阳启明建材签订销售合同。当日仓库发出商品，开出增值税专用发票。销售合同如图 5-23 所示，销货单如图 5-24 所示，出库单如图 5-25 所示，销售发票如图 5-26 所示。

购 销 合 同

合同编号：83443003

购货单位(甲方)：安阳启明建材有限公司
供货单位(乙方)：河南永盾门业有限公司

根据《中华人民共和国民法典》及国家相关法律、法规之规定，甲乙双方本着平等互利的原则，就甲方购买乙方货物一事达成以下协议。

一、货物的名称、数量及价格：

货物名称	规格型号	单位	数量	单价	金额	税率	价税合计
YJ 高级防盗门		套	200	1 700.00	340 000.00	13%	384 200.00
合计(大写) 叁拾捌万肆仟贰佰元整						￥384 200.00	

二、交货方式和费用承担：交货方式：__销货方送货__，交货时间：__2024 年 01 月 05 日__前，交货地点：_____，运费由__购货方__承担。

三、付款时间与付款方式：_____
_____。

四、质量异议期：订货方对供货方的货物质量有异议时，应在收到货物后__10 日__内提出，逾期视为货物质量合格。

五、未尽事宜经双方协商可作补充协议，与本合同具有同等效力。

六、本合同自双方签字、盖章之日起生效；本合同壹式贰份，甲乙双方各执壹份。

甲方(签章)	乙方(签章)
授 权 代 表：梁国	授 权 代 表：杨建刚
地 址：安阳文峰区凯成路843号	地 址：洛阳吉利区伟间路158号
电 话：74473091	电 话：15076698156
日 期：2024 年 01 月 04 日	日 期：2024 年 01 月 04 日

图 5-23　销售合同

销售单

购货单位：	安阳启明建材有限公司	地址和电话：	安阳文峰区凯成路843号 74473091	单据编号：	0405
纳税识别号：	91410502690075492	开户行及账号：	农行安阳和平支行00853215512	制单日期：	2024年01月04日

编码	产品名称	规格	单位	单价	数量	金额	备注
	YJ高级防盗门		套	1,700.00	200	340,000.00	不含税
合计	人民币（大写）：	叁拾肆万元整				¥340,000.00	

总经理：　　　销售经理：王晓红　　　经手人：李大山　　　会计：　　　签收人：

图 5-24　销售单

出库单　No. 89172018

购货单位：安阳启明建材有限公司　　2024年01月04日

编号	品名	规格	单位	数量	单价	金额	备注
	YJ高级防盗门			200	1,700.00	340,000.00	
	合计					¥340,000.00	

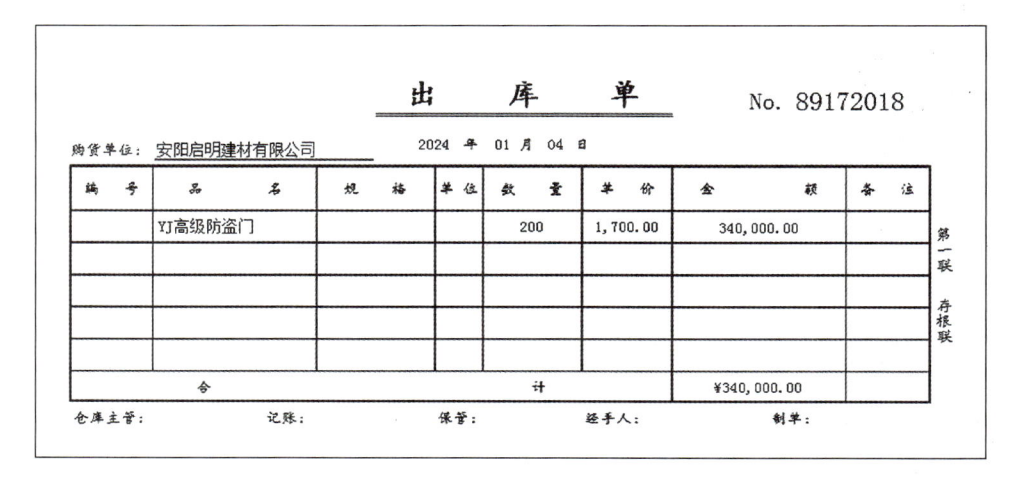

第一联　存根联

仓库主管：　　记账：　　保管：　　经手人：　　制单：

图 5-25　出库单

电子发票（增值税专用发票）

发票号码：24327200000012700117
开票日期：2024年01月04日

购买方信息	名称：安阳启明建材有限公司　统一社会信用代码/纳税人识别码：91410502690075492
销售方信息	名称：河南永盾门业有限公司　统一社会信用代码/纳税人识别码：914103060678100182

项目名称	规格型号	单位	数量	单价	金额	税率/征收率	税额
金属制品 YJ高级防盗门		套	200	1700	340000.00	13%	44200.00
合　计					¥340000.00		¥44200.00

价税合计（大写）　⊗叁拾捌万肆仟贰佰元整　　（小写）¥384200.00

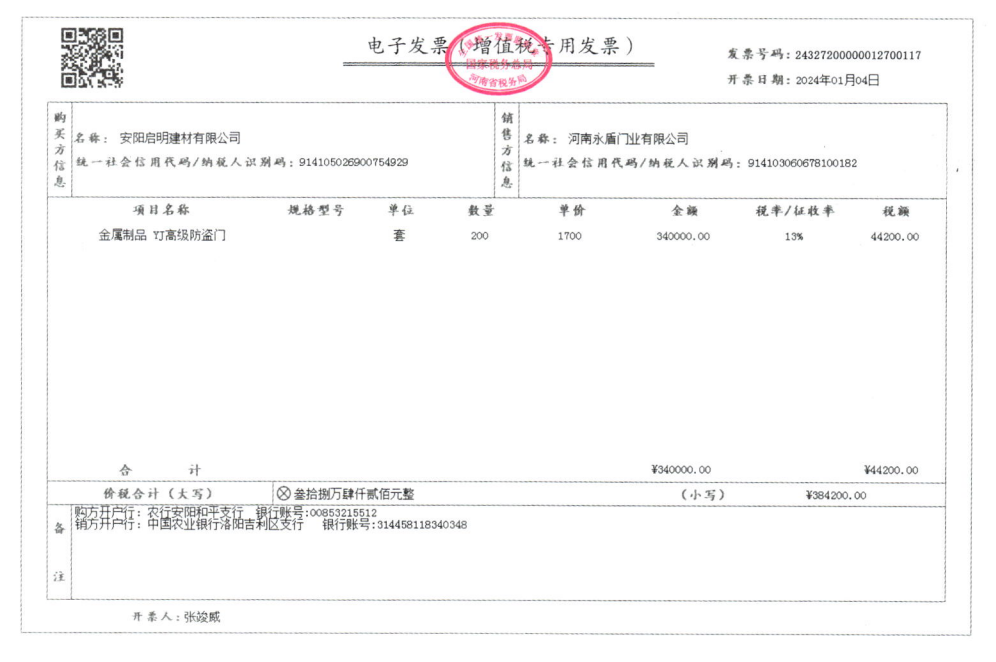

备注：购方开户行：农行安阳和平支行　　银行账号：00853215512
　　　销方开户行：中国农业银行洛阳吉利区支行　银行账号：314458118340348

开票人：张竣威

图 5-26　销售发票

本案例业务发货并开出销售发票,业务单据有购销合同、销售单、出库单、销售发票。

操作步骤

(1)订立销售合同。打开【销售管理】,新增销售订单,填写后保存并审核。

(2)发货。方法一:打开【销售管理】,找到销售订单,单击【生单】按钮,生成销售出库单,保存并审核(适用于不分权限模式)。方法二:打开【库存核算】,新增销售出库单,单击【选单】按钮,选择销售订单,单击【生单】按钮,生成销售出库单,保存并审核(适用于分权限模式)。

(3)销售确认。打开【销售管理】,单击【销货单】按钮,新增销货单,单击【选单】按钮。选择销售出库单,生成销货单,保存并审核。

(4)销售开票。打开【销售管理】,进入销货单,单击【生单】按钮,生成销售发票,保存并审核。

(5)生成凭证。打开【总账】,单击【单据生凭证】按钮,选择销货单,生成凭证。

操作任务

【例5-8】 承[例5-7],在销售业务中,销售运费由河南永盾门业有限公司承担,收到运费发票如图5-27所示,付款回单如图5-28所示。

【例5-8】操作演练

电子发票(增值税专用发票)

发票号码:12585240409497865941
开票日期:2024年01月04日

货物运输服务

购买方信息	名称:河南永盾门业有限公司 统一社会信用代码/纳税人识别号:91410306067810O182	销售方信息	名称:洛阳路通运输服务有限公司 统一社会信用代码/纳税人识别号:91410301M578392173

项目名称	单位	数量	单价	金额	税率/征收率	税额
运输服务 运输费	次	1	3000	3000.00	9%	270.00
合 计				¥3000.00		¥270.00

运输工具种类	运输工具牌号	起运地	到达地	运输货物名称
公路运输	豫CD1066	洛阳孟津	河南安阳	防盗门

价税合计(大写) ⊗ 叁仟贰佰柒拾元整 (小写) ¥3270.00

备注:

开票人:张竣威

图5-27 运费发票

```
中国农业银行    网上银行电子回单
```

电子回单号码：80599684469

付款人	户　名	河南永盾门业有限公司	收款人	户　名	洛阳路通运输服务有限公司
	账　号	314458118340348		账　号	57617030804
	开户银行	中国农业银行洛阳吉利区支行		开户银行	工行洛阳上阳路支行
金　额		人民币(大写)：叁仟贰佰柒拾元整			¥3,270.00
摘　要			业务种类		
用　途		运输费			
交易流水号		22929855046396	时间戳		
		备注：			
		验证码：70721961			
记账网点	386	记账柜员	864	记账日期	2024年01月04日
				打印日期：2024年01月04日

图 5-28　付款回单

本案例业务需要由销售方承担并支付运费 3 270 元。

操作步骤

（1）支付销售运费。打开【往来现金】，单击【费用单】按钮，单击【新增】按钮，填写费用单，业务类型选择"现金费用"，费用类型选择"销售运费"，填写收款单位，费用明细及金额保存并审核。

（2）账务处理。打开【总账】，单击【单据生凭证】按钮，选择费用单，生成凭证。

操作任务

【例 5-9】　1 月 7 日，与河南华源家居有限公司签订合同，收到订金 300 000 元。销售合同如图 5-29 所示，收款回单如图 5-30 所示，生产计划表如表 5-5 所示。

【例 5-9】操作演练

表 5-5　生产计划表

序号	订单号	工序	客户	产品分类	生产数量	预计开工日期	预计完工日期
1	S04430322	1	华源家居	YJ	200	2024 年 01 月 07 日	2024 年 01 月 10 日
2	S04430322	1	华源家居	BD	100	2024 年 01 月 07 日	2024 年 01 月 10 日
3	S04430322	2	华源家居	YJ	200	2024 年 01 月 11 日	2024 年 01 月 16 日
4	S04430322	2	华源家居	BD	100	2024 年 01 月 11 日	2024 年 01 月 16 日
5	S04430322	3	华源家居	YJ	200	2024 年 01 月 17 日	2024 年 01 月 19 日
6	S04430322	3	华源家居	BD	100	2024 年 01 月 17 日	2024 年 01 月 19 日

本案例业务单据有购销合同、银行结算回单、生产加工计划。该单位与客户签订了销售合同，并且客户支付了一部分订金。由于产品库存不足，企业为满足订单要进行生产。

购销合同

合同编号：71879285

购货单位(甲方)：河南华源家居有限公司
供货单位(乙方)：河南永盾门业有限公司

根据《中华人民共和国民法典》及国家相关法律、法规之规定，甲乙双方本着平等互利的原则，就甲方购买乙方货物一事达成以下协议。

一、货物的名称、数量及价格：

货物名称	规格型号	单位	数量	单价	金额	税率	价税合计
YJ 高级防盗门		套	300	1 650.00	495 000.00	13%	559 350.00
BD 普通防盗门		套	300	1 280.00	384 000.00	13%	433 920.00
合计(大写) 玖拾玖万叁仟贰佰柒拾元整							￥993 270.00

二、交货方式和费用承担：交货方式：__销货方送货__，交货时间：__2024__年__01__月__19__日__前__，交货地点：_____，运费由__购货方__承担。

三、付款时间与付款方式：__签订合同之日，支付订金叁拾万元整(￥300 000.00)，其余货款 2024 年 01 月 20 日结清。__

四、质量异议期：订货方对供货方的货物质量有异议时，应在收到货物后__10 日__内提出，逾期视为货物质量合格。

五、未尽事宜经双方协商可作补充协议，与本合同具有同等效力。

六、本合同自双方签字盖章之日起生效；本合同壹式贰份，甲乙双方各执壹份。

甲方(签章)　　　　　　　　　　　　　乙方(签章)
授 权 代 表：张骏威　　　　　　　　　授 权 代 表：杨建刚
地　　　址：郑州二七区兴虹路 537 号　地　　　址：洛阳吉利区伟同路 158 号
电　　　话：95510815　　　　　　　　电　　　话：15076698156
日　　　期：2024 年 01 月 07 日　　　 日　　　期：2024 年 01 月 07 日

图 5-29　销售合同

中国农业银行单位客户专用回单　　NO.

币别：　　　　　2024 年 01 月 07 日　　　　流水号：14610082700227833

付款人	全称	河南华源家居有限公司	收款人	全称	河南永盾门业有限公司
	账号	21999038147		账号	314458118340348
	开户行	工行郑州文化支行		开户行	中国农业银行洛阳吉利区支行

金　　额　(大写) 叁拾万元整　　　　　　　(小写) ￥300,000.00

凭证种类：网银　　　　　　　　　　　凭证号码：14610089763765
结算方式：转账　　　　　　　　　　　用　　途：预付款

生成时间：2024 年 01 月 07 日　　交易柜员：452　　交易机构：146

此回单以客户真实交易为依据，可通过银行网站校验真伪，电子回单可重复打印，请勿重复记账。

图 5-30　收款回单

操作步骤

（1）订立销售合同。打开【销售管理】，单击【销售订单】按钮，新增销售订单，销售订单"订金金额"栏填写订金"300 000 元"，保存并审核。系统根据订金全额自动生成收款单。

（2）审核收款单。打开【往来现金】，单击【上张】按钮，查找收款单，审核收款单。

（3）投产。由于产品现存量不足，打开【生产管理】，单击【多阶投产】按钮，单击【选择销售订单】按钮，投产方式为"全阶投产"。投产运算完成后自动生成生产加工单，填写预计开工日期和预计交货日期，保存并审核。

（4）生产加工。打开【生产管理】，单击【生产加工单】按钮，单出【上张】按钮，查找到对应车间的生产加工单，审核生产加工单。

（5）账务处理。打开【总账】，单击【单据生凭证】按钮，选择收款单，生成凭证。

任务三 生产管理

生产管理是对企业从投料生产到生产完工入库的全过程管理。生产管理的主要单据是生产加工单，它是下达给生产车间的生产任务，是组织生产、领料、入库的基本依据。生产管理模块可以实现采购需求分析、现存量查询、生产完工入库等查询，可以跟踪采购、领料单据执行情况。

一、生产管理基本流程

生产管理与销售管理、采购管理和库存管理模块存在数据关联，生产管理的基本流程如图 5-31 所示。

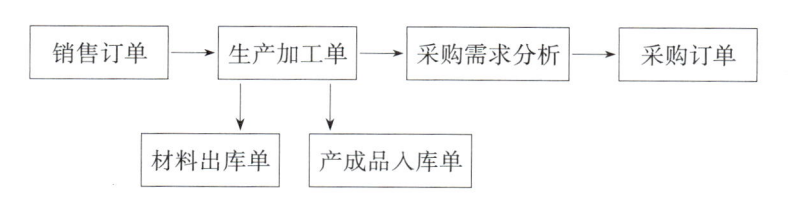

销售订单 → 生产加工单 → 采购需求分析 → 采购订单
生产加工单 → 材料出库单
生产加工单 → 产成品入库单

图 5-31 生产管理基本流程

生产管理业务流程如表 5-6 所示。

表 5-6 生产管理业务流程

业务活动	对应单据	业务模块	涉及部门
第一步：生成生产加工单	生产加工单	生产管理	生产车间
第二步：领用材料出库	材料出库单	库存核算	仓储部
第三步：完工入库	产成品入库单	库存核算	仓储部

生产管理的常用功能说明：

（1）多阶投产。当产品有多层 BOM 时，下达生产任务时可选择多阶投产，生成各阶段半成品、产成品生产加工单。

（2）生产加工单。生产加工单可以根据销售订单、销售预测单生成，用于向生产车间下达生产任务。生产车间根据生产加工单组织生产，领用材料，完工入库。

二、生产业务案例

【例 5-10】 1月8日，与重庆康达门业签订销售合同，生产部根据销售订单安排生产加工计划，经分析需要采购原材料，另与华阳钢铁签订采购合同。销售合同如图 5-32 所示，生产加工计划如表 5-7 所示，采购合同如图 5-33 所示。

购 销 合 同

合同编号：58737064

购货单位（甲方）：重庆康达门业有限公司
供货单位（乙方）：河南永盾门业有限公司

根据《中华人民共和国民法典》及国家相关法律、法规之规定，甲乙双方本着平等互利的原则，就甲方购买乙方货物一事达成以下协议。

一、货物的名称、数量及价格：

货物名称	规格型号	单位	数量	单价	金额	税率	价税合计
YJ 高级防盗门		套	500	1 630.00	815 00.00	13%	920 950.00
BD 普通防盗门		套	500	1 250.00	625 000.00	13%	706 250.00

合计（大写）　壹佰陆拾贰万柒仟贰佰元整　　　　　　　　　￥1 627 200.00

二、交货方式和费用承担：交货方式：__购货方自行提货__，交货时间：__2024 年 01 月 21 日__ 前，交货地点：_____，运费由 __购货方__ 承担。

三、付款时间与付款方式：__收到货物后 10 日内付款__，付款方式：银行承兑汇票_____

四、质量异议期：订货方对供货方的货物质量有异议时，应在收到货物后 __10 日__ 内提出，逾期视为货物质量合格。

五、未尽事宜经双方协商可作补充协议，与本合同具有同等效力。

六、本合同自双方签字、盖章之日起生效；本合同壹式贰份，甲乙双方各执壹份。

甲方（签章）　　　　　　　　　　　　乙方（签章）
授 权 代 表：朱少军　　　　　　　　授 权 代 表：杨建刚
地　　　 址：万州区圣彩路 512 号　　地　　　 址：洛阳吉利区伟向路 158 号
电　　　 话：51464976　　　　　　　 电　　　 话：15076698156
日　　　 期：2024 年 01 月 08 日　　 日　　　 期：2024 年 01 月 08 日

图 5-32　销售合同

表5-7　生产计划表

序号	订单号	工序	客户	产品分类	生产数量	预计开工日期	预计完工日期
1	S04430323	1	康达门业	YJ	500	2024年01月10日	2024年01月12日
2	S04430323	1	康达门业	BD	500	2024年01月10日	2024年01月12日
3	S04430323	2	康达门业	YJ	500	2024年01月13日	2024年01月18日
4	S04430323	2	康达门业	BD	500	2024年01月13日	2024年01月18日
5	S04430323	3	康达门业	YJ	500	2024年01月19日	2024年01月21日
6	S04430323	3	康达门业	BD	500	2024年01月19日	2024年01月21日

购 销 合 同

合同编号：55274502

购货单位(甲方)：河南永盾门业有限公司
供货单位(乙方)：华阳钢铁有限公司

根据《中华人民共和国民法典》及国家相关法律、法规之规定,甲乙双方本着平等互利的原则,就甲方购买乙方货物一事达成以下协议。

一、货物的名称、数量及价格：

货物名称	规格型号	单位	数量	单价	金额	税率	价税合计
冷轧钢板		千克	37 500	7.00	262 500.00	13%	296 625.00
不锈钢管		千克	8 000	10.00	80 000.00	13%	90 400.00
合计(大写)　壹拾捌万柒仟零贰拾伍元整							￥387 025.00

二、交货方式和费用承担：交货方式：__销货方送货__,交货时间：__2024年01月10日__前,交货地点：_____,运费由__供货方__承担。

三、付款时间与付款方式：__货到10日内结清_____。

四、质量异议期：订货方对供货方的货物质量有异议时,应在收到货物后__10日__内提出,逾期视为货物质量合格。

五、未尽事宜经双方协商可作补充协议,与本合同具有同等效力。

六、本合同自双方签字、盖章之日起生效;本合同壹式贰份,甲乙双方各执壹份。

甲方(签章):　　　　　　　　　　　　乙方(签章):
授 权 代 表：杨建刚　　　　　　　　　授 权 代 表：马山
地　　　　址：洛阳吉利区伟同路158号　地　　　　址：安阳殷都区金迅路716号
电　　　　话：15076698156　　　　　　电　　　　话：71824393
日　　　　期：2024年01月08日　　　　日　　　　期：2024年01月08日

图5-33　采购合同

本案例业务单据有购销合同、生产加工计划表。该单位与客户签订了销售合同,由于产品库存不足,企业为满足订单要进行生产,生产时原材料不足,需要采购原材料。

操作步骤

（1）订立销售合同。打开【销售管理】，新增销售订单，填写订金金额后保存并审核。

（2）生产加工。打开【生产管理】，选择多阶投产，选择销售订单，进行全阶投产测算，单击【下一步】按钮。投产运算完成后自动生成生产加工单，手工更改预计开工日期和预计完工日期，单击【下一步】按钮完成。打开生产加工单，审核三张生产加工单。

（3）打开【生产管理】，选择生产加工单，单击【上张】按钮，找到机加工车间的生产加工单，单击【转换】按钮，转换生成采购订单。

（4）打开【采购管理】，选择采购订单，单击【上张】按钮，找到采购订单，审核采购订单。

操作任务

【例 5-11】 1 月 12 日，机加工车间生产的机加工件完工入库，产成品入库单如图 5-34 所示。

产成品入库单

交库单位：机加工车间　　2024 年 01 月 12 日　　仓库：半成品库　　编号：002

产品编号	产品名称	规格	计量单位	数量（送检）	数量（实收）	单位成本	总成本	备注
0401	YJ机加工件		件	500	500		0.00	
0402	BD机加工件		件	500	500		0.00	

仓库主管：王小娟　　保管员：　　记账：　　制单：姜宁宁

第一联 存根联

图 5-34　产成品入库单

本案例要通过选择生产加工单办理产成品入库，这样系统可以根据生产加工单查询产成品入库明细，不能直接新增手工录入产成品入库单，否则月末无法计算产品成本。

操作步骤

生成产成品入库单。打开【库存核算】，单击【产成品入库单】按钮，单击【选单】按钮，选择生产加工单查询机加工车间的生产加工单，找到后，单击【确定】按钮，生成产成品入库单，保存并审核，系统提示"没有单价是否保存"，单击【确定】按钮，完成产成品入库单。

操作任务

【例 5-12】 1 月 13 日，喷涂车间领料生产，领料单如图 5-35 和图 5-36 所示。

领 料 单

领料部门：喷涂车间
用　　途：YJ喷涂件500件　　　2024 年 01 月 13 日　　　编号：010

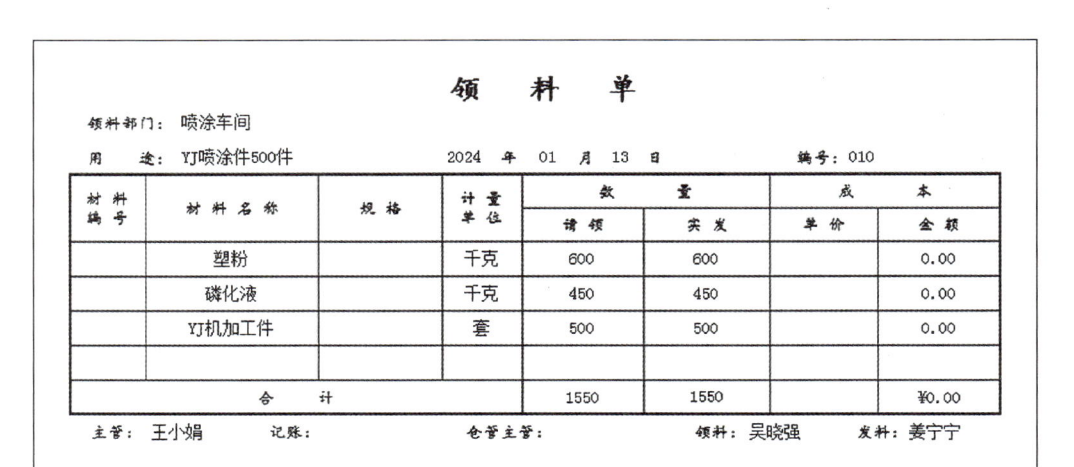

材料编号	材料名称	规格	计量单位	数量 请领	数量 实发	成本 单价	成本 金额
	塑粉		千克	600	600		0.00
	磷化液		千克	450	450		0.00
	YJ机加工件		套	500	500		0.00
	合　计			1550	1550		¥0.00

主管：王小娟　　记账：　　仓管主管：　　领料：吴晓强　　发料：姜宁宁

图 5-35　领料单 1

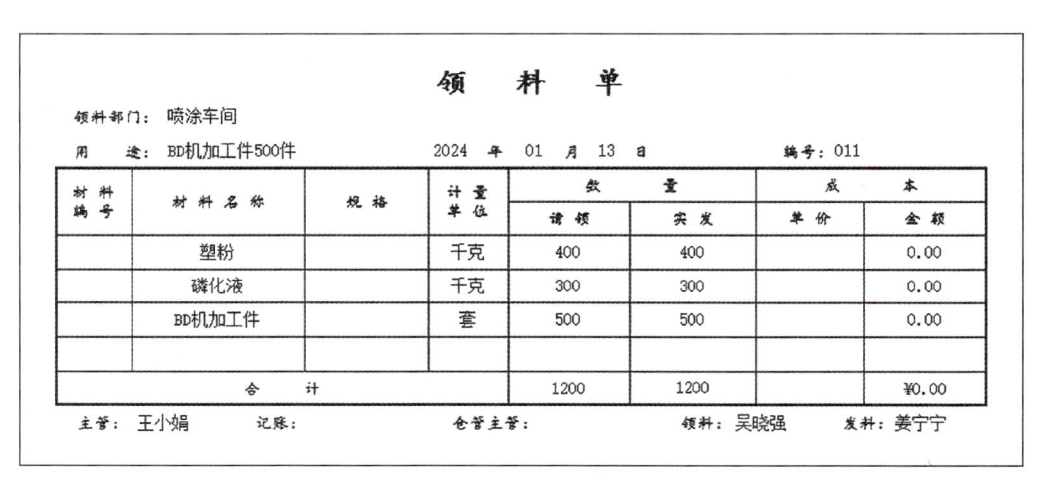

领 料 单

领料部门：喷涂车间
用　　途：BD机加工件500件　　　2024 年 01 月 13 日　　　编号：011

材料编号	材料名称	规格	计量单位	数量 请领	数量 实发	成本 单价	成本 金额
	塑粉		千克	400	400		0.00
	磷化液		千克	300	300		0.00
	BD机加工件		套	500	500		0.00
	合　计			1200	1200		¥0.00

主管：王小娟　　记账：　　仓管主管：　　领料：吴晓强　　发料：姜宁宁

图 5-36　领料单 2

本案例要通过选择生产加工单领料出库，这样系统可以根据生产加工单查询领用材料的明细，最终材料成本通过生产加工单归集到产成品入库单中，不能直接手工录入新增材料出库单，否则系统月末无法计算产品成本。

操作步骤

生成材料出库单。打开【库存核算】，单击【材料出库单】按钮，单击【选单】按钮，选择生产加工单查询喷涂车间的生产加工单，找到后，单击【确定】按钮，生成材料出库单，保存并审核材料出库单。

操作任务

【例 5-13】 1 月 18 日，喷涂车间生产的喷涂件完工入库，产成品入库单如图 5-37 所示。

```
                        产成品入库单
                                                       仓库：半成品库
交库单位：喷涂车间      2024 年 01 月 18 日             编号：005
```

产品编号	产品名称	规格	计量单位	数量 送检	数量 实收	单位成本	总成本	备注
	YJ喷涂件		件	500	500		0.00	
	BD喷涂件		件	500	500		0.00	

仓库主管：王小娟   保管员：   记账：   制单：姜宁宁

图 5-37　产成品入库单

本案例要通过选择生产加工单入库，这样系统在产品成本计算时能够直接引用产成品入库单，不能直接手工录入新增产成品入库单。

操作步骤

生成产成品入库单。打开【库存核算】，单击【产成品入库单】按钮，单击【选单】按钮，选择生产加工单，查询喷涂车间的生产加工单，单击【确定】按钮，生成产成品入库单，保存并审核产成品入库单。

操作任务

【例 5-14】 利用生产加工单跟踪工具，查询生产加工领料及采购情况。

操作步骤

查询生产加工报表。打开生产管理，选择报表，打开生产加工单跟踪工具。找到生产加工单号，双击打开生产加工单，查询领料及领料单据。

任务四　库存核算

库存核算包括库存管理和存货核算两部分，库存管理主要是对存货的数量管理，存货核算主要是对存货的成本管理。库存核算的主要单据包括：采购入库单、产成品入库单、其他入库单、销售出库单、材料出库单、其他出库单等。

一、库存核算的主要单据

库存核算涉及的主要单据如下：

（1）采购入库单是指原材料或者商品采购入库时，经验收合格后根据实际收到数量所填制的入库单据。采购入库单后续可以用于生成进货单、进行采购费用分摊等操作。

（2）产成品入库单是指产成品生产完工后验收入库的单据。产成品入库单可用于后续进行成本计算、生成凭证等操作。

（3）其他入库单是指登记采购入库、产成品入库之外的其他入库业务单据，主要用于盘盈入库、组装拆卸入库等。

（4）销售出库单是指产品或商品销售出库时填制的出库单。销售出库单后续可以用于生成销货单、生成凭证等操作。

（5）材料出库单是指工业企业领用材料时填制的出库单。材料出库单后续可以生成凭证、进行期末处理。

（6）其他出库单是指登记销售出库、材料出库之外的其他出库业务单据，主要用于盘亏出库、组装拆卸出库、形态转换等。

二、库存核算业务流程

库存核算涉及的主要业务活动如表5-8所示。

表5-8 库存核算业务活动

业务活动	对应单据	业务模块	涉及部门
采购入库	采购入库单	库存核算	仓储部
产成品入库	产成品入库单	库存核算	仓储部
其他入库	其他入库单	库存核算	仓储部
材料出库	材料出库单	库存核算	仓储部
销售出库	销售出库单	库存核算	仓储部
其他出库	其他出库单	库存核算	仓储部
采购成本计算	采购核算单	库存核算	财务部
采购费用分摊	费用分摊单	库存核算	财务部
入库成本调整	入库调整单	库存核算	财务部
出库成本调整	出库调整单	库存核算	财务部

【说明】

采购入库、产成品入库业务和材料出库、销售出库业务要配合采购管理、销售管理、生产管理模块使用。盘库业务和成本核算在库存核算模块完成。

三、库存核算业务案例

库存核算业务涉及材料入库业务、材料出库业务、产成品入库业务、产成品出库业务在采购管理、生产管理、销售管理等，这些前面已经讲过，不再一一列举。库存核算业务还包括库存盘点,企业为了保证存货的安全,必须对存货进行定期或不定期的清查。盘点单是用于反映企业存货盘盈、盘亏和毁损情况的单据,是企业据以调整存货实存数的书面凭证。

库存盘点的业务流程有以下步骤:

(1) 锁盘,是指冻结盘点期间的仓库,防止在盘点过程中,仓库的账面数量发生变化。

(2) 提取盘点存货,提取盘点存货是指系统以盘点单表头的仓库为条件,自动提取该仓库有结存的存货及其结存数量,并将存货、货位、批号及其结存数量等信息填充到盘点单的相关信息栏目中。

(3) 实地盘点,相关人员实地盘点后在盘点单中手工录入盘点数量,保存并审核盘点单。

(4) 盘点结果处理,若盘盈,系统自动生成其他入库单,若盘亏,系统自动生成其他出库单,审核其他入库单或其他出库单。

操作任务

【例 5-15】 1 月 20 日,对原材料仓库盘点,发现 D 型防盗锁实际盘点数量为 198 个。盘点单如图 5-38 所示。

序号	存货名称	规格型号	计量单位	账面数量	盘点数量	盈亏数量	单价	盈亏金额
1	冷轧钢板		千克	15,000.00	15,000.00	0.00	7.00	0.00
2	不锈钢管		千克	3,200.00	3,200.00	0.00	10.00	0.00
3	不锈钢轴承合页		个	200.00	200.00	0.00	33.00	0.00
4	可脱卸旗形合页		个	240.00	240.00	0.00	15.00	0.00
5	J 型防盗锁		个	200.00	200.00	0.00	55.00	0.00
6	D 型防盗锁		个	200.00	198.00	-2.00	40.00	-80.00
7	猫眼		个	200.00	200.00	0.00	12.00	0.00
8	岩棉		平方米	2,200.00	2,200.00	0.00	8.00	0.00
9	橡胶密封条		米	2,000.00	2,000.00	0.00	2.00	0.00
10	磷化液		千克	250.00	250.00	0.00	9.00	0.00
合计				23,690.00	23,688.00	-2.00		-80.00

图 5-38 盘点单

操作步骤

(1) 盘点。打开【库存核算】,单击【盘点单】按钮,录入账面日期、盘点结束日期、盘点仓库,单击【锁盘】按钮,单击【提取】按钮,系统自动填写仓库的账面数量,按实际盘点数量填写D型防盗锁盘点数量"198"和其他产品实盘数量,系统自动计算盘亏数量,红字表示盘亏,蓝字表示盘盈。保存并审核盘点单。

(2) 审核其他出库单。盘亏系统自动生成其他出库单,打开【库存核算】,单击【其他出库单】按钮,单击【上张】按钮,找到后审核。

(3) 生成凭证。打开【总账】,单击【单据生凭证】按钮,选择盘点单,生成凭证。按财务会计制度,盘亏原因查明后,记入"管理费用""营业外支出""其他应收款"等科目。需要手工录入新增一张凭证。

项目六　财务模块

学习目标

◆ 知识目标

1. 掌握总账管理模块的功能及业务处理。
2. 掌握往来现金模块的业务及流程。
3. 掌握资产管理模块的业务及流程。
4. 掌握 T-UFO 报表自定义报表模板的设置及生成。

◆ 能力目标

1. 能熟练分析会计业务流程，并选择正确的业务流程。
2. 能熟练地在财务软件中处理具体业务。

◆ 素养目标

通过完成财务模块业务，培养学生财务软件的操作能力和解决问题的能力。

知识导航

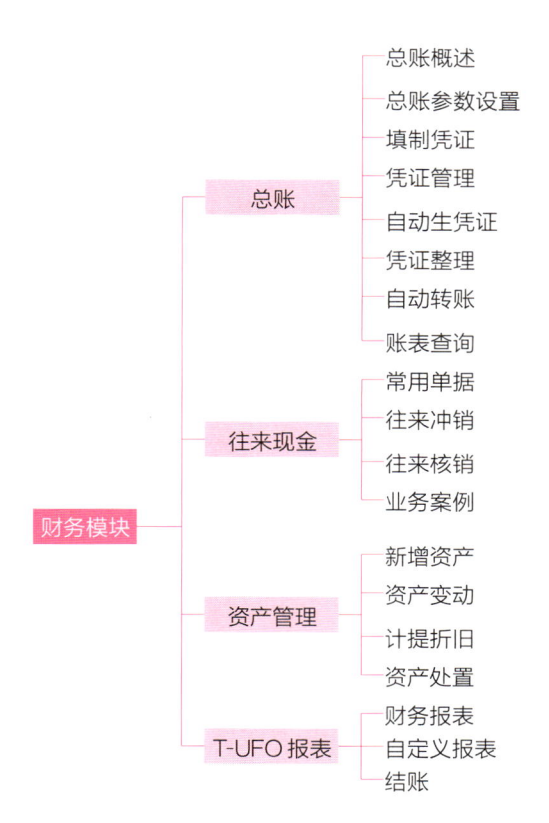

```
                              ┌─ 总账概述
                              ├─ 总账参数设置
                              ├─ 填制凭证
                              ├─ 凭证管理
                    ┌─ 总账 ──┼─ 自动生凭证
                    │         ├─ 凭证整理
                    │         ├─ 自动转账
                    │         └─ 账表查询
                    │
                    │         ┌─ 常用单据
                    │         ├─ 往来冲销
                    ├─ 往来现金┼─ 往来核销
                    │         └─ 业务案例
        财务模块 ───┤
                    │         ┌─ 新增资产
                    │         ├─ 资产变动
                    ├─ 资产管理┼─ 计提折旧
                    │         └─ 资产处置
                    │
                    │         ┌─ 财务报表
                    └─ T-UFO报表┼─ 自定义报表
                              └─ 结账
```

会计信息系统应用(T＋Cloud 版)

> **寓德于教**

海尔集团财务的数字化迭代经历了会计电算化、财务信息化、业财一体化和数字财务化四个时期。目前正由数字化财务向物联网财务转变。

海尔财务共享中心的建设过程离不开扎实的信息系统建设。海尔通过统一ERP平台固化优化了流程，使操作中心向知识中心转变；通过构建现金流量管理为核心的资金集中统一管理体系，以战略资源高效配置为内容的全面预算管理体系，以问题和风险为导向的内控体系，以业财融合、账表自动生成、实时监控为目标的财务信息化体系，实现了三流合一（物资流、资金流和信息流）和三算合一（预算、核算、结算），使其财务会计由核算型向经营管理型转型，由事后的财务分析向事前的财务控制转型。海尔集团的财务人员脱离了传统出纳、成本、总账和主管的岗位设置，被分解成为负责战略财务、共享核算财务和业务财务的不同角色。海尔集团通过将财务主动融入业务，为企业日常管理和决策提供及时、高效的信息，为业务发展提供财务资源保障和风险控制基础。海尔集团财务的数字化诞生了共享财务、专业财务和业务财务三种不同财务人员类型。数字化时代，财务人员要积极转型，主动融入业务，主动学习，强化技能，为企业提供价值创造。

（资料来源：李红梅."大智移云"时代财务与会计转型发展研究，以中兴通讯和海尔为例[J].安徽商贸职业技术学院学报（社会科学版），2019,18（04）:26-29.）

思考：业财融合下的财务信息体系是如何运行的？

任务一　总　账

一、总账概述

总账是填制或生成凭证，形成会计账簿的模块。总账包括填制凭证、凭证管理、记账、科目设置、单据生凭证、期末处理、账务报表查询等功能。总账可以单独运行，也可以与其他模块集成运行。总账流程如图 6-1 所示。

二、总账参数设置

总账参数设置是将通用软件配置成企业个性化软件的过程，设置账套参数有助于企业建立财务应用环境。常用的总账参数设置包括：制单序时控制、凭证需审核才可记账、出纳凭证由出纳签字、资金及往来赤字控制方式、现金流量录入等。T＋软件的参数设置在系统管理的选项设置中进行。

项目六 财务模块

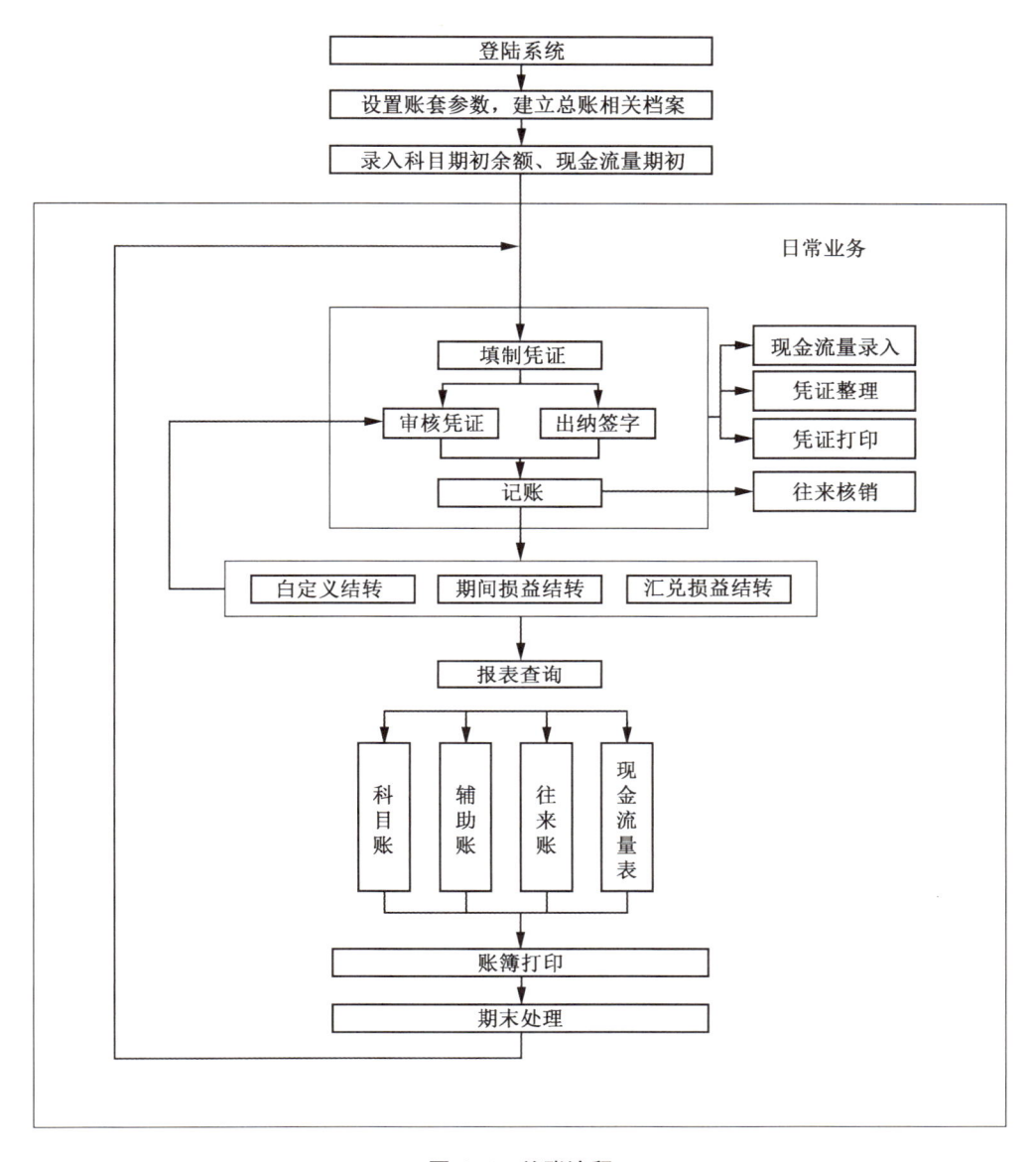

```
登陆系统
   ↓
设置账套参数，建立总账相关档案
   ↓
录入科目期初余额、现金流量期初
   ↓
┌─────────────────────────── 日常业务 ───────────────────────────┐
│                                                                │
│           填制凭证 ──────→ 现金流量录入                         │
│            ↓   ↓      →   凭证整理                             │
│         审核凭证 出纳签字 →  凭证打印                           │
│            ↓                                                   │
│           记账  ──────────→ 往来核销                           │
│                                                                │
└────────────────────────────────────────────────────────────────┘
         ↓
   自定义结转    期间损益结转    汇兑损益结转
         ↓
       报表查询
         ↓
  科目账  辅助账  往来账  现金流量表
         ↓
       账簿打印
         ↓
       期末处理
```

图 6-1　总账流程

操作任务

【例 6-1】 完成总账参数设置，要求：制单人与审核人不能为同一人、凭证制单序时控制、凭证需审核才能记账、出纳凭证由出纳签字。

总账参数设置

操作步骤

以账套主管身份登录系统，打开【系统管理】，单击【选项设置】按钮，按要求完成设置后保存。

081

会计信息系统应用(T+Cloud版)

图 6-2　总账财务参数设置

> 操作任务

【例6-2】取消控制凭证借（贷）方合计金额不变。在编辑会计凭证时，有时需要修改借（贷）方金额。因此，需要取消控制凭证借（贷）方合计金额不变选项。

> 操作步骤

以账套主管"003 李通"身份进入【T+软件】窗口中，单击【系统管理】按钮，单击选项设置中【凭证接口】按钮，取消控制凭证借（贷）方合计金额不变。修改凭证接口选项如图6-3所示。

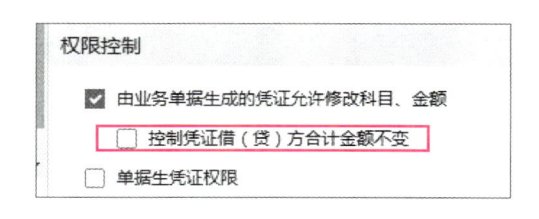

图 6-3　修改凭证接口选项

三、填制凭证

总账生成凭证的方式有两种：第一种是手工填制凭证，通过手工录入凭证的方式保存凭证。第二种是单据生凭证，通过业务系统传递过来的单据生成凭证。

（一）手工填制凭证

手工填制凭证的方法是：打开总账，填制凭证，新增凭证录入制单日期、摘要、科目、金额，如果科目需要指定现金流量，单击【流量】菜单即可。完成填制凭证后保存，凭证号自动生成。填制凭证时，借贷方金额可以通过右上角【找平】按键自动找平，也可以按"＝"找平。未审核凭证可以直接修改，按空格键可以更改金额借贷方向。

（二）单据生凭证

单据生凭证是通过选择来源单据，按条件查询生成凭证。单据生凭证在使用前需要先进行科目设置，如图 6-4 所示。

科目设置是指设置单据生成凭证的入账科目的操作。打开总账，单击【科目设置】选项。如果科目设置内容少，就仅填写基本设置；如果科目在不同情况下入账科目不同的需要完成扩展设置。例如，存货科目的基本设置是 1403 原材料，扩展设置可以按存货类型设置。存货科目扩展设置如图 6-5 所示，周转材料设置为 1411 科目，产成品设置为 1405 科目。

图 6-4　科目设置

图 6-5　存货科目扩展设置

四、凭证管理

凭证管理是凭证集中处理的平台，可以审核凭证、记账、出纳签字、作废凭证、查询凭证、打印凭证。凭证管理如图 6-6 所示。

凭证管理

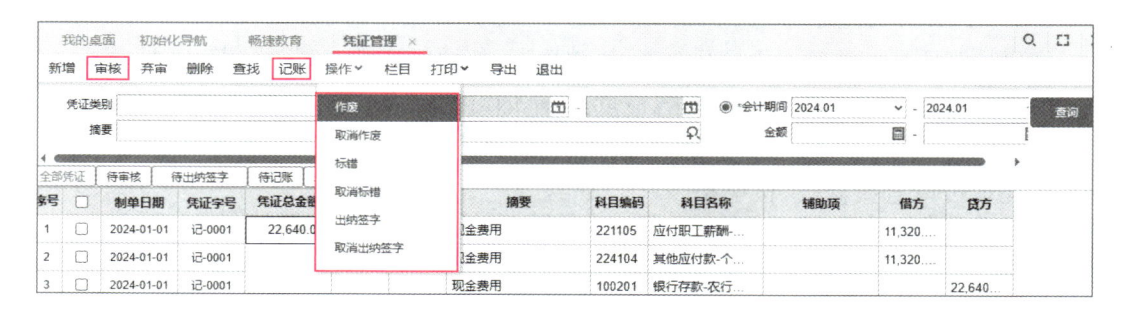

图 6-6　凭证管理

【说明】

已经记账的凭证,若要取消记账,应在凭证整理页面选择已记账的凭证号,按下组合键"Ctrl＋Alt＋H"可以取消记账。

五、自动生凭证

自动生凭证是系统根据单据生凭证规则,按设置好的生成方案,不需要人工干预,自动生成凭证。自动生凭证如图 6-7 所示,适用于单据生凭证的设置。

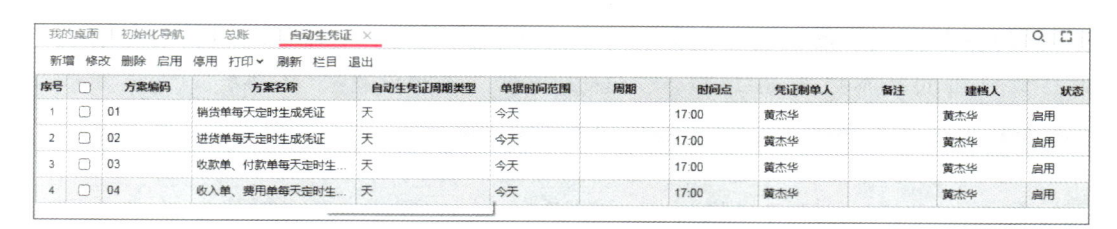

图 6-7　自动生凭证

六、凭证整理

凭证整理用于删除凭证和凭证手工修改编号后整理断号,按凭证日期重新编号。

七、自动转账

月末财务结转、计提业务可以使用自动转账功能。自动转账包括自定义结转、期间损益结转。自定义结转通过设计自定义转账模板、固定转账涉及的科目和金额取数公式完成自动转账凭证的生成。期间损益结转是指期末指定本年利润科目后,系统自动将各损益类科目的余额结转到"本年利润"科目中的流程。

(一) 自定义结转

结转制造费用

操作任务

【例 6-3】　结转本月制造费用。

操作步骤

(1) 进入总账,单击【自定义结转】,单击【自定义转账设置】按钮,填写转账编号,转账说明,转账类别选择公式结转,自定义转账设置如图 6-8 所示。

图 6-8 自定义转账设置

(2) 表体中录入科目编码,选择辅助项及方向,单击【金额公式】的公式向导,如图 6-9 所示,选择期末余额函数【QM】、发生额函数【FS】、借贷平衡差额函数【CE】。编辑后保存。

图 6-9 金额公式向导

（3）返回自定义结转页面，单击【刷新】按钮，勾选包含未记账凭证选项，单击【生成凭证】按钮，生成凭证后保存。

（二）期间损益结转

操作任务

【例6-4】 完成本月期间损益结转。

操作步骤

（1）进入总账，单击【期间损益结转】，选择本年利润科目，勾选包含未记账凭证，勾选合并生成利润选项，单击【生成凭证】按钮。期间损益结转如图6-10所示。

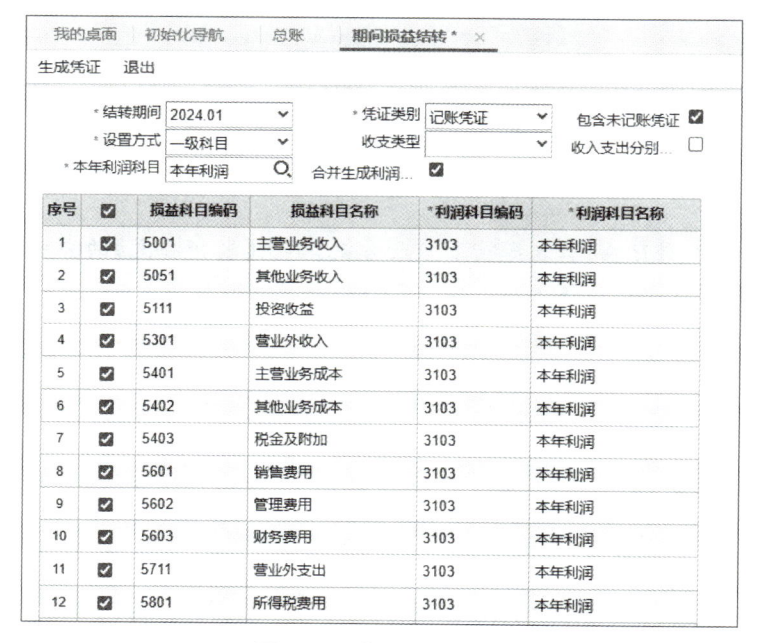

图6-10 期间损益结转

八、账表查询

账表查询可以查询总账、明细账、科目余额表、科目汇总表、往来单位对账单、应收/应付账龄分析等。系统能利用账表查询提供经营分析。

任务二 往来现金

往来现金是处理往来冲销、往来核销等的模块。往来现金涉及的常用单据包括收款单与付款单、费用单、银行存取款单。该模块可以对应收应付款项进行往来冲销。

一、常用单据

1. 收款单

收款单用于处理企业对客户的收款,包括预收款、直接收款、普通收款以及收款核销。普通收款和预收款单可以同时跟应收款核销。销售订金和销货单现结或销售发票现结可以直接生成收款单。

2. 付款单

付款单用于处理企业对供应商的付款,包括预付款、直接付款、普通付款以及付款核销。普通付款和预付款单可以同时跟应付款核销。采购订金和进货单现结或采购发票现结可以直接生成付款单。

3. 费用单

费用单用于处理采购费用、销售费用、其他费用、生产费用,它的业务类型包括往来费用和现金费用,往来费用用来确定与往来单位之间的费用支出,现金费用用来确定企业与往来单位无关的费用支出以及费用支出的付款。

4. 银行存取款单

银行存取款单用于处理企业内部的银行存款、银行取款、银行转账、买汇、结汇等业务。

二、往来冲销

往来冲销业务包括预收冲应收、预付冲应付、应收冲应收、应收冲应付、应付冲应付。

(1)预收冲应收是指已经收到客户的预收款,在销售结算时,用预收款冲销应收款。这类业务也可以在收款单上填写使用预收,效果同预收冲应收。

(2)预付冲应付是指已经给供应商支付了预付款,在采购结算时,用预付款冲销应付款。这类业务也可以在付款单上填写使用预付,效果同预付冲应付。

(3)应收冲应收是指当企业要将一个往来单位的应收款、预收款转到另外一个往来单位的时候,或者在同一客户的不同部门、业务员、项目之间转移应收款、预收款。

(4)应付冲应付是指当企业要将一个往来单位的应付款、预付款转到另外一个往来单位的时候,或者在同一供应商内部不同部门、业务员、项目之间进行应付款、预付款转移。

(5)应收冲应付是指用于处理企业对往来单位既有应收款又有应付款,并且应收款跟应付款需要冲抵的模块。

三、往来核销

往来核销是指用户日常进行的,将收款单、付款单与未结算的应收单据、应付单据进行勾对核销的过程。核销分为自动核销和手工核销。收款单、付款单业务类型是直接收款或直接付款时需要使用手工核销，收款单、付款单业务类型是普通付款、普通收款或预付款、预收款时可以自动核销。

四、业务案例

操作任务

【例6-5】 财务部购买打印纸5箱，每箱价格为120元，支付货款。增值税专用发票如图6-11所示，付款回单如图6-12所示。

图6-11 增值税专用发票

操作步骤

（1）填写费用单。打开【往来现金】，单击【费用单】按钮，新增费用单，业务类型选择"现金费用"，"现结金额"栏录入"678元"，结算方式选择"网银"，账号名称选择"农行"。表体中新增费用名称，费用编号为"01"，费用名称为"办公费"，费用类型为"其他费用"，保存并审核费用单。

（2）科目扩展设置。打开【总账】，单击【科目设置】按钮，选择"费用科目"，在费用扩展中增加"其他费用"，费用选择"办公费"，入账科目选择"管理费用，办公费"。

（3）打开【总账】，单击【单据生凭证】按钮，选择费用单，生成凭证。

项目六 财务模块

中国农业银行　网上银行电子回单

电子回单号码：49323304322

付款人	户名	河南永盾门业有限公司	收款人	户名	晨阳办公用品商行
	账号	314458118340348		账号	766281559
	开户行	中国农业银行洛阳吉利区支行		开户行	工行西工区人民路支行
金额		人民币（大写）：陆佰柒拾捌元整			￥678.00
摘要		支付办公用品款	业务种类		
用途		货款			
交易流水号		07126409158654	时间戳		2024年01月03日14时26分
		备注：			
		验证码：02303660			
记账网点	501	记账柜员	551	记账日期	2024年01月03日

打印日期：2024年01月03日

图 6-12 付款回单

【说明】

每月的发放工资、缴纳税费、报销各类费用均可以使用费用单。

操作任务

【例6-6】收到客户前欠货款。收款回单如图6-13所示。

中国农业银行 中国农业银行单位客户专用回单　NO.

	币别：			2024 年 01 月 03 日		流水号：	
付款人	全称	河南华源家居有限公司	收款人	全称	河南永盾门业有限公司		
	账号	21999038147		账号	314458118340348		
	开户行	工行郑州文化支行		开户行	中国农业银行洛阳吉利区支行		
金额		（大写）贰拾捌万肆仟柒佰陆拾元整			（小写）￥284,760.00		
凭证种类		网银	凭证号码				
结算方式		转账	用途		货款		

生成时间：2024 年 01 月 07 日　　交易柜员：　　　交易机构：

此回单以客户真实交易为依据，可通过银行网站校验真伪，电子回单可重复打印，请勿重复记账。

图 6-13 收款回单

089

操作步骤

（1）填写收款单。打开【往来现金】，单击【收款单】按钮，新增收款单，选择结算客户名称，业务类型选择"普通收款"。填写多结算明细表：结算方式下拉列表选择"转账"，账号名称下拉列表选择"农行吉利支行"，收款金额填写"284 760元"。单击【选单】按钮，选择应收单，单击【分摊】按钮，系统自动将收款金额填写到结算金额，保存并审核收款单。

（2）单据生凭证。打开【总账】，单击【单据生凭证】按钮，选择收款单，生成凭证。

任务三　资产管理

资产管理是以固定资产卡片为基础，记录固定资产从入账到清理的全过程的管理模块。资产管理主要包括增加固定资产、固定资产变动、固定资产处置、计提折旧、资产盘点等功能。固定资产管理的凭证需要通过总账的单据生凭证功能生成。

资产管理的应用流程如图6-14所示。

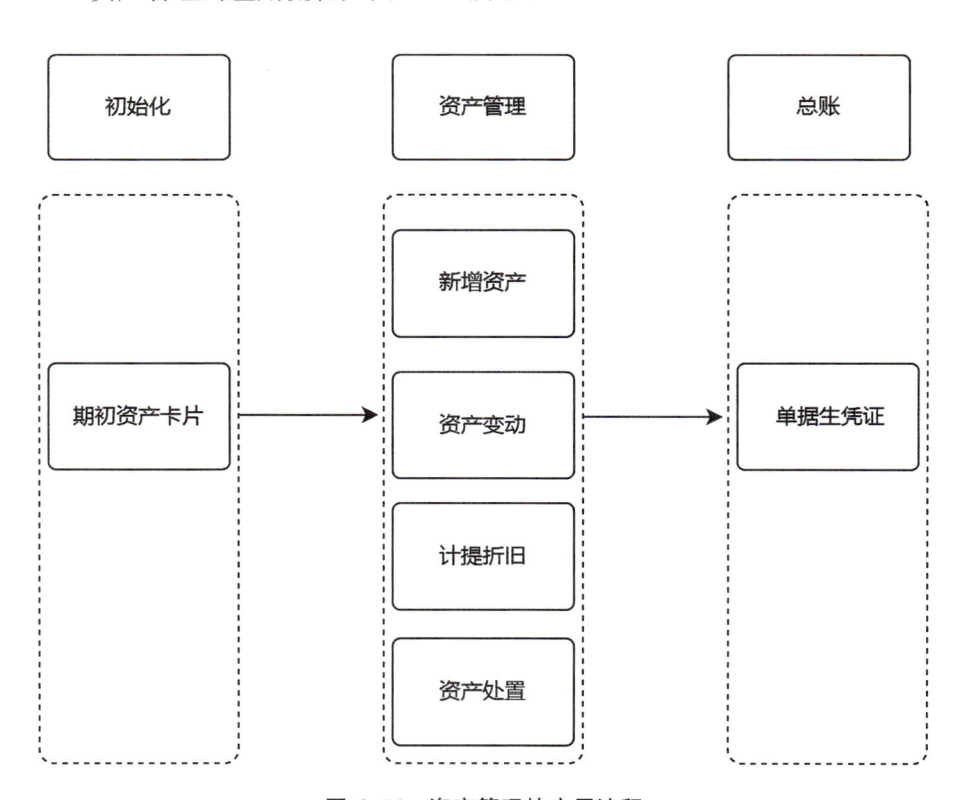

图6-14　资产管理的应用流程

期初固定资产卡片在初始化中录入,日常业务主要包括新增资产、资产变动、资产处置、计提折旧等。

一、新增资产

新增资产时,打开资产管理下的【新增资产】,选择资产类别,进入【录入卡片】。新增资产卡片如图 6-15 所示。

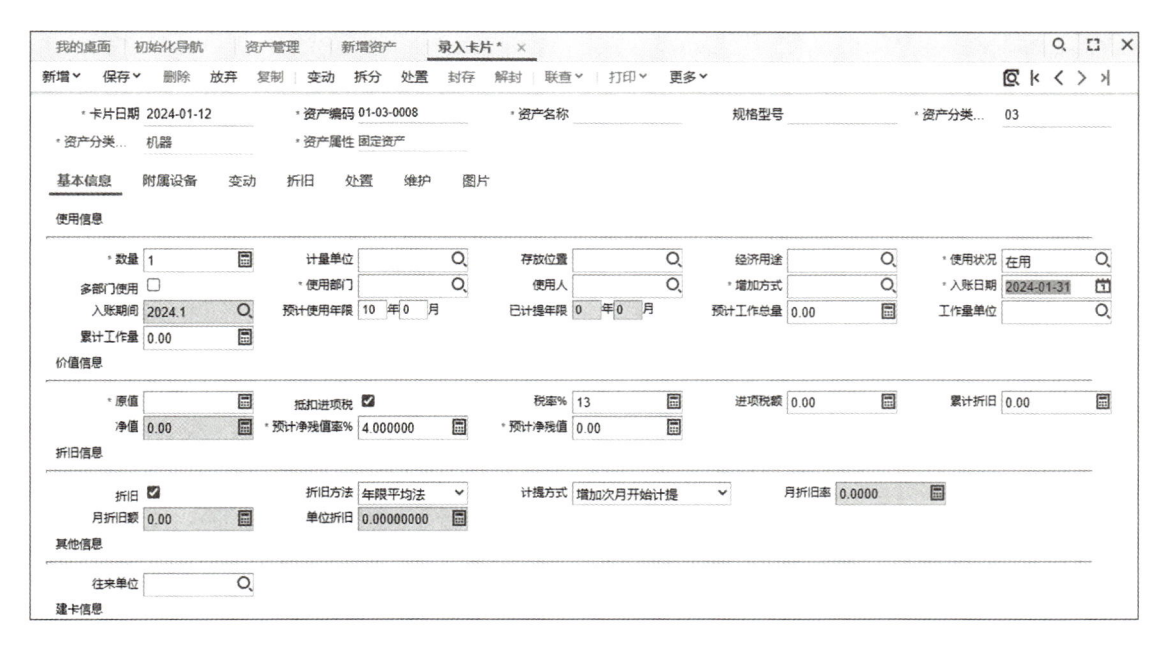

图 6-15 新增资产卡片

二、资产变动

资产发生原值、折旧方法、资产分类、存放位置、使用部门、预计使用年限(月)、使用人等信息变动时,需要进行资产变动处理。资产发生变动必须先计提折旧生成凭证,再录入变动信息。

操作任务

【例 6-7】 轿车变动使用部门,由销售部变更为办公室。

操作步骤

打开【资产管理】,单击【资产变动】按钮,单击【新增】按钮,选择变动内容,单击【确定】按钮,打开变动单,录入变动原因,选择变动资产编码等信息后保存。资产变动单如图 6-16 所示。

图 6-16　资产变动单

三、计提折旧

计提折旧是固定资产管理每月要完成的工作，系统每月自动计提折旧。计提折旧的操作过程如下：单击【计提折旧与摊销】按钮，单击【快速计提】按钮，完成计提，双击计提折旧与摊销列表可查看固定资产折旧清单。计提折旧如图 6-17 所示。

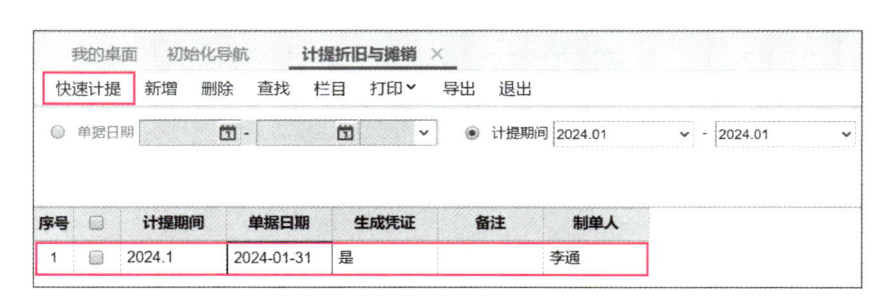

图 6-17　计提折旧

四、资产处置

资产处置是指资产在使用过程中，因出售、报废、毁损、投资转出等原因减少资产的过程。在资产处置中选择资产编码，填写处置方式后保存。

任务四　T-UFO 报表

T-UFO 报表是用于生成报表的模块，系统提供报表模板和自定义报表两种应用。常用的资产负债表、利润表、现金流量表可以通过报表模板自动生成报表数据。用户可以自定义各种管理用报表的模板。

【说明】

T+软件中正常的流程是先结账,再生成报表。教学中,如果想提前查看报表数据,方便报表数据与账簿的核对,只要记账后就可以直接生成报表。下文中我们采用先生成报表后结账的方法,减少反结账的使用。

一、财务报表

系统提供支持企业会计准则、小企业会计准则的财务报表。用户使用T+15.0以下版本时,请下载T+浏览器打开T-UFO模块。

操作任务

【例6-8】 调用模板生成资产负债表、利润表和现金流量表。

操作步骤

(1) 打开报表数据,选择资产负债表,确定生成报表的期间,单击【确定】按钮,生成报表数据。数据生成后可以保存,使用T+浏览器可以导出报表。

(2) 生成利润表,方法参照资产负债表生成方法。

(3) 生成现金流量表,方法参照资产负债表。

二、自定义报表

自定义报表设计包括定义报表的基本内容、报表的格式、报表中的公式设置、报表中的审核公式设置、查询条件设置等。

操作任务

【例6-9】 编制企业综合评价指标计算表,样表格式如图6-18所示。

综合评价指标	
指　　标	数值
资产负债率	
销售净利率	
资本保值增值率	

图6-18 综合评价指标计算样表

操作步骤

（1）新增模板。打开原 T-UFO，进入模板设计，打开模板分类中【自定义模板】，新增经营效益评价指标表。新增模板如图 6-19 所示。

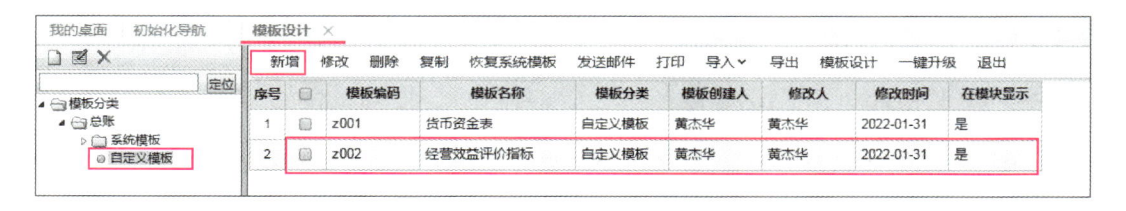

图 6-19　新增模板

（2）模板设计。选择新建的经营效益评价指标表，单击【模板设计】按钮，设置报表行数和列数，录入报表项目，进行组合单元格，选定区域画线。模板格式设置如图 6-20 所示。

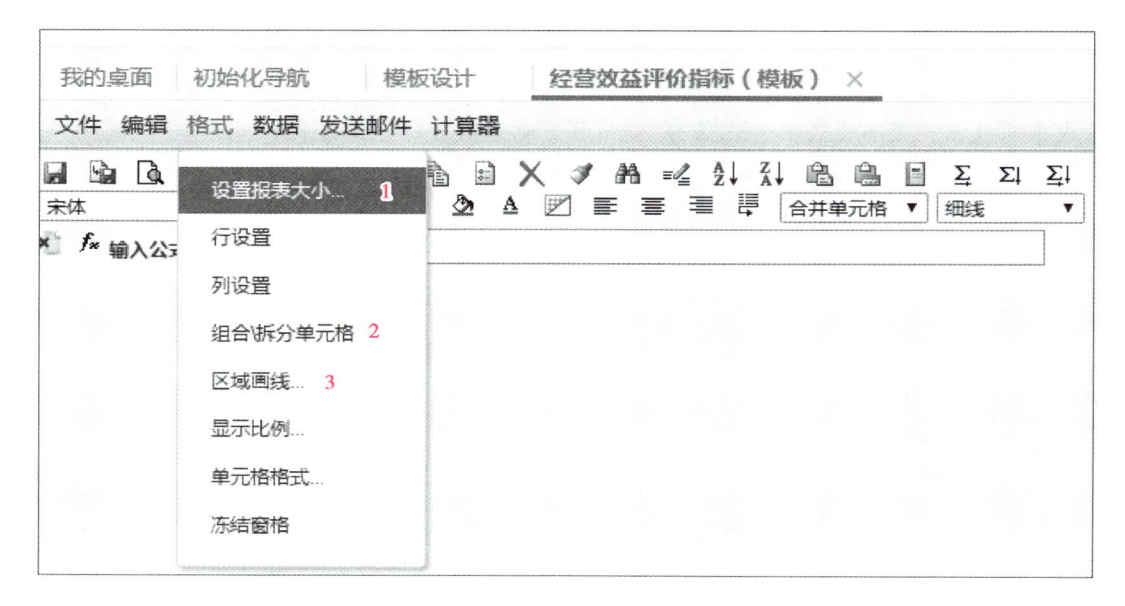

图 6-20　模板格式设置

（3）定义公式。先定义资产负债率取数公式，定义取数公式如图 6-21 所示。单击选中 B3 单元格后单击 fx 函数向导，函数向导如图 6-22 所示。选择模板取数，单击参照输入，选择模板中的资产负债表，选取负债期末余额后按"/"（除号），再次单击参照输入，选择模板中的资产负债表，选取资产期末余额。公式录入完成后单击公式验证后确定保存。同理，依次完成销售净利率和资本保值增值率取数。

（4）生成报表数据。打开【报表数据】，选择报表名称，单击【生成报表】按钮，查看报表数据。生成报表数据如图 6-23 所示。

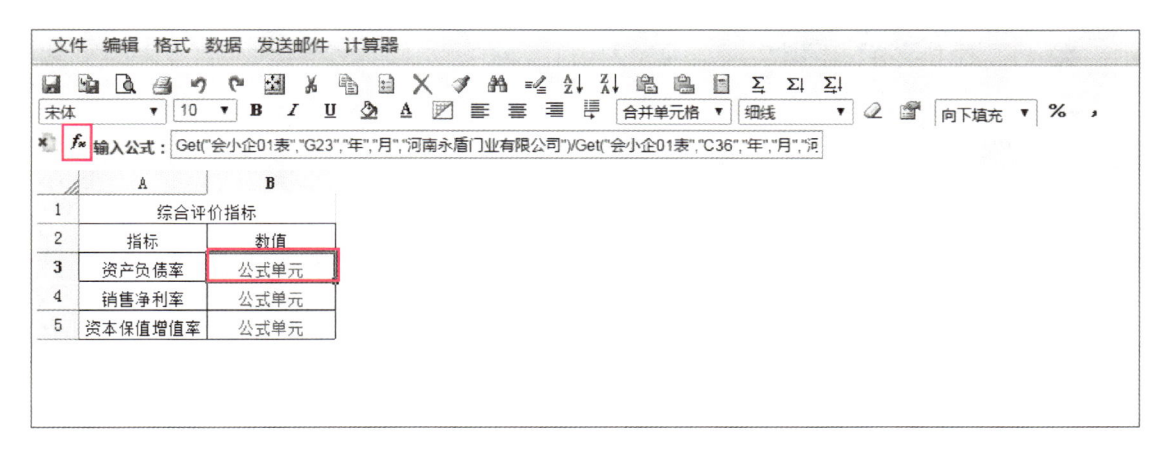

图 6-21 定义取数公式

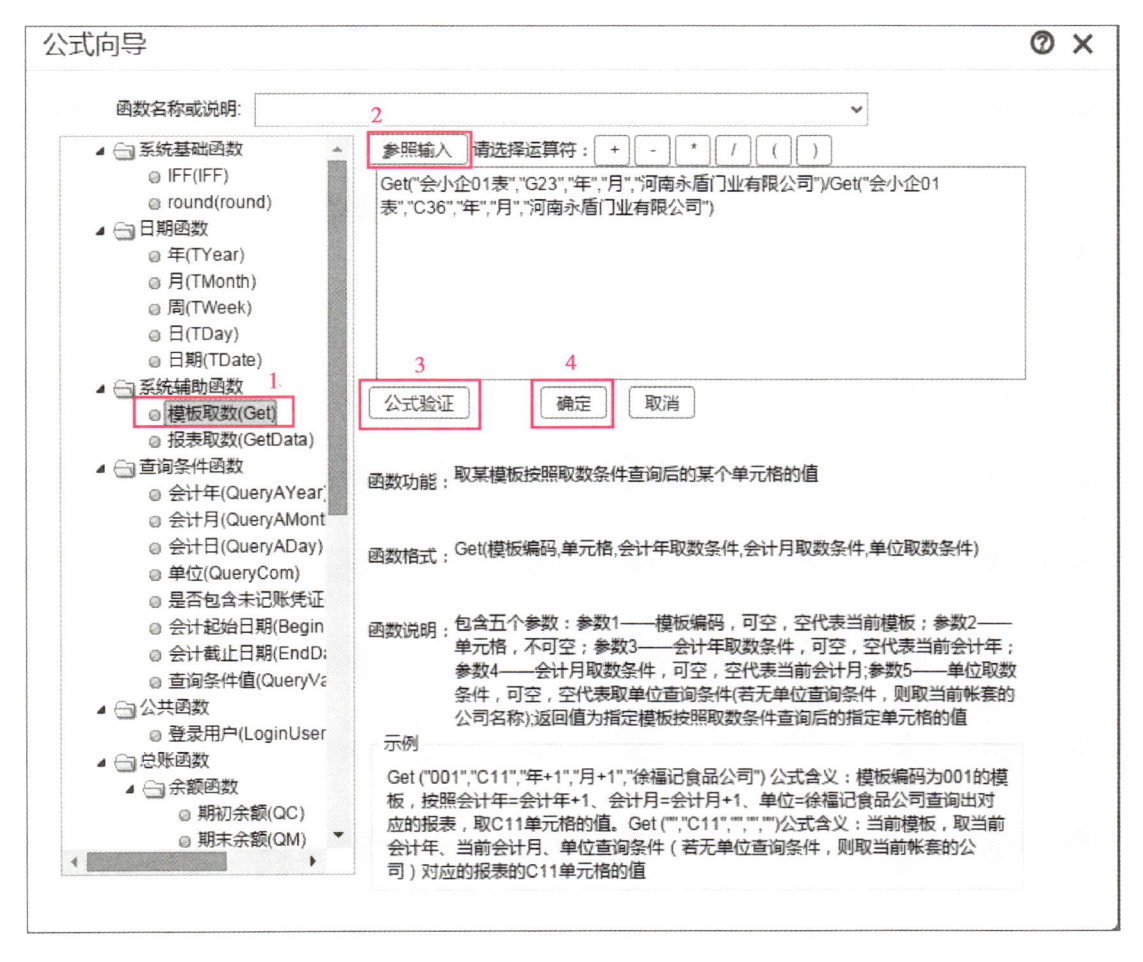

图 6-22 函数向导

图 6-23 生成报表数据

三、结账

(一) 业务结账

业务结账的操作过程为：打开系统管理，进行业务结账，选择待结账月份，单击期末结账。

【说明】

业务结账时需要勾选结存数量为 0、余额不为 0 的自动生成出库调整单。如果有上述情况，查看出库调整单，生成出库调整凭证后再结账。

(二) 财务结账

财务结账的操作过程为：打开系统管理，进行财务结账，选择待结账月份，单击【下一步】按钮，系统自动进行对账，查看月度工作报告后，单击结账。

项目七　综合实训

◆ 知识目标
掌握业财一体化处理流程。

◆ 能力目标
能熟练应用软件，完成业财一体化操作。

◆ 素养目标
通过完成综合实训业务处理，培养学生团队协作的职业素养。

知识导航

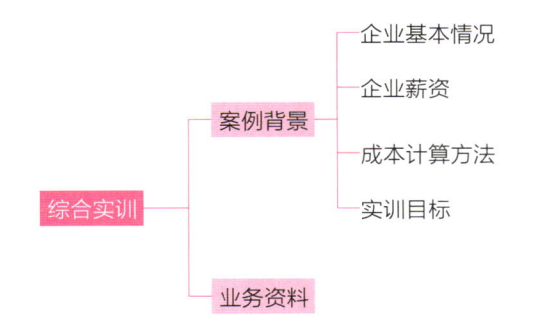

```
                        ┌── 企业基本情况
                        ├── 企业薪资
              ┌─ 案例背景 ┤
              │         ├── 成本计算方法
综合实训 ──────┤         └── 实训目标
              │
              └─ 业务资料
```

寓德于教

格力电器在追求精益生产方面已取得一定成效。格力电器通过建立科学的产品线平台规划和模块化、标准化的设计体系，避免自动化设备和IT技术叠加带来的浪费，从而提高生产的实际效益。通过信息化手段，格力电器将信息管理系统、流水线、物流、设备、产品质量和异常信息监控等所有生产信息互相关联，通过信息化平台支撑各级的生产应用和决策管理，为智能制造的顺利推进和智慧生产的落地提供了保障。

党的二十大报告指出："加快建设制造强国、质量强国、航天强国、交通强国、网络强国、数字中国"。在我国从制造大国向制造强国转型的关键时期，格力电器不断通过技术创新为高端化打牢基础，并用精益化管理为其不断增色。

精益生产的特征之一是拉动式准时化生产，即以最终用户的需求为生产起点，强调物流平衡,追求零库存,要求上一道工序加工完的零件立即可以进入下一道工序。拒绝不必要的库存、拒绝没有需求的生产。精益思想的核心是不断完善、持续改善,职业技能学习也是如此,需要不断实践,持续完善。

思考:如何在实践中持续不断提升职业技能?

任务一 案例背景

一、企业基本情况

本项目仍以河南永盾门业有限公司为案例主体,公司基本情况详见项目二的[例2-2]。

二、企业薪资

企业所在地最低社保基数为3179元,公司按员工应付工资计提社保,工会经费按应付工资的2%计提,生育保险合并入医疗保险,其中,基本医疗保险5.5%,生育保险1%。社会保险计提比例如表7-1所示。

表7-1 社会保险计提比例

类别	项目	单位缴纳比例	个人缴纳比例
四险一金	养老保险	16%	8%
	医疗保险	6.5%	2%
	失业保险	0.7%	0.3%
	工伤保险	0.4%	—
	公积金	10%	10%

三、成本计算方法

公司有一个生产车间,下设三个成本核算中心,分别是机加工车间、喷涂车间、装配车间。产品的生产工艺路线如下:第一个工序是机加工件,第二个工序是喷涂件,第三个工序是装配件。上一个工序的半成品是下一个工序的原材料。成本计算使用分步法结转,为了减少计算量,制造费用统一在装配车间计算。机加工车间成本项目有直接材料和直接人工,喷涂车间成本项目有直接材料、直接人工和机加工半成品,装配车间成本项目有直接材料、直接人工、制造费用和喷涂半成品成本。每个车间的半成品与在产品成本按约当产量法计算,在产品成本不反映。各车间按完工入库数量分配成本项目。成本计算归集对象选择"入库单+产品"方式。

四、实训目标

公司启用采购管理、销售管理、生产管理、库存核算、往来现金、资产管理、总账管理等模块,要求对企业的1月的经济业务进行业财一体化处理。本综合实训将考查学生综合运用软件解决问题的能力。

任务二 业务资料

【说明】

(1)公司发出存货的计价方法是全月一次加权平均法,所有材料出库、销售出库业务于月末生成凭证。

(2)凭证生成采用合并制单方式,采购业务单货同到合并制单,暂估业务采用单到回冲。

(3)开始业务实训时,请重新恢复一下教材配套的期初完成账套。

业务1 1月3日,财务部购买打印纸5箱,每箱价格为120元,支付货款。收到的增值税专用发票如图7-1-1①所示,支付打印纸的银行付款回单如图7-1-2所示。

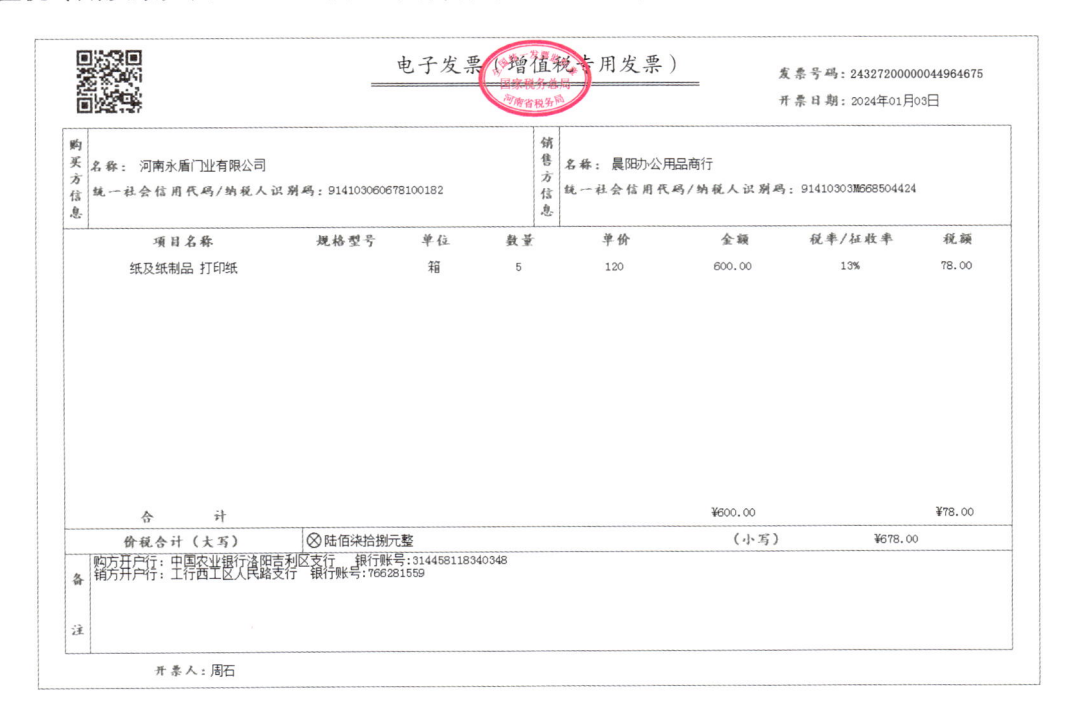

图7-1-1 增值税专用发票

---

① 为便于区分业务间的凭证,项目七任务二中的业务凭证图表均采用"项目序号—业务序号—图/表序号"编号方式。

图 7-1-2　银行回单

操作步骤

（1）打开【往来现金】，新增费用单，选择业务类型"现金费用"，录入现结金额"678"元，结算方式选择"网银"，账户名称选择"农行"。

（2）单击【费用名称】输入框，打开费用参照窗体，新增费用，费用代码为"01"，费用名称为"办公费"，费用类型为"其他费用"。

（3）打开【总账】，单击【科目设置】按钮，选择费用科目的扩展设置，进行增行操作，费用类型：为"其他费用"，费用为"办公费"，科目为"管理费用，办公费"，单击保存返回。

（4）打开【总账】，单击【单据生凭证】按钮，选择费用单后生成凭证，保存凭证。

业务 2　1月3日，收到华源家居前欠货款。收到银行收款回单如图 7-2-1 所示。

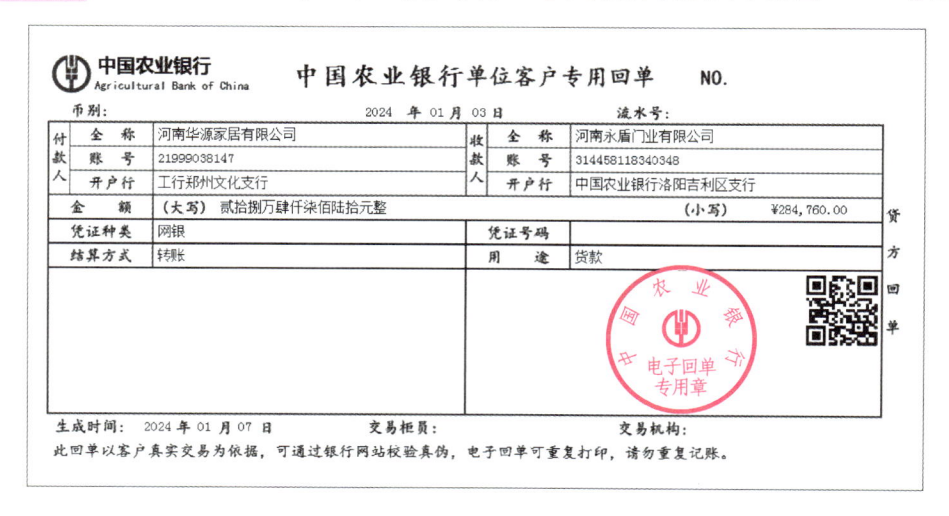

图 7-2-1　银行收款回单

操作步骤

（1）打开【往来现金】，新增收款单，选择结算客户后，选择业务类型"普通收款"。录入多结算明细中的结算方式"转账"，账号名称为"农行"，录入收款金额"284 760"元。

（2）单击【选单】按钮，查询到应收单，勾选"应收单"，单击【分摊】按钮，系统自动填写结款金额，保存并审核收款单。

（3）打开【总账】，单击【单据生凭证】按钮，选择收款单后生成凭证，保存凭证。

业务3 1月4日，销售部与安阳启明建材签订销售合同，运费由销售方支付。当日仓库发出商品，开出销售专用发票。销售合同如图7-3-1所示，销售单如图7-3-2所示，出库单如图7-3-3所示，电子发票如图7-3-4所示，银行付款回单如图7-3-5所示，运费电子发票如图7-3-6所示。

购销合同

合同编号：90942969

购货单位(甲方)：安阳启明建材有限公司
供货单位(乙方)：河南永盾门业有限公司

根据《中华人民共和国民法典》及国家相关法律、法规之规定，甲乙双方本着平等互利的原则，就甲方购买乙方货物一事达成以下协议。

一、货物的名称、数量及价格：

货物名称	规格型号	单位	数量	单价	金额	税率	价税合计
YJ高级防盗门		套	200	1 700.00	340 00.00	13%	384 200.00
合计(大写) 叁拾捌万肆仟贰佰元整							￥384 200.00

二、交货方式和费用承担：交货方式：__供货方送货__，交货时间：__2024年1月5日__前，交货地点：_____，运费由__供货方__承担。

三、付款时间与付款方式：_____。

四、质量异议期：订货方对供货方的货物质量有异议时，应在收到货物后__10日__内提出，逾期视为货物质量合格。

五、未尽事宜经双方协商可作补充协议，与本合同具有同等效力。

六、本合同自双方签字、盖章之日起生效；本合同壹式贰份，甲乙双方各执壹份。

甲方(签章)： 乙方(签章)：
授 权 代 表：梁国 授 权 代 表：杨建刚
地　　　址：安阳文峰区凯成路843号 地　　　址：洛阳吉利区伟同路158号
电　　　话：74473091 电　　　话：15076698156
日　　　期：2024年01月04日 日　　　期：2024年01月04日

图7-3-1　销售合同

销售单

购货单位:	安阳启明建材有限公司	地址和电话:	安阳文峰区凯成路843号 74473091		单据编号:	0405
纳税识别号:	914105026900754929	开户行及账号:	农行安阳和平支行00853215512		制单日期:	2024年01月04日

编码	产品名称	规格	单位	单价	数量	金额	备注
	YJ高级防盗门		套	1,700.00	200	340,000.00	不含税
合计	人民币(大写): 叁拾肆万元整					¥340,000.00	

总经理:　　销售经理: 王晓红　　经手人: 李大山　　会计:　　签收人:

图 7-3-2　销售单

出库单　No. 89172018

购货单位: 安阳启明建材有限公司　　2024 年 01 月 04 日

编号	品名	规格	单位	数量	单价	金额	备注
	YJ高级防盗门			200	1,700.00	340,000.00	
合计						¥340,000.00	

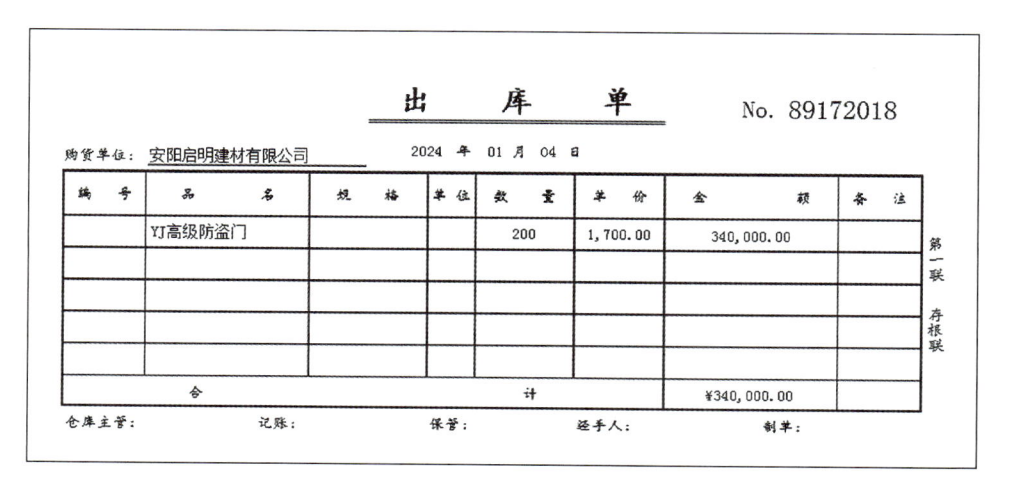

仓库主管:　　记账:　　保管:　　经手人:　　制单:

第一联 存根联

图 7-3-3　出库单

电子发票(增值税专用发票)

发票号码: 24327200000012700117
开票日期: 2024年01月04日

购买方信息	名称: 安阳启明建材有限公司 统一社会信用代码/纳税人识别号: 914105026900754929	销售方信息	名称: 河南永盾门业有限公司 统一社会信用代码/纳税人识别号: 914103060678100182

项目名称	规格型号	单位	数量	单价	金额	税率/征收率	税额
金属制品 YJ高级防盗门		套	200	1700	340000.00	13%	44200.00
合　计					¥340000.00		¥44200.00
价税合计(大写)	⊗ 叁拾捌万肆仟贰佰元整				(小写) ¥384200.00		

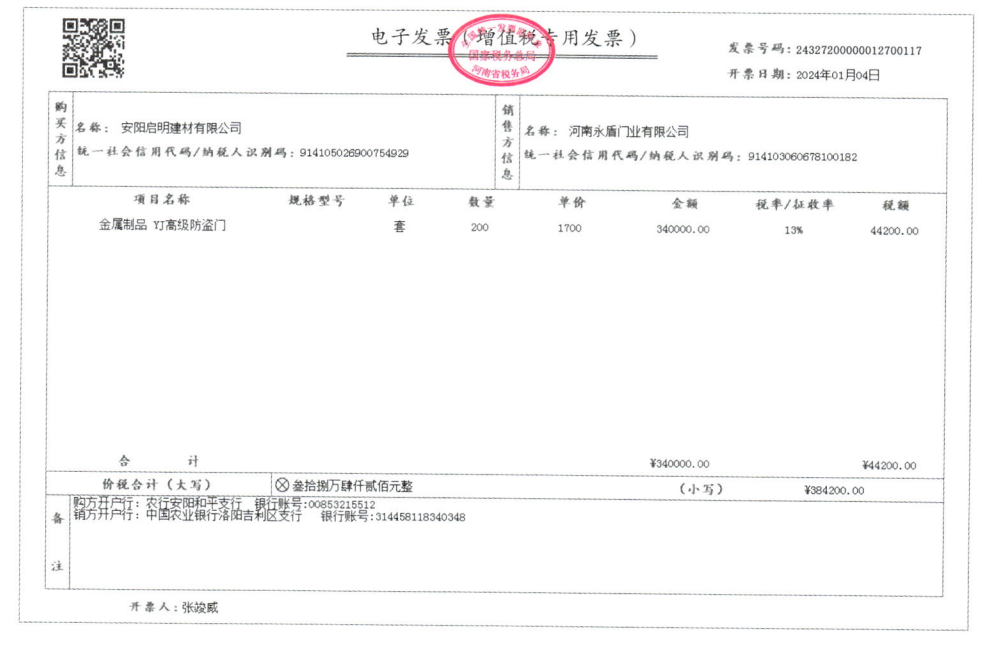

备注: 购方开户行: 农行安阳和平支行　银行账号: 00853215512
　　　销方开户行: 中国农业银行洛阳吉利区支行　银行账号: 314458118340348

开票人: 张竣威

图 7-3-4　电子发票

中国农业银行　　网上银行电子回单

电子回单号码：80599684469

付款人	户　名	河南永盾门业有限公司	收款人	户　名	洛阳路通运输服务有限公司
	账　号	314458118340348		账　号	57617030804
	开户银行	中国农业银行洛阳吉利区支行		开户银行	工行洛阳上阳路支行
金　额		人民币(大写)：叁仟贰佰柒拾元整			¥3,270.00
摘　要			业务种类		
用　途		运输费			
交易流水号		22929855046396	时间戳		
		备注：			
		验证码：70721961			
记账网点	386		记账柜员	864	记账日期　2024年01月04日
					打印日期：2024年01月04日

图 7-3-5　银行付款回单

电子发票（增值税专用发票）

货物运输服务

发票号码：12585240409497865941
开票日期：2024年01月04日

购买方信息	名　称：	河南永盾门业有限公司	销售方信息	名　称：	洛阳路通运输服务有限公司
	统一社会信用代码/纳税人识别号：	91410306067810 0182		统一社会信用代码/纳税人识别号：	91410301M578392173

项目名称	单位	数量	单价	金额	税率/征收率	税额
运输服务 运输费	次	1	3000	3000.00	9%	270.00
合　计				¥3000.00		¥270.00

运输工具种类	运输工具牌号	起运地	到达地	运输货物名称
公路运输	豫CD1066	洛阳孟津	河南安阳	防盗门

价税合计（大写）　⊗ 叁仟贰佰柒拾元整　　　（小写）¥3270.00

备注

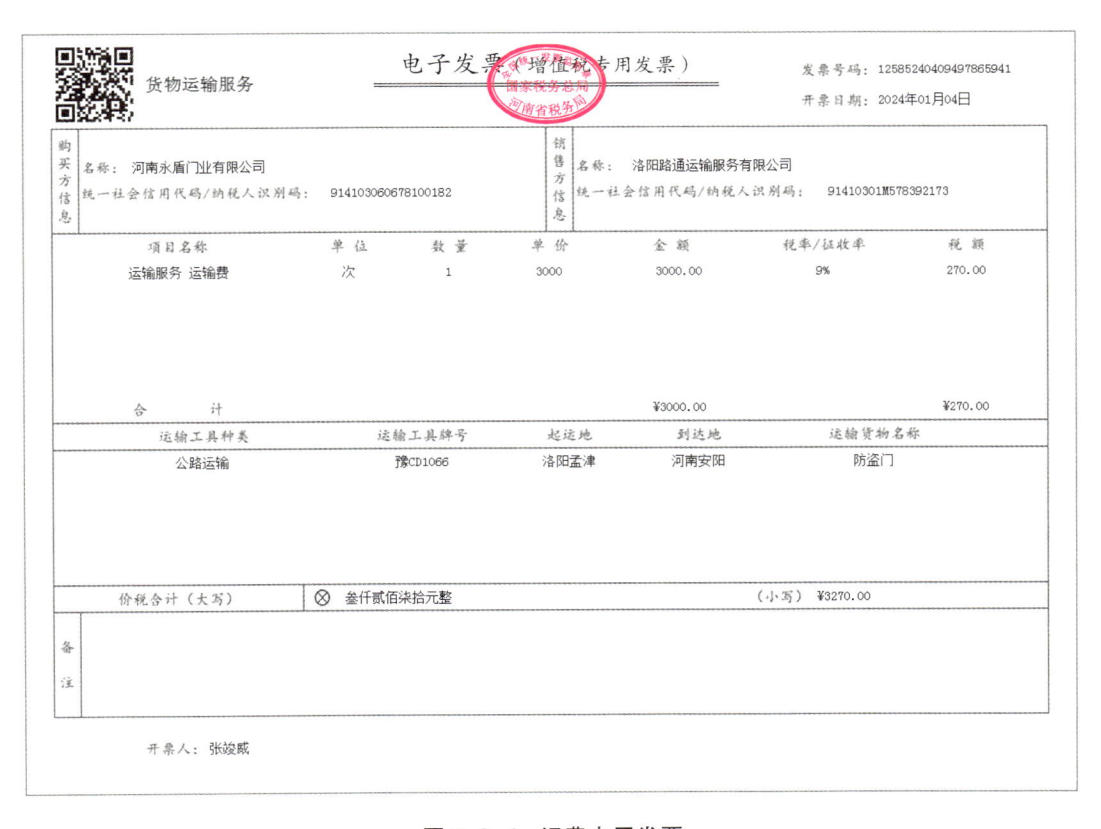

开票人：张竣威

图 7-3-6　运费电子发票

【说明】

本案例销货与出库是同一天，先销货后出库或先出库后销货两种流程都适用。选择"先销货后出库流程"是先生成销货单，再由销货单流转生成销售出库单；选择"先出库后销货流程"是先生成销售出库单，再由销售出库单流转生成销货单。

操作步骤

（1）打开【销售管理】，单击【销售订单】按钮，新增销售订单，选择业务类型"普通销售"，选择客户后，依次录入存货名称、数量、无税单价、预计交货日期，保存并审核销售订单。

（2）单击该销售订单的【生单】按钮，在下拉列表中选择"生成销货单"，进入销货单页面。保存并审核销货单。

（3）单击该销货单的【生单】按钮，在下拉列表中选择"生成销售出库单（普通销售）"流转生成销售出库单，进入销售出库单页面，保存并审核销售出库单。

（4）返回销货单页面，单击该销货单的【生单】按钮，在下拉列表中选择"生成销售发票（普通销售）"流转生成销售发票，进入销售发票页面，保存并审核销售发票。

（5）打开【往来现金】，新增费用单，选择业务类型为"现金费用"，录入现结金额"3 270元"，结算方式选择"网银"，账户名称选择"农行"。单击【费用名称】输入框，打开费用参照窗体，新增费用，费用代码为"08"，费用名称为"销售运费"，费用类型为"销售费用"。保存并审核费用单。

（6）打开【总账】，单击【科目设置】按钮，选择费用科目的扩展设置，进行增行操作，费用类型为"销售费用"，费用为"销售运费"，科目为"销售费用,运输费"，单击保存返回。

（7）打开【总账】，单击【单据生凭证】按钮，选择销货单、费用单后分别生成凭证，保存凭证。

业务4 1月5日，支付2023年12月工资，12月工资计算表如表7-4-1所示，银行付款回单如图7-4-1所示。

表7-4-1　2023年12月工资计算表　　　　　　　　　　　　　　金额单位：元

序号	姓名	所属部门	人员类别	应付工资	基本养老	基本医疗	失业保险	住房公积金	实发工资
1	杨建刚	办公室	管理人员	10 000	800	200	30	1 000	7 970
2	王小娟	办公室	管理人员	4 000	320	80	12	400	3 188
3	李通	财务部	管理人员	7 000	560	140	21	700	5 579
4	黄杰华	财务部	管理人员	5 000	400	100	15	500	3 985
5	曹敏	财务部	管理人员	3 800	304	76	11.4	380	3 028.6

（表头"个人负担的保险"涵盖基本养老、基本医疗、失业保险、住房公积金）

(续表)

序号	姓名	所属部门	人员类别	应付工资	个人负担的保险				实发工资
					基本养老	基本医疗	失业保险	住房公积金	
6	朱海涛	采购部	管理人员	7 000	560	140	21	700	5 579
7	苏大明	采购部	管理人员	4 000	320	80	12	400	3 188
8	王晓红	销售部	销售人员	8 000	640	160	24	800	6 376
9	李大山	销售部	销售人员	6 000	480	120	18	600	4 782
10	陈力勇	装配车间	管理人员	7 000	560	140	21	700	5 579
11	姜宁宁	装配车间	管理人员	5 000	400	100	15	500	3 985
12	刘建民	机加工	生产工人	5 800	464	116	17.4	580	4 622.6
13	张卫国	机加工	生产工人	5 800	464	116	17.4	580	4 622.6
14	王祥顺	机加工	生产工人	5 000	400	100	15	500	3 985
15	张阳阳	机加工	生产工人	5 000	400	100	15	500	3 985
16	吴晓强	喷涂车间	生产工人	5 500	440	110	16.5	550	4 383.5
17	孙明锋	喷涂车间	生产工人	5 500	440	110	16.5	550	4 383.5
18	高向阳	喷涂车间	生产工人	4 800	384	96	14.4	480	3 825.6
19	王兴雷	装配车间	生产工人	4 500	360	90	13.5	450	3 586.5
20	吴天照	装配车间	生产工人	4 500	360	90	13.5	450	3 586.5
总计				113 200	9 056	2 264	339.6	11 320	90 220.4

中国农业银行

付 款 回 单

日期：2024年01月05日　　业务类型：　　　　流水号：941924311223

付款账号：314458118340348　　户 名：河南永盾门业有限公司

开户行：中国农业银行洛阳吉利区支行

金额（大写）：人民币 玖万零贰佰贰拾元肆角整

金额（小写）：CNY 90,220.40

业务编号：365226128197

摘要：代发工资　　　　　　批次号：205666386339

　　　　　　　　　　　　回单编号：257448993328　　835569

提示：1.电子回单验证相同表示同一笔业务回单，请勿重复记账使用。
　　　2.已在银行柜台领用业务回单的单位，请注意核对，勿重复记账使用。

打印时间：2024年01月05日14时45分

图 7-4-1　银行付款回单

操作步骤

(1) 选择【基础设置】,单击【费用】按钮,单击【新增】,录入费用代码“95”,费用名称为“工资及个人三险一金”,费用类型选择“其他费用”;用相同的方法录入费用代码“96”、费用名称“公司四险一金”,并在费用代码 95 和 96 下分别设置二级费用项目。二级费用项目如图 7-4-2 所示。

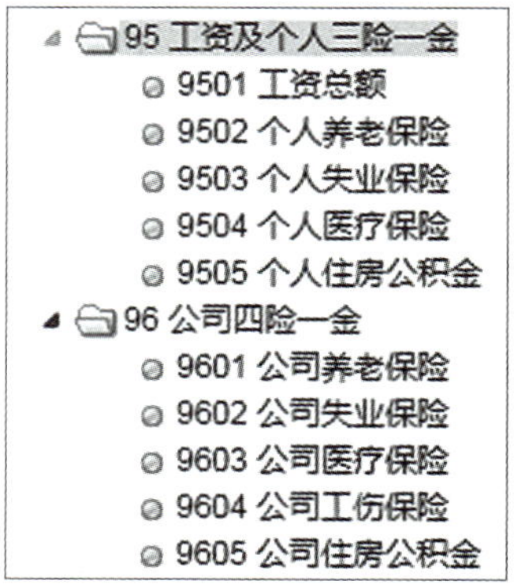

图 7-4-2　二级费用项目

(2) 打开【总账】,单击【科目设置】按钮,选择费用科目的扩展设置如图 7-4-3 所示,进行增行操作,费用类型为“其他费用”,费用明细依次增加“工资总额”“个人养老保险”“个人失业保险”“个人医疗保险”“个人住房公积金”,科目依次增加“应付职工薪酬——应付职工工资”“其他应付款——个人养老保险”“其他应付款——个人失业保险”“其他应付款——个人医疗保险”“其他应付款——个人住房公积金”,单击保存返回。费用代码为 96 的“公司四险一金”的科目设置方法相同。

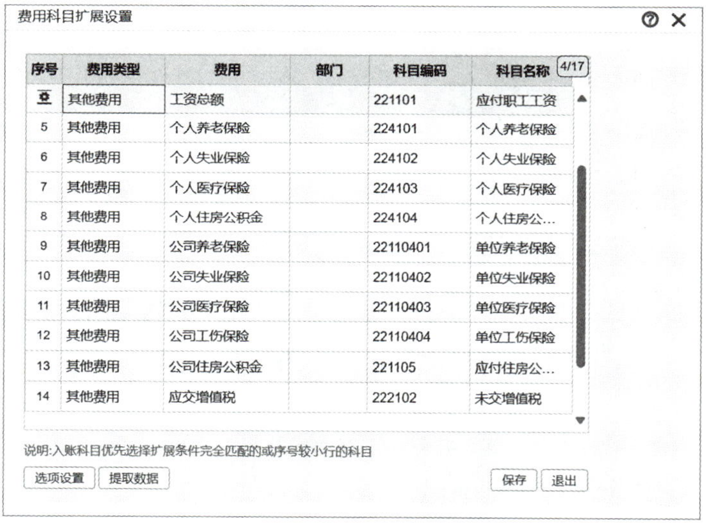
费用科目扩展设置

序号	费用类型	费用	部门	科目编码	科目名称
	其他费用	工资总额		221101	应付职工工资
5	其他费用	个人养老保险		224101	个人养老保险
6	其他费用	个人失业保险		224102	个人失业保险
7	其他费用	个人医疗保险		224103	个人医疗保险
8	其他费用	个人住房公积金		224104	个人住房公...
9	其他费用	公司养老保险		22110401	单位养老保险
10	其他费用	公司失业保险		22110402	单位失业保险
11	其他费用	公司医疗保险		22110403	单位医疗保险
12	其他费用	公司工伤保险		22110404	单位工伤保险
13	其他费用	公司住房公积金		221105	应付住房公...
14	其他费用	应交增值税		222102	未交增值税

4/17

说明:入账科目优先选择扩展条件完全匹配的或序号较小行的科目

选项设置　提取数据　保存　退出

图 7-4-3　费用科目扩展设置

(3) 打开【往来现金】,新增费用单,选择业务类型为“现金费用”,票据类型选择为“收据”,录入现结金额“90 220.4 元”,结算方式选择“转账”,账户名称选择“农行”。单击【费用名称】输入框,打开费用参照窗体,依次录入费用代码为 9501、9502、9503、9504、9505 的费用,其中个人应负担的社保及住房公积金金额以“负号”表示。保存并审核费用单。费用单如图 7-4-4 所示。

(4) 打开【总账】,单击【单据生成凭证】按钮,选择费用单后生成凭证,保存凭证。生成凭证后按空格键调整其他应付款科目到贷方显示,保存凭证。

项目七 综合实训

图 7-4-4 费用单

业务 5 1月5日,上缴 2023 年 12 月社保。社会保险电子转账凭证如图 7-5-1 所示。

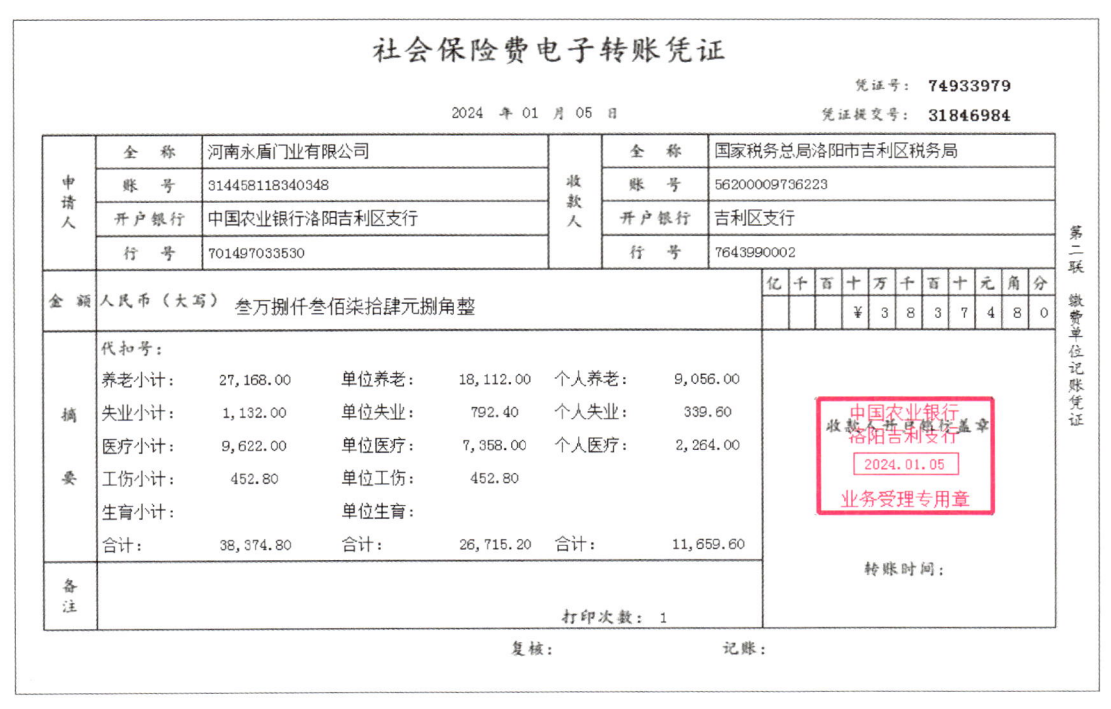

图 7-5-1 社会保险电子转账凭证

操作步骤

(1)打开【往来现金】,新增费用单,选择业务类型为"现金费用",票据类型选择"收据",

107

现结金额录入“38 374.80 元”，结算方式选择“转账”，账户名称选择“农行”。单击【费用名称】输入框，打开费用参照窗体，依次录入费用代码为 9601、9602、9603、9604、9502、9503、9504 的费用，录入金额。保存并审核费用单。费用单如图 7-5-2 所示。

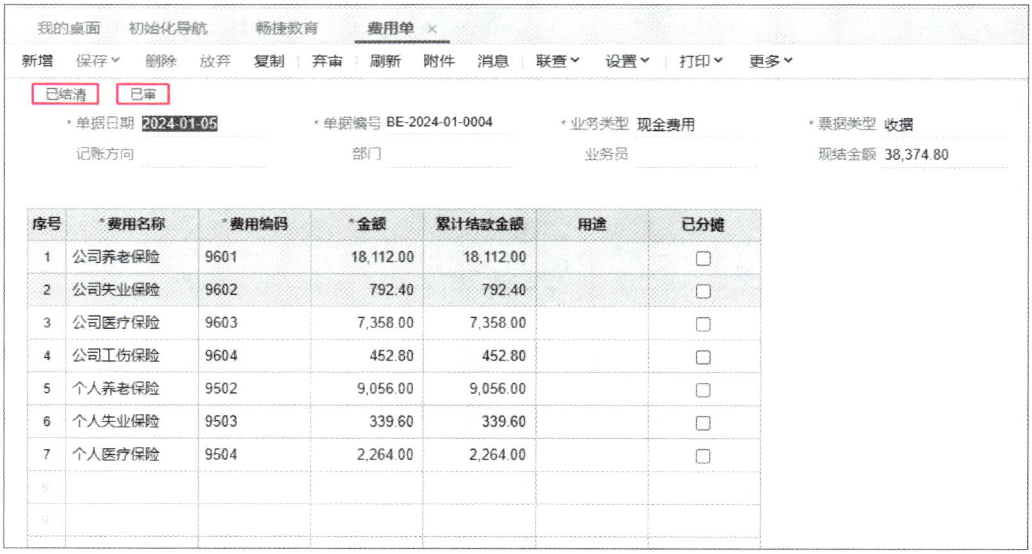

序号	*费用名称	*费用编码	*金额	累计结款金额	用途	已分摊
1	公司养老保险	9601	18,112.00	18,112.00		☐
2	公司失业保险	9602	792.40	792.40		☐
3	公司医疗保险	9603	7,358.00	7,358.00		☐
4	公司工伤保险	9604	452.80	452.80		☐
5	个人养老保险	9502	9,056.00	9,056.00		☐
6	个人失业保险	9503	339.60	339.60		☐
7	个人医疗保险	9504	2,264.00	2,264.00		☐
8						
9						

图 7-5-2　费用单

（2）打开【总账】，单击【单据生成凭证】按钮，选择费用单后生成凭证，保存凭证。

业务 6　1 月 5 日，上缴公积金。住房公积金缴款书如图 7-6-1 所示。

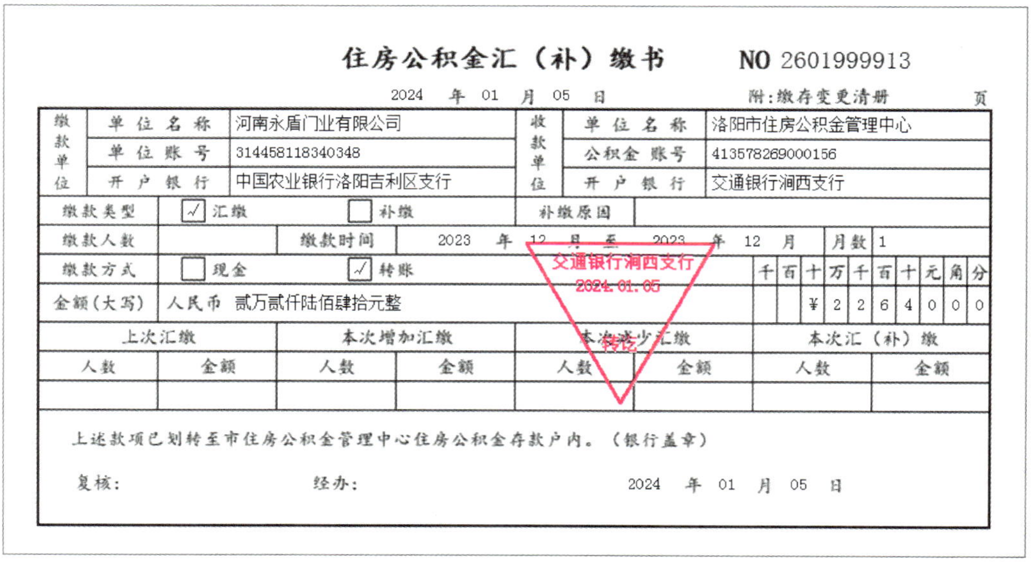

住房公积金汇（补）缴书　NO 2601999913

2024 年 01 月 05 日　附：缴存变更清册　页

缴款单位	单位名称	河南永盾门业有限公司	收款单位	单位名称	洛阳市住房公积金管理中心
	单位账号	314458118340348		公积金账号	413578269000156
	开户银行	中国农业银行洛阳吉利区支行		开户银行	交通银行涧西支行

缴款类型：☑ 汇缴　☐ 补缴　补缴原因：

缴款人数：　缴款时间：2023 年 12 月 至 2023 年 12 月　月数：1

缴款方式：☐ 现金　☑ 转账

金额（大写）：人民币 贰万贰仟陆佰肆拾元整　¥ 2 2 6 4 0 0 0

上次汇缴		本次增加汇缴		本次减少汇缴		本次汇（补）缴	
人数	金额	人数	金额	人数	金额	人数	金额

上述款项已划转至市住房公积金管理中心住房公积金存款户内。（银行盖章）

复核：　经办：　2024 年 01 月 05 日

图 7-6-1　住房公积金缴款书

操作步骤

（1）打开【往来现金】，新增费用单，选择业务类型为"现金费用"，票据类型选择"收据"，录入现结金额"22 640元"，结算方式选择"网银"，账户名称选择"农行"。单击【费用名称】输入框，打开费用参照窗体，依次录入费用代码为9605、9505的费用，录入金额。保存并审核费用单。费用单如图7-6-2所示。

图 7-6-2　费用单

（2）打开【总账】，单击【单据生凭证】按钮，选择费用单后生成凭证，保存凭证。

业务7　1月5日，上缴增值税、城市维护建设税等附加税费。电子缴税付款回单如图7-7-1所示。

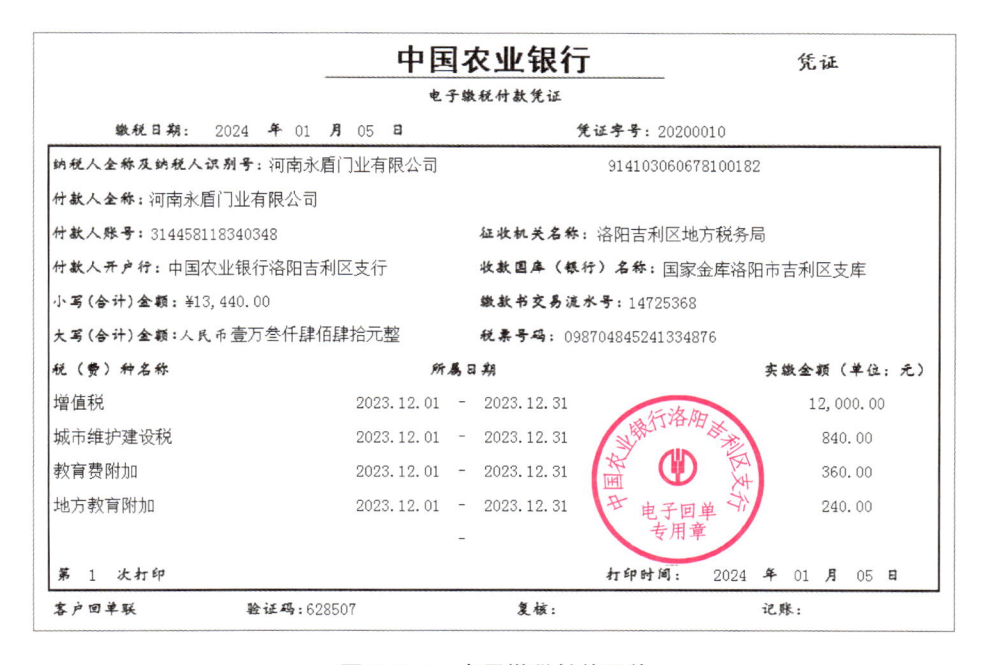

图 7-7-1　电子缴税付款回单

109

操作步骤

（1）选择【基础设置】，单击【费用】按钮，单击【新增】按钮，录入费用代码"97"，费用名称为"税费"，费用类型选择"其他费用"，并分别设置明细项目，二级费用项目设置如图 7-7-2 所示。

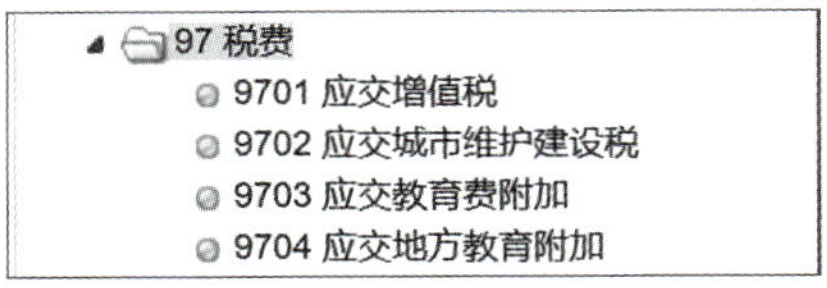

（2）打开【总账】，单击【科目设置】按钮，选择费用科目的扩展设置，进行增行操作，费用类型为"其他费用"，费用明细依次增加"应交增值税""应交城市维护建设税""应交教育费附加""应交地方教育附加"，科目依次增加"应付税费——未交增值税""应交税费——应交城市维护建设税""应交税费——应交教育费附加""应交税费——应交地方教育附加"，单击保存返回。科目设置如图 7-7-3 所示。

图 7-7-2　二级费用项目

14	其他费用	未交增值税	222102	未交增值税
15	其他费用	应交城市维护建设税	222115	应交城市维护建设税
16	其他费用	应交教育费附加	222120	应交教育费附加
17	其他费用	应交地方教育附加	222121	应交地方教育附加

图 7-7-3　科目设置

（3）打开【往来现金】，新增费用单，选择业务类型【现金费用】，票据类型选择"收据"，录入现结金额"13 440 元"，结算方式选择"转账"，账户名称选择"农行"。单击【费用名称】输入框，打开费用参照窗体，录入费用代码为"9701、9702、9703、9704"，录入金额后保存并审核费用单。费用单如图 7-7-4 所示。

图 7-7-4　费用单

（4）打开【总账】，单击【单据生凭证】按钮，选择费用单后生成凭证，保存凭证。

业务 8　1月6日，收到上月购买雅丹化工材料的发票，支付剩余货款2 340元。收到电子发票如图7-8-1所示，银行付款回单如图7-8-2所示。

图 7-8-1　电子发票

图 7-8-2　银行付款回单

操作步骤

（1）打开【采购管理】，单击【进货单】按钮，单击【新增】按钮，业务类型选择为"普通采购"，票据类型选择"专用发票"，选择供应商"雅丹化工公司"。单击【选单】按钮，在下拉列表中选择"采购入库单"，进入采购入库单查询窗口，录入查询条件"开始日期2023年12月"，单击【查询】按钮，勾选"上月入库单"，单击【确定】按钮。

（2）在进货单页面，单击【生单】按钮，选择生成采购发票（普通采购），生成采购发票后保存并审核采购发票。

（3）打开【往来现金】，单击【付款单】按钮，新增付款单，在付款单表头使用预付金额栏录入"18 000元"，付款单表体结算方式选择"网银"，账号名称选择"农行"，金额填写"2 340元"，保存并审核付款单。

（4）打开【总账】，单击【单据生凭证】按钮，单据类型选择进货单、红字回冲单、蓝字回冲单、付款单、预付冲应付，修改合并规则，勾选"按合并规则设置合并号"生成四张凭证。

业务9 1月7日，收到安阳启明建材的货款。银行收款回单如图7-9-1所示。

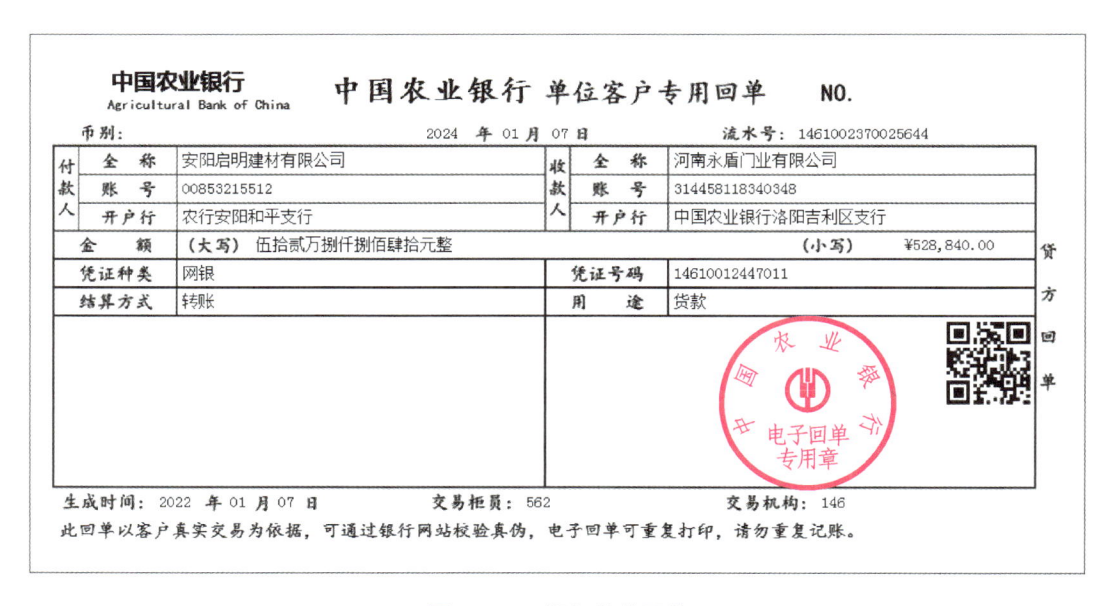

图7-9-1 银行收款回单

操作步骤

（1）打开【往来现金】，新增收款单，选择结算客户后，选择业务类型"普通收款"。录入多结算明细中的结算方式"转账"，账号名称为"农行"，录入收款金额"528 840元"。

（2）单击【选单】按钮，查询到应收单，勾选两张应收单，单击【分摊】按钮，系统自动填写结款金额，保存并审核收款单。收款单如图7-9-2所示。

(3)打开【总账】,单击【单据生凭证】按钮,选择收款单后生成凭证,保存凭证。

图 7-9-2 收款单

业务 10 1月7日,支付华阳钢铁货款。银行付款回单如图 7-10-1 所示。

图 7-10-1 银行付款回单

操作步骤

（1）打开【往来现金】，新增付款单，选择结算客户后，选择业务类型"普通付款"。录入多结算明细中的结算方式"网银"，账号名称为"农行"，录入付款金额"273 460 元"。

（2）单击【选单】按钮，选择应付单，单击【分摊】按钮，系统自动填写结款金额，保存并审核付款单。付款单如图 7-10-2 所示。

（3）打开【总账】，单击【单据生凭证】按钮，选择付款单后生成凭证，保存凭证。

图 7-10-2　付款单

业务 11　1 月 7 日与河南华源家居签订合同，收到订金 300 000 元。销售合同如图 7-11-1 所示，银行收款回单如图 7-11-2 所示。

操作步骤

（1）打开【销售管理】，单击【销售订单】按钮，新增销售订单，业务类型选择"普通销售"，选择客户后，表头订金金额栏录入"300 000.00 元"，结算方式为"转账"，账户名称为"农行"，依次录入存货名称、数量、无税单价、预计交货日期，保存并审核销售订单。销售订单如图 7-11-3 所示。

（2）打开【往来现金】，单击【收款单】按钮，单击窗口右上角【上张】按钮，找到收款单，审核收款单。

（3）打开【总账】，单击【单据生凭证】按钮，选择收款单后生成凭证，保存凭证。

购 销 合 同

合同编号：71879285

购货单位(甲方)：河南华源家居有限公司
供货单位(乙方)：河南永盾门业有限公司

根据《中华人民共和国民法典》及国家相关法律、法规之规定,甲乙双方本着平等互利的原则,就甲方购买乙方货物一事达成以下协议。

一、货物的名称、数量及价格：

货物名称	规格型号	单位	数量	单价	金额	税率	价税合计
YJ 高级防盗门		套	300	1 650.00	495 000.00	13%	559 350.00
BD 普通防盗门		套	300	1 280.00	384 000.00	13%	433 920.00
合计(大写)　玖拾玖万叁仟贰佰柒拾元整							￥993 270.00

二、交货方式和费用承担：交货方式：__销货方送货__,交货时间：__2024__年__01__月__19__日__前,交货地点：_____,运费由__购货方__承担。

三、付款时间与付款方式：__签订合同之日,支付订金叁拾万元整(￥300 000.00),其余货款2024年1月20日结清。__

四、质量异议期：订货方对供货方的货物质量有异议时,应在收到货物后__10日__内提出,逾期视为货物质量合格。

五、未尽事宜经双方协商可作补充协议,与本合同具有同等效力。

六、本合同自双方签字、盖章之日起生效；本合同壹式贰份,甲乙双方各执壹份。

甲方(签章)： 　　　　　　　　　　　乙方(签章)：
授 权 代 表：张竣威　　　　　　　　授 权 代 表：杨建刚
地　　　址：郑州二七区兴虹路537号　地　　　址：洛阳吉利区伟同路158号
电　　　话：95510815　　　　　　　电　　　话：15076698156
日　　　期：2024年01月07日　　　　日　　　期：2024年01月07日

图 7-11-1　销售合同

中国农业银行单位客户专用回单　NO.

2024 年 01 月 07 日　　　流水号：1461008270027833

付款人	全称	河南华源家居有限公司	收款人	全称	河南永盾门业有限公司
	账号	21999038147		账号	314458118340348
	开户行	工行郑州文化支行		开户行	中国农业银行洛阳吉利区支行

金　额　(大写) 叁拾万元整　　　　　　　　(小写) ￥300,000.00

凭证种类：网银　　　　　　凭证号码：14610089763765
结算方式：转账　　　　　　用　　途：预付款

生成时间：2024 年 01 月 07 日　　交易柜员：452　　交易机构：146

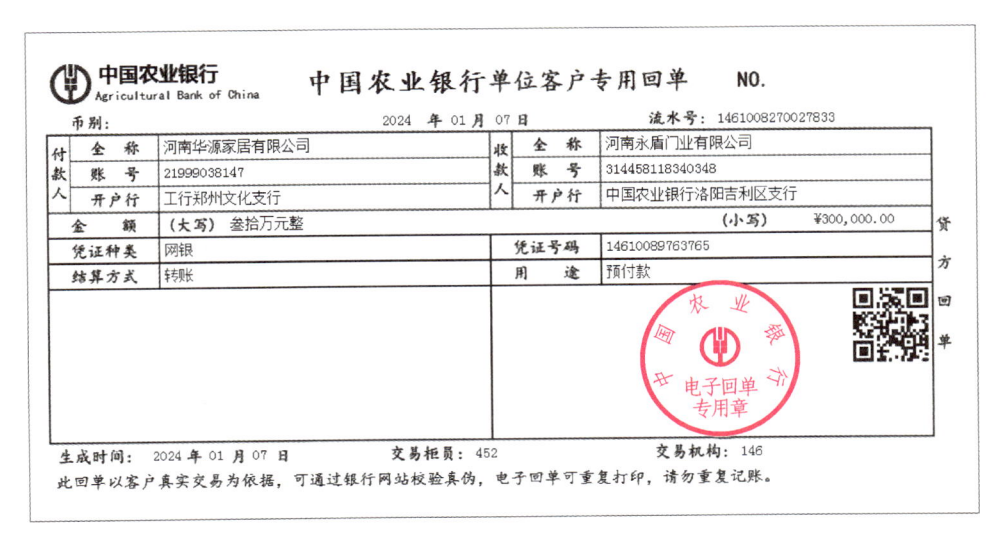

此回单以客户真实交易为依据,可通过银行网站校验真伪,电子回单可重复打印,请勿重复记账。

图 7-11-2　银行收款回单

图 7-11-3　销售订单

业务 12　1月7日，生产部门下达生产河南华源家居的生产任务。生产计划表如表 7-12-1 所示。领料单如图 7-12-1 和图 7-12-2 所示。

表 7-12-1　生产计划表

序号	订单号	工序	客户	产品分类	生产数量	预计开工日期	预计完工日期
1	S04430322	1	华源家居	YJ	200	2024 年 01 月 07 日	2024 年 01 月 10 日
2	S04430322	1	华源家居	BD	100	2024 年 01 月 07 日	2024 年 01 月 10 日
3	S04430322	2	华源家居	YJ	200	2024 年 01 月 11 日	2024 年 01 月 16 日
4	S04430322	2	华源家居	BD	100	2024 年 01 月 11 日	2024 年 01 月 16 日
5	S04430322	3	华源家居	YJ	200	2024 年 01 月 17 日	2024 年 01 月 19 日
6	S04430322	3	华源家居	BD	100	2024 年 01 月 17 日	2024 年 01 月 19 日

领　料　单

领料部门：机加工车间
用　　途：YJ机加工200件
2024 年 01 月 07 日　　　编号：001

材料编号	材料名称	规格	计量单位	数量 请领	数量 实发	成本 单价	成本 金额
	冷轧钢板		千克	9000	9000		0.00
	不锈钢管		千克	2000	2000		0.00
	合　计			11000	11000		¥0.00

主管：王小娟　　记账：　　仓管主管：　　领料：刘建民　　发料：姜宁宁

图 7-12-1　领料单1

领 料 单

领料部门：机加工车间

用　途：BD机加工100件　　2024 年 01 月 07 日　　编号：002

材料编号	材料名称	规格	计量单位	数量 请领	数量 实发	成本 单价	成本 金额
	冷轧钢板		千克	3000	3000		0.00
	不锈钢管		千克	600	600		0.00
		合计		3600	3600		¥0.00

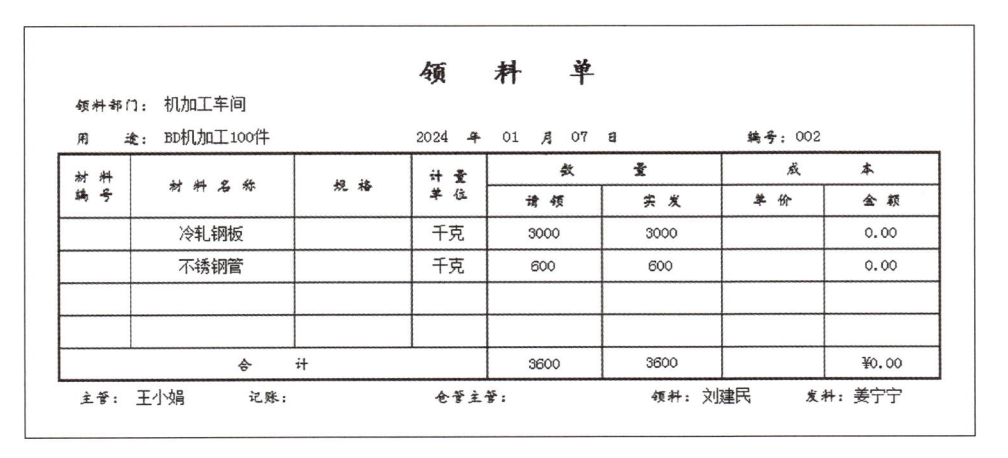

主管：王小娟　　记账：　　仓管主管：　　领料：刘建民　　发料：姜宁宁

图 7-12-2　领料单 2

操作步骤

（1）打开【生产管理】，单击【多阶投产】按钮，单击【选择销售订单】按钮，在查询销售订单窗体，选择销售订单，单击【确定】按钮，单击【下一步】按钮，系统自动生成生产加工单，修改生产加工单预计开工日期、预计完工日期，单击【退出】按钮，系统自动生成三张生产加工单。

（2）打开【生产管理】，单击【生产加工单】按钮，单击窗口右上角【上张】按钮，依次找到三张生产加工单，依次审核生产加工单。

（3）返回到机加工车间的生产加工单，单击【生单】按钮，在下拉列表选生成材料出库单。机加工车间生产加工单如图 7-12-3 所示。

图 7-12-3　机加工车间生产加工单

（4）打开【库存核算】，单击【材料出库单】按钮，单击窗口右上角【上张】按钮，找到材料出库单，审核材料出库单。

业务 13　1月8日，与重庆康达门业签订销售合同，生产部根据销售订单安排生产加工任务，经分析需要采购原材料，另与华阳钢铁签订采购合同。销售合同如图7-13-1所示，生产计划表如表7-13-1所示，采购合同如图7-13-2所示。

购销合同

合同编号：58737064

购货单位（甲方）：重庆康达门业有限公司
供货单位（乙方）：河南永盾门业有限公司

根据《中华人民共和国民法典》及国家相关法律、法规之规定，甲乙双方本着平等互利的原则，就甲方购买乙方货物一事达成以下协议。

一、货物的名称、数量及价格：

货物名称	规格型号	单位	数量	单价	金额	税率	价税合计
YJ 高级防盗门		套	500	1 630.00	815 000.00	13%	920 950.00
BD 普通防盗门		套	500	1 250.00	625 000.00	13%	706 250.00
合计（大写）　壹佰陆拾贰万柒仟贰佰元整						￥1 627 200.00	

二、交货方式和费用承担：交货方式：__购货方自行提货__，交货时间：__2024年01月21日__前，交货地点：_____，运费由__购货方__承担。

三、付款时间与付款方式：__收到货物后10日内付款，付款方式：银行承兑汇票_____。

四、质量异议期：订货方对供货方的货物质量有异议时，应在收到货物后__10日__内提出，逾期视为货物质量合格。

五、未尽事宜经双方协商可作补充协议，与本合同具有同等效力。

六、本合同自双方签字、盖章之日起生效；本合同壹式贰份，甲乙双方各执壹份。

甲方（签章）：　　　　　　　　　　　　乙方（签章）：
授　权　代　表：朱少军　　　　　　　　授　权　代　表：杨建刚
地　　　　　址：万州区圣彩路512号　　地　　　　　址：洛阳吉利区伟园路158号
电　　　　　话：51464975　　　　　　 电　　　　　话：15076698156
日　　　　　期：2024年01月08日　　　 日　　　　　期：2024年01月08日

图7-13-1　销售合同

表 7-13-1 生产计划表

序号	订单号	工序	客户	产品分类	生产数量	预计开工日期	预计完工日期
1	S04430323	1	康达门业	YJ	500	2024年01月10日	2024年01月12日
2	S04430323	1	康达门业	BD	500	2024年01月10日	2024年01月12日
3	S04430323	2	康达门业	YJ	500	2024年01月13日	2024年01月18日
4	S04430323	2	康达门业	BD	500	2024年01月13日	2024年01月18日
5	S04430323	3	康达门业	YJ	500	2024年01月19日	2024年01月21日
6	S04430323	3	康达门业	BD	500	2024年01月19日	2024年01月21日

购 销 合 同

合同编号：55274502

购货单位（甲方）：河南永盾门业有限公司
供货单位（乙方）：华阳钢铁有限公司

根据《中华人民共和国民法典》及国家相关法律、法规之规定，甲乙双方本着平等互利的原则，就甲方购买乙方货物一事达成以下协议。

一、货物的名称、数量及价格：

货物名称	规格型号	单位	数量	单价	金额	税率	价税合计
冷轧钢板		千克	37 500	7.00	262 500.00	13%	296 625.00
不锈钢管		千克	8 000	10.00	80 000.00	13%	90 400.00
合计（大写）	壹拾捌万柒仟零贰拾伍元整						￥387 025.00

二、交货方式和费用承担：交货方式：__销货方送货__，交货时间：__2024年01月10日__前，交货地点：_____，运费由__供货方__承担。

三、付款时间与付款方式：__货到10日内结清_____。

四、质量异议期：订货方对供货方的货物质量有异议时，应在收到货物后__10日__内提出，逾期视为货物质量合格。

五、未尽事宜经双方协商可作补充协议，与本合同具有同等效力。

六、本合同自双方签字、盖章之日起生效；本合同壹式贰份，甲乙双方各执壹份。

甲方（签章）　　　　　　　　　　　　乙方（签章）
授 权 代 表：杨建刚　　　　　　　　授 权 代 表：马山
地　　　址：洛阳吉利区伟同路158号　地　　　址：安阳殷都区金迅路716号
电　　　话：15076698156　　　　　　电　　　话：71824393
日　　　期：2024年01月08日　　　　日　　　期：2024年01月08日

图 7-13-2 采购合同

操作步骤

（1）打开【销售管理】，单击【销售订单】按钮，新增销售订单，业务类型选择"普通销售"，选择客户后，依次录入存货名称、数量、无税单价、预计交货日期，保存并审核销售订单。

（2）打开【生产管理】，单击【多阶投产】按钮，单击【选择销售订单】按钮，在查询销售订单窗体，选择销售订单，单击【确定】按钮，单击【下一步】按钮，系统自动生成生产加工单，修改生产加工单预计开工日期、预计完工日期，单击【退出】按钮，系统自动生成三张生产加工单。

（3）打开【生产管理】，单击【生产加工单】，单击窗口右上角【上张】按钮，依次找到三张生产加工单，依次审核生产加工单。

（4）打开机加工车间生产加工单，单击【转换】按钮，转成采购订单。打开采购订单窗口，录入供应商为"华阳钢铁公司"，录入单价，保存并审核采购订单。机加工车间生产加工单如图 7-13-3 所示。

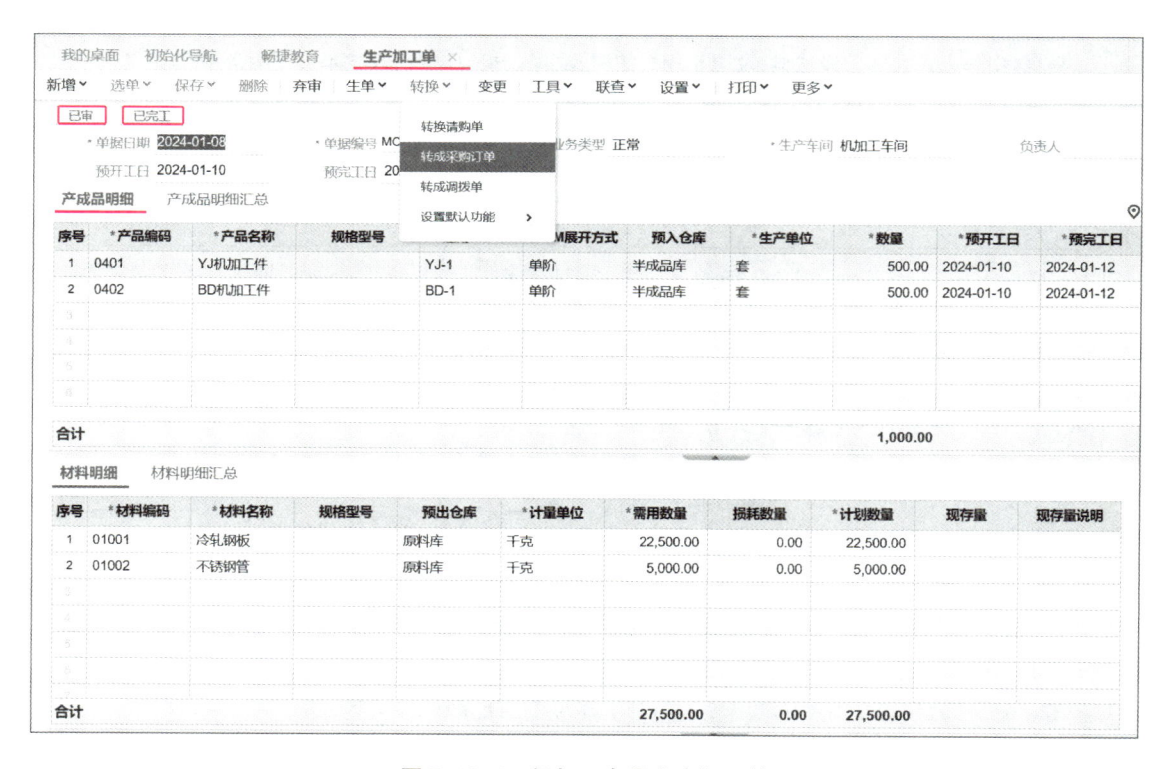

图 7-13-3 机加工车间生产加工单

【说明】

转换与采购需求分析的区别。转换成采购订单是按所需要材料量直接生成采购数量（不考虑原库存量），工具中的采购需求分析则是经过测算后计算的采购数量（考虑了原库存量）。

业务 14　1月9日，向洛阳天宇商贸有限公司订购劳保用品到货。电子发票如图7-14-1所示，入库单如图7-14-2所示，银行付款回单如图7-14-3所示。

电子发票（增值税专用发票）

发票号码：24327200000032726280
开票日期：2024年01月09日

购买方信息
名称：河南永盾门业有限公司
统一社会信用代码/纳税人识别号：914103060678100182

销售方信息
名称：洛阳天宇商贸有限公司
统一社会信用代码/纳税人识别号：91410302M196652871

项目名称	规格型号	单位	数量	单价	金额	税率/征收率	税额
其他服装 工作服		套	20	132.74	2654.80	13%	345.13
橡胶手套 手套		双	20	17.7	354.00	13%	46.02
防毒面具 防毒面具		套	10	88.5	885.00	13%	115.05
合　计					¥3893.80		¥506.20

价税合计（大写）　肆仟肆佰元整　　（小写）¥4400.00

备注：

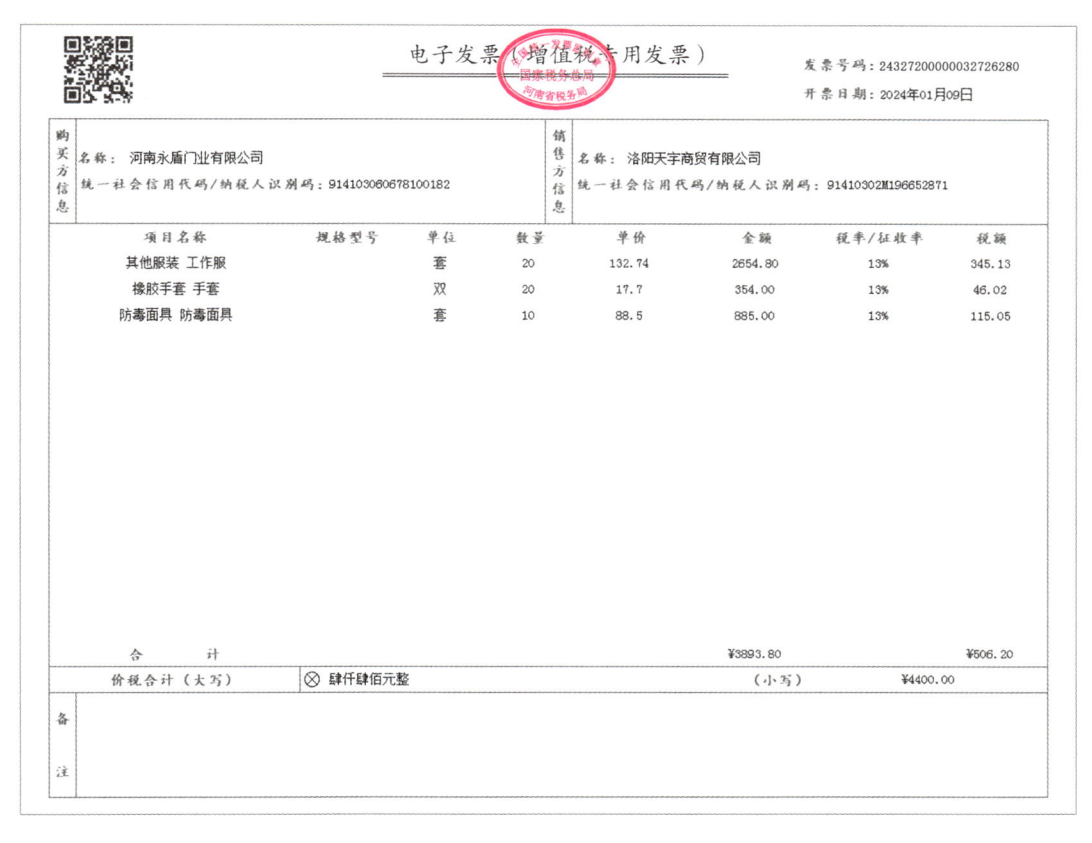

图 7-14-1　电子发票

入库单　No.12157996

供货单位：洛阳天宇商贸有限公司　　2024 年 01 月 09 日

编号	品　名	规格	单位	数量	单价	金　额	备注
	工作服		套	20	150.00	3,000.00	
	手套		双	20	20.00	400.00	
	防毒面具		套	10	100.00	1,000.00	
	合　　计					¥4,400.00	

仓库主管：王小娟　　记账：　　保管：　　经手人：　　制单：姜宁宁

图 7-14-2　入库单

图 7-14-3　银行付款回单

操作步骤

（1）打开【基础档案】，单击【往来单位】按钮，类别选择"其他供应商"，单击【新增】按钮，录入供应商编码"2030002"，供应商报价选择"含税"，单击【保存】按钮。

（2）打开【基础档案】，单击【存货】按钮，选择周转材料类别，单击【新增】按钮，新增工作服、防护手套、防毒面具，存货属性勾选外购、生产耗用，保存。

（3）打开【库存核算】，单击【采购入库单】按钮，新增采购入库单，依次录入工作服、手套、防毒面具的数量、单价（换算成无税单价），保存并审核。采购入库单如图 7-14-4 所示。

图 7-14-4　采购入库单

(4) 单击采购入库单的【生单】按钮,选择生成进货单(普通发票),查看进货单表体的单价、数量、金额,在进货单"现结金额"栏录入"4 400元",结算方式选择"网银",账户名称选择"农行",保存并审核进货单。

(5) 单击进货单的【生单】按钮,生成采购发票(普通发票),保存并审核采购发票。

(6) 打开【往来现金】,单击【付款单】按钮,单击窗口右上角【上张】按钮,找到付款单,审核收款单。

(7) 打开【总账】,单击【单据生凭证】按钮,单据类型选择进货单、采购入库单、付款单,修改合并规则:入库单与进货单合并制单,勾选"按合并规则设置合并号"生成凭证。

业务15 1月9日,向郑州讯达实业采购猫眼300个,支付货款并结清前欠款。采购合同如图7-15-1所示,银行付款回单如图7-15-2所示。

购 销 合 同

合同编号:51004850

购货单位(甲方):河南永盾门业有限公司
供货单位(乙方):郑州讯达实业有限公司

根据《中华人民共和国民法典》及国家相关法律、法规之规定,甲乙双方本着平等互利的原则,就甲方购买乙方货物一事达成以下协议。

一、货物的名称、数量及价格:

货物名称	规格型号	单位	数量	单价	金额	税率	价税合计
猫眼		个	300	11.00	3 300.00	13%	3 729.00
合计(大写) 叁仟柒佰贰拾玖元整						¥3 729.00	

二、交货方式和费用承担:交货方式: 销货方送货 ,交货时间: 2024年01月11日 前,交货地点: ,运费由 供货方 承担。

三、付款时间与付款方式: 款到发货 。

四、质量异议期:订货方对供货方的货物质量有异议时,应在收到货物后 3日 内提出,逾期视为货物质量合格。

五、未尽事宜经双方协商可作补充协议,与本合同具有同等效力。

六、本合同自双方签字盖章之日起生效;本合同壹式贰份,甲乙双方各执壹份。

甲方(签章) 乙方(签章)
授 权 代 表: 杨建刚 授 权 代 表: 梁金
地 址: 洛阳吉利区伟同路158号 地 址: 郑州中原区奥丰路847号
电 话:15076698156 电 话:74987945
日 期:2024年01月09日 日 期:2024年01月09日

图 7-15-1 采购合同

图 7-15-2　银行付款回单

操作步骤

（1）打开【采购管理】，单击【采购订单】按钮，新增采购订单，选择供应商后，依次录入存货名称、数量、无税单价、预计交货日期，保存并审核采购订单。

（2）打开【往来现金】，新增付款单，选择结算客户后，选择业务类型"普通付款"。录入多结算明细中的结算方式"网银"，账号名称为"农行"，录入付款金额"104 864 元"。

（3）付款单窗口，单击【选单】按钮，选择应付单，单击【分摊】按钮，系统自动填写结款金额，系统提示"多付的 3 729 元形成预付款"，单击【确定】按钮，保存并审核付款单。付款单如图 7-15-3 所示。

图 7-15-3　付款单

(4) 打开【总账】，单击【单据生凭证】按钮，选择付款单后生成凭证，保存凭证。

业务 16　1月10日，向华阳钢铁订购的冷轧钢板、不锈钢管到货，同时收到采购发票和运费发票。材料入库单如图7-16-1所示，材料采购电子发票如图7-16-2所示，运费电子发票如图7-16-3所示，银行付款回单如图7-16-4所示。

材料入库单

发票号码：
供应单位：华阳钢铁有限公司　　　　　　　　　　　　收料单编号：0002
收发类别：　　　　　　　　　2024 年 01 月 10 日　　　收料仓库：原材料仓

编号	名称	规格	单位	数量（应收）	数量（实收）	买价（单价）	买价（金额）	运杂费	其他	合计
	冷轧钢板		千克	37500	37500	7.00	262,500.00	4,120.88		266,620.88
	不锈钢管		千克	8000	8000	10.00	80,000.00	879.12		80,879.12
合计				45500	45500		¥342,500.00	¥5,000.00		¥347,500.00
备注										

采购员：苏大明　　检验员：姜宁宁　　　　记账员：　　　　保管员：姜宁宁

图 7-16-1　材料入库单

电子发票（增值税专用发票）

发票号码：24327200000093026835
开票日期：2024年01月10日

购买方信息
名称：河南永盾门业有限公司
统一社会信用代码/纳税人识别号：91410306067810182

销售方信息
名称：华阳钢铁有限公司
统一社会信用代码/纳税人识别号：91410502367471167

项目名称	规格型号	单位	数量	单价	金额	税率/征收率	税额
冷轧薄板 冷轧钢板		千克	37500	7	262500.00	13%	34125.00
焊接钢管 不锈钢管		千克	8000	10	80000.00	13%	10400.00
合　计					¥342500.00		¥44525.00

价税合计（大写）㊣叁拾捌万柒仟零贰拾伍元整　　　（小写）¥387025.00

购方开户行：中国农业银行洛阳吉利区支行　银行账号：314458118340348
销方开户行：工行安阳汉森支行　　　　　银行账号：20353127812

开票人：李少军

图 7-16-2　电子发票

125

电子发票（增值税专用发票）

货物运输服务

发票号码：12585240409497661086
开票日期：2024年01月10日

购买方信息：
- 名称：河南永盾门业有限公司
- 统一社会信用代码/纳税人识别号：914103060678100182

销售方信息：
- 名称：河南友达物流有限公司
- 统一社会信用代码/纳税人识别号：91410501M044282543

项目名称	单位	数量	单价	金额	税率/征收率	税额
运输服务 运输费	次	1	5000	5000.00	9%	450.00
合　计				¥5000.00		¥450.00

运输工具种类	运输工具牌号	起运地	到达地	运输货物名称
公路运输	豫A21453	河南安阳	洛阳孟津	钢板

价税合计（大写）：⊗ 伍仟肆佰伍拾元整　　（小写）¥5450.00

备注：

开票人：杨华

图 7-16-3　运费电子发票

中国农业银行　网上银行电子回单

电子回单号码：04614655895

付款人	户　名	河南永盾门业有限公司	收款人	户　名	河南友达物流有限公司
	账　号	314458118340348		账　号	770549578625960
	开户银行	中国农业银行洛阳吉利区支行		开户银行	中国建设银行安阳华信路支行

金　额	人民币（大写）：伍仟肆佰伍拾元整		¥5,450.00
摘　要		业务种类	
用　途	运费		
交易流水号	45034836471663	时间戳	
	备注：		
验证码：93846932			
记账网点	517	记账柜员	095	记账日期	2024年01月10日

打印日期：2024年01月10日

图 7-16-4　银行付款回单

操作步骤

（1）打开【库存管理】，单击【采购入库单】按钮，单击【选单】按钮，选择采购订单，单击【确定】按钮，生成采购入库单，保存并审核采购入库单。在采购入库单窗口，单击【生单】按钮，选"生成进货单（专用发票）"，生成进货单，保存并审核进货单。

（2）在进货单窗口，单击【生单】按钮，选"生成采购发票（普通采购）"，生成采购发票，保存并审核采购发票。

（3）选择【基础设置】，单击【费用】按钮，单击【新增】按钮，录入费用代码"02"，费用名称择"采购运费"，费用类型选择"采购费用"，勾选"进行分摊"，按数量分摊，税率为9%。

（4）打开【往来现金】，新增费用单，选择业务类型为"现金费用"，录入现结金额"5 450元"，结算方式选择"网银"，账户名称选择"农行"。单击【费用名称】输入框，打开费用参照，选择"采购运费"，录入金额。保存并审核费用单。

（5）打开【库存核算】，单击【费用分摊单】按钮，单击【选单】按钮，分别选择费用单、采购入库单，选择分摊方式"按数量分摊"，单击【分摊】按钮，系统自动计算冷轧钢板计入运费4 120.88元，不锈钢管计入运费879.12元。

（6）打开【总账】，单击【科目设置】按钮，选择"采购费用科目"，修改为"1402在途物资"，保存并返回。

（7）打开【总账】，单击【单据生凭证】按钮，单据类型选择采购入库单、进货单、费用单，合并生成凭证。

业务17　1月10日，机加工车间为河南华源家具生产的机加工半成品入库，投入喷涂工序产成品入库单如图7-17-1所示，喷涂车间领料单如图7-17-2和图7-17-3所示。

产成品入库单

交库单位：机加工车间　　2024 年 01 月 10 日　　仓库：半成品库　编号：001

产品编号	产品名称	规格	计量单位	数量 送检	数量 实收	单位成本	总成本	备注
0401	YJ机加工件		件	200	200		0.00	
0402	BD机加工件		件	100	100		0.00	

仓库主管：王小娟　　保管员：　　记账：　　制单：姜宁宁

图7-17-1　产成品入库单

领 料 单

领料部门：喷涂车间
用　　途：YJ喷涂200件　　　　2024 年 01 月 10 日　　　　编号：003

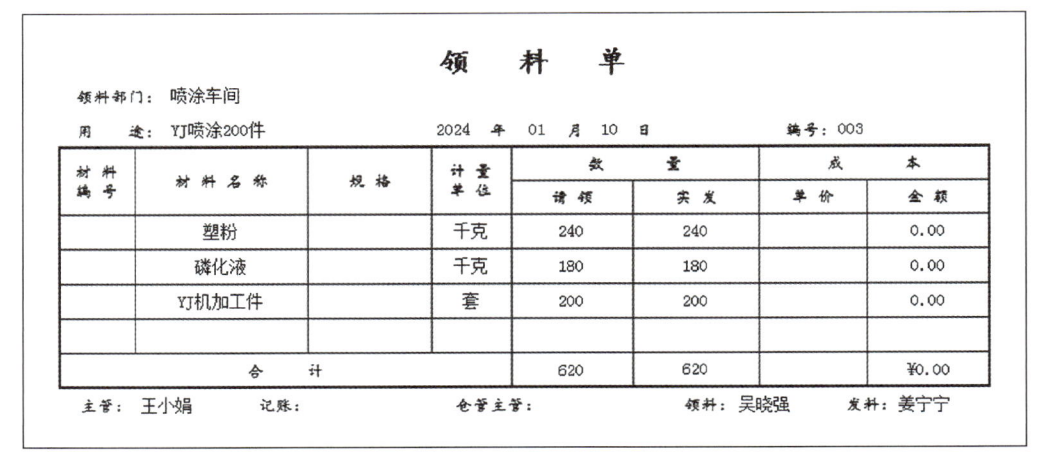

材料编号	材料名称	规格	计量单位	数量 请领	数量 实发	成本 单价	成本 金额
	塑粉		千克	240	240		0.00
	磷化液		千克	180	180		0.00
	YJ机加工件		套	200	200		0.00
	合　计			620	620		¥0.00

主管：王小娟　　记账：　　　仓管主管：　　　领料：吴晓强　　发料：姜宁宁

图 7-17-2　领料单 1

领 料 单

领料部门：喷涂车间
用　　途：BD喷涂100件　　　　2024 年 01 月 10 日　　　　编号：004

材料编号	材料名称	规格	计量单位	数量 请领	数量 实发	成本 单价	成本 金额
	塑粉		千克	80	80		0.00
	磷化液		千克	60	60		0.00
	BD机加工件		套	100	100		0.00
	合　计			240	240		¥0.00

主管：王小娟　　记账：　　　仓管主管：　　　领料：吴晓强　　发料：姜宁宁

图 7-17-3　领料单 2

操作步骤

方法一：从库存核算进入

（1）打开【库存核算】，单击【产成品入库单】按钮，新增产成品入库，单击【选单】按钮，单击【选生产加工单】，找到机加工车间的生产加工单，单击【确定】按钮，生成产成品入库单，保存并审核产成品入库单。

（2）打开【库存核算】，单击【材料出库单】按钮，新增材料出库单，单击【选单】按钮，单击【选生产加工单】按钮，找到喷涂车间生产加工单，单击【确定】按钮，生成材料出库单，保存并审核材料出库单。

方法二：从生产管理进入

（1）打开【生产管理】，单击【生产加工单】，单击【查找】按钮(快捷键 Alt＋K)，填写单据日期、生产车间，单击【确定】按钮。

（2）找到对应生产加工单，双击打开，单击【生单】按钮，下拉列表单击【生成产成品入库单】，保存并审核产成品入库单。

（3）找到对应生产加工单，双击打开，单击【生单】按钮，下拉列表单击【生成材料出库单】，保存并审核材料出库单。

【说明】

本书后续入库及出库业务处理统一选择库存核算进入。

业务18 1月10日，机加工车间为生产重庆康达门业机加工件500件，发生生产领料，领料单如图7-18-1和图7-18-2所示。

领 料 单

领料部门：机加工车间
用　　途：YJ机加工件500件　　2024年01月10日　　编号：005

材料编号	材料名称	规格	计量单位	数量（请领）	数量（实发）	成本（单价）	成本（金额）
	冷轧钢板		千克	22500	22500		0.00
	不锈钢管		千克	5000	5000		0.00
	合计			27500	27500		¥0.00

主管：王小娟　记账：　仓管主管：　领料：刘建民　发料：姜宁宁

图7-18-1　领料单

领 料 单

领料部门：机加工车间
用　　途：BD机加工件500件　　2024年01月10日　　编号：006

材料编号	材料名称	规格	计量单位	数量（请领）	数量（实发）	成本（单价）	成本（金额）
	冷轧钢板		千克	15000	15000		0.00
	不锈钢管		千克	3000	3000		0.00
	合计			18000	18000		¥0.00

主管：王小娟　记账：　仓管主管：　领料：刘建明　发料：姜宁宁

图7-18-2　领料单

操作步骤

打开【库存核算】，单击【材料出库单】按钮，新增材料出库单，单击【选单】按钮，单击【选生产加工单】按钮,找到机加工车间生产加工单,单击【确定】按钮,生成材料出库单,保存并审核材料出库单。

业务 19　1月11日,收到向郑州讯达实业采购的猫眼300个,验收入原材料库。当日收到发票。材料入库单如图7-19-1所示,电子发票如图7-19-2所示。

图 7-19-1　材料入库单

图 7-19-2　电子发票

操作步骤

（1）打开【库存管理】，单击【采购入库单】按钮，单击【选单】按钮，选择采购订单，单击【确定】按钮，生成采购入库单，保存并审核采购入库单。在采购入库单窗口，单击【生单】按钮，选择生成进货单(专用发票)，生成进货单，在进货单"使用预付"栏录入"3 729"，保存并审核进货单。

（2）在进货单窗口，单击【生单】按钮，选择生成采购发票(普通采购)，生成采购发票，保存并审核采购发票。

（3）打开【总账】，单击【单据生凭证】按钮，单据类型选择采购入库单、进货单，预付冲应付，合并生成凭证。

业务 20 1月11日，向雅丹化工订购塑粉，当日收到发票，支付全部货款并验收入库。采购合同如图7-20-1所示，材料入库单如图7-20-2所示，电子发票如图7-20-3所示，银行付款回单如图7-20-4所示。

购 销 合 同

合同编号：75646545

购货单位（甲方）：河南永盾门业有限公司
供货单位（乙方）：雅丹化工建材有限公司

根据《中华人民共和国民法典》及国家相关法律、法规之规定，甲乙双方本着平等互利的原则，就甲方购买乙方货物一事达成以下协议。

一、货物的名称、数量及价格：

货物名称	规格型号	单位	数量	单价	金额	税率	价税合计
塑粉		千克	720	16.00	11 520.00	13%	13 017.60
合计（大写）	壹万叁仟零壹拾柒元陆角整					￥13 017.60	

二、交货方式和费用承担：交货方式：__销货方送货__，交货时间：__2024年01月13日__前，交货地点：_____，运费由__供货方__承担。

三、付款时间与付款方式：__款到发货__

四、质量异议期：订货方对供货方的货物质量有异议时，应在收到货物后__3日__内提出，逾期视为货物质量合格。

五、未尽事宜经双方协商可作补充协议，与本合同具有同等效力。

六、本合同自双方签字、盖章之日起生效；本合同壹式贰份，甲乙双方各执壹份。

甲方（签章）：	乙方（签章）：
授 权 代 表：杨建刚	授 权 代 表：罗明
地　　　　址：洛阳吉利区伟同路158号	地　　　　址：济南历下区森道路218号
电　　　　话：15076698156	电　　　　话：21072464
日　　　　期：2024年01月11日	日　　　　期：2024年01月11日

图 7-20-1　采购合同

材料入库单

发票号码：
供应单位：雅丹化工建材有限公司　　　　　　　　　　　　　　　　收料单编号：0004
收发类别：　　　　　　2024 年 01 月 11 日　　　　　　　　　　　收料仓库：原材料仓

编号	名称	规格	单位	数量 应收	数量 实收	实际成本 买价 单价	实际成本 买价 金额	运杂费	其他	合计
	塑粉		千克	720	720	16.00	11,520.00			11,520.00
	合计			720	720		¥11,520.00			¥11,520.00
	备注									

采购员：苏大明　　　　检验员：姜宁宁　　　　记账员：　　　　保管员：姜宁宁

图 7-20-2　材料入库单

电子发票（增值税专用发票）

发票号码：24327200000081175938
开票日期：2024年01月11日

购买方信息　名称：河南永盾门业有限公司
　　　　　　统一社会信用代码/纳税人识别号：914103060678100182

销售方信息　名称：雅丹化工建材有限公司
　　　　　　统一社会信用代码/纳税人识别号：913701026992988105

项目名称	规格型号	单位	数量	单价	金额	税率/征收率	税额
其他塑料制品 塑粉		千克	720	16	11520.00	13%	1497.60

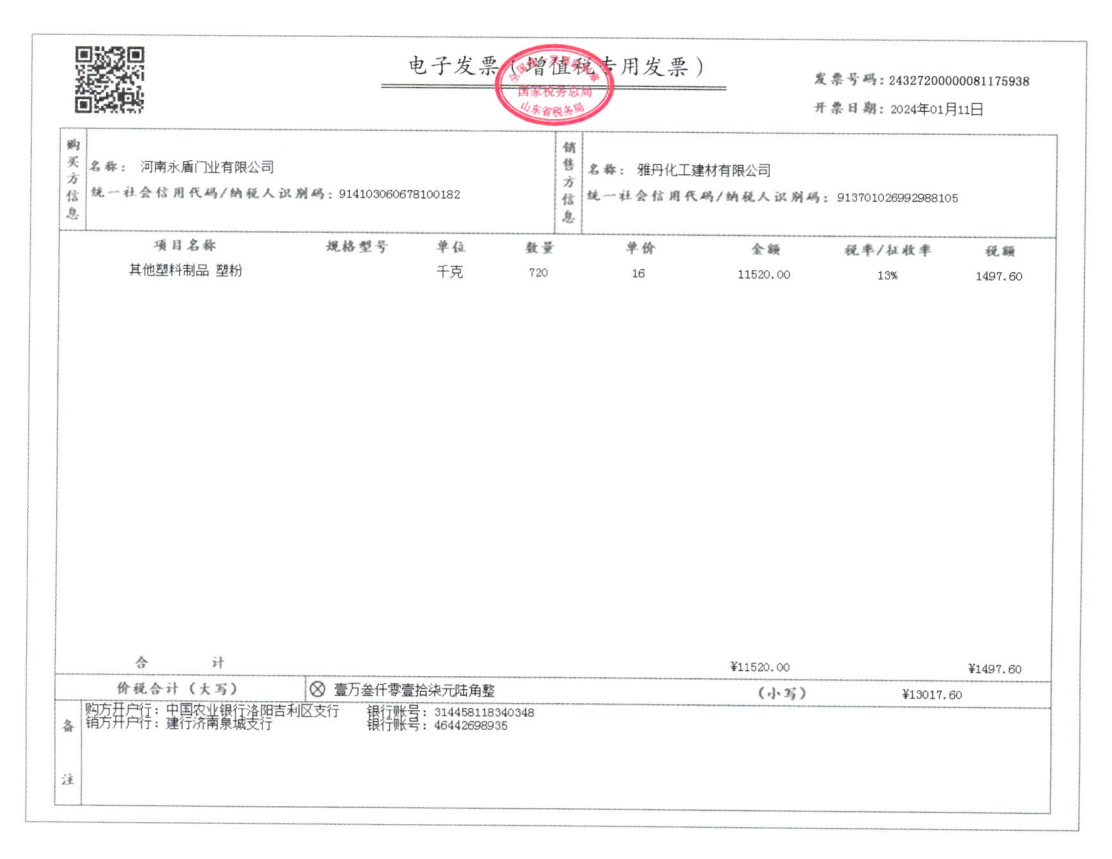

合计　　　　　　　　　　　　　　　　　¥11520.00　　　　¥1497.60
价税合计（大写）　⊗ 壹万叁仟零拾壹拾柒元陆角整　　　　（小写）　¥13017.60

备注：
购方开户行：中国农业银行洛阳吉利区支行　银行账号：314458118340348
销方开户行：建行济南泉城支行　　　　　　银行账号：46442698935

图 7-20-3　电子发票

```
                中国农业银行    网上银行电子回单
电子回单号码:01223030439
┌──┬────────┬──────────────────────┬──┬────────┬──────────────────────┐
│付 │ 户  名 │ 河南永盾门业有限公司 │收│ 户  名 │ 雅丹化工建材有限公司 │
│款 │ 账  号 │ 314458118340348      │款│ 账  号 │ 46442698935          │
│人 │开户银行│中国农业银行洛阳吉利区支行│人│开户银行│ 建行济南泉城支行     │
├──┼────────┼──────────────────────┴──┴────────┼──────────────────────┤
│   │ 金  额 │ 人民币(大写):壹万叁仟零拾壹柒元陆角整            │ ￥13,017.60          │
├──┼────────┼──────────────────────┬──┬────────┼──────────────────────┤
│   │ 摘  要 │ 采购                 │  │业务种类│                      │
│   │ 用  途 │ 货款                 │  │        │                      │
│   │        │ 69126146275758       │  │ 时间戳 │2024年01月11日14时14分│
│   │ 备  注 │                      │  │        │                      │
│   │        │ 验证码:64303307      │  │        │                      │
├──┼────────┼────────┬─────────────┼──┴────────┼──────────────────────┤
│记账网点│ 221 │记账柜员│ 171    │ 记账日期  │ 2024年01月11日       │
└────────┴─────┴────────┴────────┴───────────┴──────────────────────┘
                                                 打印日期:2024年01月11日
```

图7-20-4　银行付款回单

操作步骤

（1）打开【生产管理】，单击【生产加工单】按钮，单击【查找】按钮(快捷键Alt＋K)，填写生产车间为喷涂车间，按预计开工日期选择生产加工单，单击【确定】按钮。找到对应生产加工单，双击打开，单击【工具】按钮，选择采购需求分析，根据采购需求分析，单击【生单】按钮，生成采购订单。

（2）打开【采购管理】，单击【采购订单】按钮，修改单价后保存并审核，单击【生单】按钮，生成采购入库单，保存并审核采购入库单，在采购入库单窗体，单击【生单】按钮，生成进货单。在进货单表头现结金额栏录入"13 017.60元"，结算方式选择"网银"，账号名称选择"农行"，保存并审核进货单。进货单窗体，单击【生单】按钮，生成采购发票(专用发票)，保存并审核采购发票。

（3）打开【往来现金】，单击【付款单】按钮，单击窗口右上角【上张】按钮，找到付款单，审核付款单。

（4）打开【总账】，单击【单据生凭证】按钮，单据类型选择采购入库单、进货单、付款单，合并生成凭证。

业务21　1月12日，机加工车间生产的机加工件完工入库。产成品入库单如图7-21-1所示。

操作步骤

打开【库存核算】，单击【产成品入库单】按钮，新增产成品入库，单击【选单】按钮，单击【选生产加工单】，找到机加工车间的生产加工单，单击【确定】按钮，生成产成品入库单，保存并审核产成品入库单。

产成品入库单

交库单位：机加工车间　　　2024 年 01 月 12 日　　　仓库：半成品库　　编号：002

产品编号	产品名称	规格	计量单位	数量 送检	数量 实收	单位成本	总成本	备注
0401	YJ机加工件		件	500	500		0.00	
0402	BD机加工件		件	500	500		0.00	

仓库主管：王小娟　　保管员：　　记账：　　制单：姜宁宁

第一联 存根联

图 7-21-1　产成品入库单

业务 22　1 月 12 日，车间领用劳保用品。机加工车间领料单如图 7-22-1 所示，喷涂车间领料单如图 7-22-2 所示，装配车间领料单如图 7-22-3 所示。

领　料　单

领料部门：机加工车间
用　途：劳保　　　　2024 年 01 月 12 日　　　编号：007

材料编号	材料名称	规格	计量单位	数量 请领	数量 实发	成本 单价	成本 金额
	工作服		件	4	4	150.00	600.00
	防护手套		双	8	8	20.00	160.00
	合　计			12	12		¥760.00

主管：王小娟　记账：　仓管主管：　领料：刘建民　发料：姜宁宁

图 7-22-1　机加工车间领料单

领　料　单

领料部门：喷涂车间
用　途：劳保　　　　2024 年 01 月 12 日　　　编号：008

材料编号	材料名称	规格	计量单位	数量 请领	数量 实发	成本 单价	成本 金额
	工作服		件	3	3	150.00	450.00
	防护手套		双	6	6	20.00	120.00
	防毒面具		套	2	2	100.00	200.00
	合　计			11	11		¥770.00

主管：王小娟　记账：　仓管主管：　领料：刘建民　发料：姜宁宁

图 7-22-2　喷涂车间领料单

领料单

领料部门：装配车间
用途：劳保
2024 年 01 月 12 日　　编号：009

材料编号	材料名称	规格	计量单位	数量 请领	数量 实发	成本 单价	成本 金额
	工作服		件	4	4	150.00	600.00
	防护手套		双	6	6	20.00	120.00
	防毒面具		套	2	2	100.00	200.00
	合　计			12	12		¥920.00

主管：王小娟　　记账：　　仓管主管：　　领料：刘建民　　发料：姜宁宁

图 7-22-3　装配车间领料单

操作步骤

（1）打开【库存核算】，单击【材料出库单】按钮，新增材料出库单，业务类型选择"直接出库"，生产车间依次选机加工车间、喷涂车间、装配车间，生成三张材料出库单，保存并审核材料出库单。

（2）打开【总账】，单击【科目设置】按钮，选择存货对方科目的扩展设置，进行增行操作，选择"材料出库单"，存货分类选择"周转材料"，新增科目"制造费用,劳保费"，保存并返回。

业务 23　1月12日，支付华阳钢铁货款387 025元。银行付款回单如图7-23-1所示。

中国农业银行　网上银行电子回单

电子回单号码：04108872888

付款人	户　名	河南永盾门业有限公司	收款人	户　名	华阳钢铁有限公司
	账　号	314458118340348		账　号	20353127812
	开户银行	中国农业银行洛阳吉利区支行		开户银行	工行安阳汉森支行
金　额	人民币(大写)：叁拾捌万柒仟零贰拾伍元整				¥387,025.00
摘　要	采购		业务种类		
用　途	货款				
交易流水号	619900978614855		时间戳		
备注：					
验证码：66187148					
记账网点	240	记账柜员	190	记账日期	2024年01月12日
				打印日期：	2024年01月12日

图 7-23-1　银行付款回单

操作步骤

（1）打开【往来现金】，新增付款单，选择结算客户后，选择业务类型"普通付款"。录入多结算明细中的结算方式"网银"，账号名称为"农行"，录入付款金额"387 025 元"。

（2）单击【选单】按钮，选择应付单，单击【分摊】按钮，系统自动填写结款金额，保存并审核付款单。

（3）打开【总账】，单击【单据生凭证】按钮，选择付款单后生成凭证，保存凭证。

业务 24 1月13日，喷涂车间领料生产，喷涂车间领料单如图 7-24-1 和图 7-24-2 所示。

领料单

领料部门：喷涂车间
用　途：YJ喷涂件500件　　2024 年 01 月 13 日　　编号：010

材料编号	材料名称	规格	计量单位	数量 请领	数量 实发	成本 单价	成本 金额
	塑粉		千克	600	600		0.00
	磷化液		千克	450	450		0.00
	YJ机加工件		套	500	500		0.00
	合　计			1550	1550		¥0.00

主管：王小娟　　记账：　　仓管主管：　　领料：吴晓强　　发料：姜宁宁

图 7-24-1　领料单 1

领料单

领料部门：喷涂车间
用　途：BD喷涂件500件　　2024 年 01 月 13 日　　编号：011

材料编号	材料名称	规格	计量单位	数量 请领	数量 实发	成本 单价	成本 金额
	塑粉		千克	400	400		0.00
	磷化液		千克	300	300		0.00
	BD机加工件		套	500	500		0.00
	合　计			1200	1200		¥0.00

主管：王小娟　　记账：　　仓管主管：　　领料：吴晓强　　发料：姜宁宁

图 7-24-2　领料单 2

操作步骤

打开【库存核算】，单击【材料出库单】按钮，新增材料出库单，单击【选单】按钮，单击【选生产加工单】按钮，找到喷涂车间生产加工单，单击【确定】按钮，生成材料出库单，保存并审核材料出库单。

业务 25　1 月 13 日，向中原兴盼公司销售产品，销售合同如图 7-25-1 所示。

购 销 合 同

合同编号：19359655

购货单位(甲方)：中原兴盼门业有限公司

供货单位(乙方)：河南永盾门业有限公司

根据《中华人民共和国民法典》及国家相关法律、法规之规定，甲乙双方本着平等互利的原则，就甲方购买乙方货物一事达成以下协议。

一、货物的名称、数量及价格：

货物名称	规格型号	单位	数量	单价	金额	税率	价税合计
YJ 高级防盗门		套	300	1 650.00	495 000.00	13%	559 350.00
BD 普通防盗门		套	300	1 250.00	375 000.00	13%	423 750.00
合计(大写)　玖拾捌万叁仟壹佰元整							￥983 100.00

二、交货方式和费用承担：交货方式：<u>销货方送货</u>，交货时间：<u>2024 年 01 月 23 日</u>前，交货地点：＿＿＿＿，运费由<u>供货方</u>承担。

三、付款时间与付款方式：<u>货到付款</u>。

四、质量异议期：订货方对供货方的货物质量有异议时，应在收到货物后<u>10 日</u>内提出，逾期视为货物质量合格。

五、未尽事宜经双方协商可作补充协议，与本合同具有同等效力。

六、本合同自双方签字、盖章之日起生效；本合同壹式贰份，甲乙双方各执壹份。

甲方(签章)：中原兴盼门业有限公司
授权代表：高义鹤
地址：郑州中原区名爱路 004 号
电话：53347001
日期：2024 年 01 月 13 日

乙方(签章)：河南永盾门业有限公司
授权代表：杨建刚
地址：洛阳吉利区伟同路 158 号
电话：15076698156
日期：2024 年 01 月 13 日

图 7-25-1　销售合同

操作步骤

打开【销售管理】，单击【销售订单】按钮，新增销售订单，业务类型选择“普通销售”，选择客户后，依次录入存货名称、数量、无税单价、预计交货日期，保存并审核销售订单。

业务 26　1月13日,下达加工中原兴盼门业公司的生产任务,根据生产加工单进行采购需求分析,生成采购订单。建议供应商:华阳钢材。生产计划表如表7-26-1所示,采购合同如图7-26-1所示。

表 7-26-1　生产计划表

序号	订单号	工序	客户	产品分类	生产数量	预计开工日期	预计完工日期
1	S04430326	1	兴盼门业	YJ	300	2024年01月14日	2024年01月16日
2	S04430326	1	兴盼门业	BD	300	2024年01月14日	2024年01月16日
3	S04430326	2	兴盼门业	YJ	300	2024年01月17日	2024年01月21日
4	S04430326	2	兴盼门业	BD	300	2024年01月17日	2024年01月21日
5	S04430326	3	兴盼门业	YJ	300	2024年01月21日	2024年01月22日
6	S04430326	3	兴盼门业	BD	300	2024年01月21日	2024年01月22日

购 销 合 同

合同编号:43630706

购货单位(甲方):河南永盾门业有限公司
供货单位(乙方):华阳钢铁有限公司
根据《中华人民共和国民法典》及国家相关法律、法规之规定,甲乙双方本着平等互利的原则,就甲方购买乙方货物一事达成以下协议。
一、货物的名称、数量及价格:

货物名称	规格型号	单位	数量	单价	金额	税率	价税合计
冷轧钢板		千克	19 500	8.00	156 000.00	13%	176 280.00
不锈钢管		千克	4 200	11.00	46 200.00	13%	52 206.00
合计(大写)　　贰拾贰万捌仟肆佰捌拾陆元整							￥228 486.00

　　二、交货方式和费用承担:交货方式:　销货方送货　　　　,交货时间:2024年01月14日　前,交货地点:　　　　　　　　　　　　,运费由　购货方　承担。
　　三、付款时间与付款方式:　货到7日内结清　　　　　　　　　　　　　　　　　　。
　　四、质量异议期:订货方对供货方的货物质量有异议时,应在收到货物后　10日　内提出,逾期视为货物质量合格。
　　五、未尽事宜经双方协商可作补充协议,与本合同具有同等效力。
　　六、本合同自双方签字、盖章之日起生效;本合同壹式贰份,甲乙双方各执壹份。
　　　　甲方(签章)　　　　　　　　　　　　乙方(签章)
　　授 权 代 表:杨建刚　　　　　　　　　授 权 代 表:马山
　　地　　　　址:洛阳吉利区伟同路158号　地　　　　址:安阳殷都区金迅路716号
　　电　　　　话:15076698156　　　　　　电　　　　话:71824393
　　日　　　　期:2024年01月13日　　　　 日　　　　期:2024年01月13日

图 7-26-1　采购合同

操作步骤

(1) 打开【生产管理】,单击【多阶投产】按钮,单击【选择销售订单】按钮,在查询中原兴盼门业公司销售订单窗体,选择销售订单,单击【确定】按钮,单击【下一步】按钮,系统自动生成生产加工单,修改生产加工单预计开工日期、预计完工日期,单击【退出】按钮,系统自动生成三张生产加工单。

(2) 打开【生产管理】,单击【生产加工单】按钮,单击窗口右上角【上张】按钮,依次找到三张生产加工单,依次审核生产加工单。

(3) 返回到机加工车间的生产加工单,单击【工具】按钮,选择采购需求分析,根据采购需求分析,单击【生单】按钮,生成采购订单。

(4) 打开【采购管理】,打开采购订单,审核。

业务 27 1月14日,收到华阳钢铁钢板及钢管,验收入库并收到采购发票、运费发票,支付运费。材料入库单如图 7-27-1 所示,采购电子发票如图 7-27-2 所示,运费电子发票如图 7-27-3 所示,银行付款回单如图 7-27-4 所示。

材料入库单

发票号码：
供应单位：华阳钢铁有限公司　　　　　　　　　　　　　　　收料单编号：0012
收发类别：　　　　　　2024 年 01 月 14 日　　　　　　　收料仓库：原材料库

编号	名称	规格	单位	数量 应收	数量 实收	实际成本 买价 单价	实际成本 买价 金额	运杂费	其他	合计
	冷轧钢板		千克	19500	19500	8.00	156,000.00	4,936.71		160,936.71
	不锈钢管		千克	4200	4200	11.00	46,200.00	1,063.29		47,263.29
合计				23700	23700		¥202,200.00	¥6,000.00		¥208,200.00
备注										

采购员：苏大明　　　检验员：姜宁宁　　　记账员：　　　保管员：姜宁宁

图 7-27-1　材料入库单

操作步骤

(1) 打开【库存管理】,单击【采购入库单】按钮,单击【选单】按钮,选择采购订单,单击【确定】按钮,生成采购入库单,保存并审核采购入库单。在采购入库单窗口,单击【生单】按钮,选择生成进货单(专用发票),生成进货单,保存并审核进货单。

(2) 在进货单窗口,单击【生单】按钮,选择生成采购发票(普通采购),生成采购发票,保存并审核采购发票。

		电子发票（增值税专用发票）				发票号码：24327200000084740094		
						开票日期：2024年01月14日		

购买方信息	名称：河南永盾门业有限公司 统一社会信用代码/纳税人识别号：914103060678100182			销售方信息	名称：华阳钢铁有限公司 统一社会信用代码/纳税人识别号：914105023674711667		

项目名称	规格型号	单位	数量	单价	金额	税率/征收率	税额
冷轧薄板 冷轧钢板		千克	19500	8	156000.00	13%	20280.00
焊接钢管 不锈钢管		千克	4200	11	46200.00	13%	6006.00
合　　计					¥202200.00		¥26286.00

价税合计（大写）	⊗ 贰拾贰万捌仟肆佰捌拾陆元整	（小写）	¥228486.00

备注：
购方开户行：中国农业银行洛阳吉利区支行　银行账号：3144581118340348
销方开户行：工行安阳汉森支行　银行账号：20353127812

开票人：李少军

图 7-27-2　采购电子发票

货物运输服务		电子发票（增值税专用发票）				发票号码：12585240409497033456		
						开票日期：2024年01月14日		

购买方信息	名称：河南永盾门业有限公司 统一社会信用代码/纳税人识别号：914103060678100182			销售方信息	名称：河南友达物流有限公司 统一社会信用代码/纳税人识别号：91410501M044282543		

项目名称	单位	数量	单价	金额	税率/征收率	税额
运输服务 运输费	次	1	6000	6000.00	9%	540.00
合　　计				¥6000.00		¥540.00

运输工具种类	运输工具牌号	起运地	到达地	运输货物名称
公路运输	豫E8705	河南安阳	洛阳孟津	钢板

价税合计（大写）	⊗ 陆仟伍佰肆拾元整	（小写）	¥6540.00

备注：

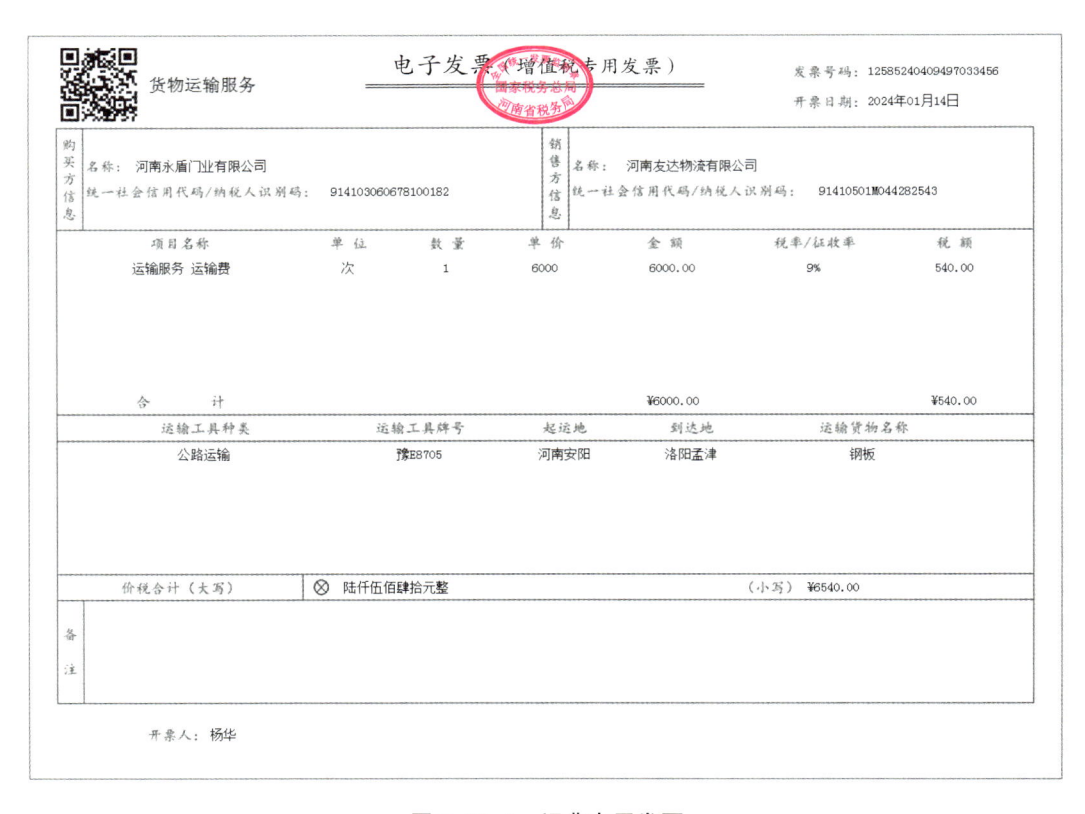

开票人：杨华

图 7-27-3　运费电子发票

图 7-27-4　银行付款回单

（3）打开【往来现金】，新增费用单，选择业务类型"现金费用"，录入现结金额"6 540元"，结算方式选择"网银"，账户名称选择"农行"。单击【费用名称】输入框，打开费用参照，选择"采购运费"，录入金额。保存并审核费用单。

（4）打开【库存核算】，单击【费用分摊单】按钮，单击【选单】按钮，分别选择费用单、采购入库单，选择分摊方式"按数量分摊"，单击【分摊】按钮，系统自动计算冷轧钢板计入运费4 936.71元，不锈钢管计入运费1 063.29元。

（5）打开【总账】，单击【单据生凭证】按钮，单据类型选择采购入库单、进货单、费用单，合并生成凭证。

业务 28　1月14日，机加工车间生产领料，领料单如图7-28-1和图7-28-2所示。

图 7-28-1　领料单1

141

领　料　单

领料部门：机加工车间
用　途：BD机加工件300件　　2024 年 01 月 14 日　　编号：013

材料编号	材料名称	规格	计量单位	数量（请领）	数量（实发）	成本（单价）	成本（金额）
	冷轧钢板		千克	9000	9000		0.00
	不锈钢管		千克	1800	1800		0.00
	合　　计			10800	10800		¥0.00

主管：王小娟　　记账：　　仓管主管：　　领料：刘建民　　发料：姜宁宁

图 7-28-2　领料单 2

操作步骤

打开【库存核算】，单击【材料出库单】按钮，新增材料出库单，单击【选单】按钮，单击【选生产加工单】按钮，找到机加工车间生产加工单，单击【确定】，生成材料出库单，保存并审核材料出库单。

业务 29　1 月 15 日，支付华阳钢铁货款 228 486 元，银行付款回单如图 7-29-1 所示。

中国农业银行　　网上银行电子回单

电子回单号码：28372298591

付款人	户　名	河南永盾门业有限公司	收款人	户　名	华阳钢铁有限公司
	账　号	314458118340348		账　号	20353127812
	开户银行	中国农业银行洛阳吉利区支行		开户银行	工行安阳汉森支行

金　额：人民币（大写）：贰拾贰万捌仟肆佰捌拾陆元整　　¥228,486.00

摘　要：
用　途：货款　　　　　　　　　业务种类：
交易流水号：76174394437939　　时间戳：
备注：
验证码：60228320

记账网点：753　　记账柜员：232　　记账日期：2024年01月15日
打印日期：2024年01月15日

图 7-29-1　银行付款回单

操作步骤

（1）打开【往来现金】，新增付款单，选择结算客户后，选择业务类型"普通付款"。录入多结算明细中的结算方式"网银"，账号名称为"农行"，录入付款金额"228 486 元"。

（2）单击【选单】按钮，选择应付单，单击【分摊】按钮，系统自动填写结款金额，保存并审核付款单。

（3）打开【总账】，单击【单据生凭证】按钮，选择付款单后生成凭证，保存凭证。

业务 30　1 月 16 日，喷涂车间产成品完工入库，产成品入库单如图 7-30-1 所示，机加工车间产成品完工入库，产成品入库单如图 7-30-2 所示。

产成品入库单

交库单位：喷涂车间　　2024 年 01 月 16 日　　仓库：半成品库　编号：003

产品编号	产品名称	规格	计量单位	数量 送检	数量 实收	单位成本	总成本	备注
	YJ喷涂件		件	200	200		0.00	
	BD喷涂件		件	100	100		0.00	

仓库主管：王小娟　　保管员：　　记账：　　制单：姜宁宁

图 7-30-1　喷涂车间产成品入库单

产成品入库单

交库单位：机加工车间　　2024 年 01 月 16 日　　仓库：半成品库　编号：004

产品编号	产品名称	规格	计量单位	数量 送检	数量 实收	单位成本	总成本	备注
	YJ机加工件		件	300	300		0.00	
	BD机加工件		件	300	300		0.00	

仓库主管：王小娟　　保管员：　　记账：　　制单：姜宁宁

图 7-30-2　机加工车间产成品入库单

操作步骤

打开【库存核算】，单击【产成品入库单】按钮，新增产成品入库，单击【选单】按钮，单击

【选生产加工单】按钮,依次找到喷涂车间、机加工车间的生产加工单,单击【确定】,生成产成品入库单,保存并审核产成品入库单。

业务 31　1月16日,与郑州讯达实业签订采购合同,当日支付货款。采购合同如图 7-31-1 所示,银行付款回单如图 7-31-2 所示。

购销合同

合同编号:88345168

购货单位(甲方):河南永盾门业有限公司
供货单位(乙方):郑州讯达实业有限公司

根据《中华人民共和国民法典》及国家相关法律、法规之规定,甲乙双方本着平等互利的原则,就甲方购买乙方货物一事达成以下协议。

一、货物的名称、数量及价格:

货物名称	规格型号	单位	数量	单价	金额	税率	价税合计
不锈钢轴承合页		个	1 700	33.00	56 100.00	13%	63 393.00
可脱卸旗形合页		个	1 700	15.00	25 500.00	13%	28 815.00
J 型防盗锁		个	800	55.00	44 000.00	13%	49 720.00
D 型防盗锁		个	700	40.00	28 000.00	13%	31 640.00
猫眼		个	1 400	10.00	14 000.00	13%	15 820.00
合计(大写)　壹拾捌万玖仟叁佰捌拾捌元整							￥189 388.00

二、交货方式和费用承担:交货方式:___销货方送货___,交货时间:__2024 年 01 月 17 日___前,交货地点:_____,运费由___供货方___承担。
三、付款时间与付款方式:___合同签订之日支付货款,款到发货_____。
四、质量异议期:订货方对供货方的货物质量有异议时,应在收到货物后___3 日___内提出,逾期视为货物质量合格。
五、未尽事宜经双方协商可作补充协议,与本合同具有同等效力。
六、本合同自双方签字、盖章之日起生效;本合同壹式贰份,甲乙双方各执壹份。

甲方(签章):
授权代表:杨建刚
地　　址:洛阳吉利区伟同路 158 号
电　　话:15076698156
日　　期:2024 年 01 月 16 日

乙方(签章):
授权代表:梁金
地　　址:郑州中原区奥丰路 847 号
电　　话:74987945
日　　期:2024 年 01 月 16 日

图 7-31-1　采购合同

操作步骤

(1)打开【采购管理】,单击【采购订单】按钮,新增采购订单,选择供应商后,表头订金金额栏录入"189 388 元",结算方式为"网银",账户名称为"农行",依次录入存货名称、数量、无税单价,保存并审核采购订单。

中国农业银行　网上银行电子回单

电子回单号码:73217786645

付款人	户名	河南永盾门业有限公司	收款人	户名	郑州讯达实业有限公司
	账号	314458118340348		账号	60356169518
	开户银行	中国农业银行洛阳吉利区支行		开户银行	工行郑州群星支行
金额		人民币(大写):壹拾捌万玖仟叁佰捌拾捌元整			¥189,388.00
摘要		采购	业务种类		
用途		货款			
交易流水号		15537857331501	时间戳		
		备注:			
		验证码:00681983			
记账网点	429	记账柜员	379	记账日期	2024年01月16日

打印日期:2024年01月16日

图 7-31-2　银行付款回单

（2）打开【往来现金】，单击【付款单】按钮，单击窗口右上角【上张】按钮，找到付款单，审核付款单。

（3）打开【总账】，单击【单据生凭证】按钮，选择付款单，生成凭证。

业务32　1月16日，收到雅丹化工发来的采购发票和运费发票，验收入库并支付货款。材料入库单如图7-32-1所示，电子发票如图7-32-2所示，运费电子发票如图7-32-3所示，银行付款回单如图7-32-4和图7-32-5所示。

材料入库单

发票号码：
供应单位：雅丹化工建材有限公司　　　　　　　　　　　　收料单编号：0022
收发类别：　　　　　2024 年 01 月 16 日　　　　　收料仓库：原材料库

编号	名称	规格	单位	数量 应收	数量 实收	买价 单价	买价 金额	实际成本 运杂费	实际成本 其他	实际成本 合计
	塑粉		千克	600	600	13.00	7,800.00			7,800.00
	磷化液		千克	450	450	8.00	3,600.00			3,600.00
	合计			1050	1050		¥11,400.00			¥11,400.00
	备注									

采购员：苏大明　　检验员：姜宁宁　　记账员：　　保管员：姜宁宁

图 7-32-1　材料入库单

电子发票（增值税专用发票）

发票号码：24327200000048927825
开票日期：2024年01月16日

购买方信息：
名称：河南永盾门业有限公司
统一社会信用代码/纳税人识别号：914103060678100182

销售方信息：
名称：雅丹化工建材有限公司
统一社会信用代码/纳税人识别号：9137010269929988105

项目名称	规格型号	单位	数量	单价	金额	税率/征收率	税额
其他塑料制品 塑粉		千克	600	13	7800.00	13%	1014.00
金属表面处理剂 磷化液		千克	450	8	3600.00	13%	468.00
合　　计					¥11400.00		¥1482.00

价税合计（大写）：壹万贰仟捌佰捌拾贰元整　（小写）¥12882.00

备注：
购方开户银行：中国农业银行洛阳吉利区支行；银行账号：3144581118340348；
销方开户银行：建行济南泉城支行；银行账号：46442698935；

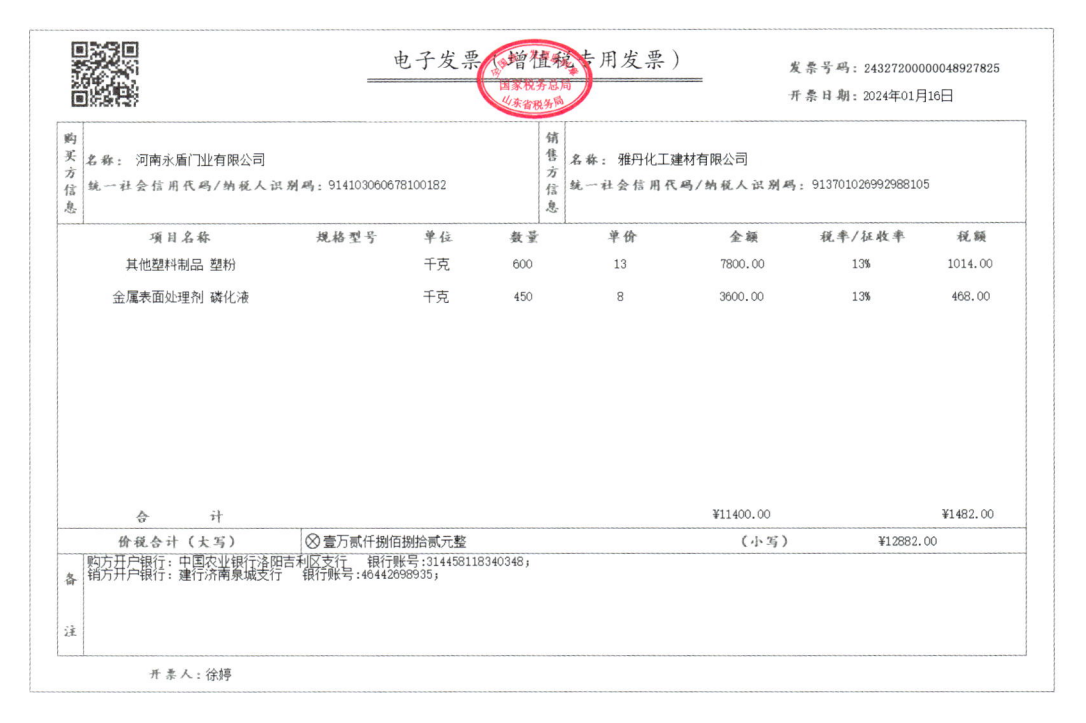

开票人：徐婷

图 7-32-2　电子发票

电子发票（增值税专用发票）

货物运输服务

发票号码：54015643765919868293
开票日期：2024年01月16日

购买方信息：
名称：河南永盾门业有限公司
统一社会信用代码/纳税人识别号：914103060678100182

销售方信息：
名称：山东福路发物流有限公司
统一社会信用代码/纳税人识别号：91370101M141963373

项目名称	单位	数量	单价	金额	税率/征收率	税额
运输服务 运输费	次	1	1000	1000.00	9%	90.00
合　　计				¥1000.00		¥90.00

运输工具种类	运输工具牌号	起运地	到达地	运输货物名称
公路运输	鲁A302D	山东济南	河南洛阳	磷化液

价税合计（大写）：壹仟零玖拾元整　（小写）¥1090.00

备注：

开票人：罗明

图 7-32-3　运费电子发票

中国农业银行　网上银行电子回单

电子回单号码：28664661673

付款人	户　名	河南永盾门业有限公司	收款人	户　名	雅丹化工建材有限公司
	账　号	314458118340348		账　号	46442698935
	开户银行	中国农业银行洛阳吉利区支行		开户银行	建行济南泉城支行

金　额	人民币（大写）：壹万贰仟捌佰捌拾贰元整	¥12,882.00
摘　要	采购	业务种类
用　途	货款	
交易流水号	86576677202780	时间戳
	备注：	
	验证码：44378783	

记账网点	766	记账柜员	231	记账日期	2024年01月16日

打印日期：2024年01月16日

图 7-32-4　银行付款回单 1

中国农业银行　网上银行电子回单

电子回单号码：2866466173

付款人	户　名	河南永盾门业有限公司	收款人	户　名	山东福路发物流有限公司
	账　号	314458118340348		账　号	878321308749472
	开户银行	中国农业银行洛阳吉利区支行		开户银行	工行济南市华旭路支行

金　额	人民币（大写）：壹仟零玖拾元整	¥1,090.00
摘　要	运费	业务种类
用　途	运费	
交易流水号	86576677202780	时间戳
	备注：	
	验证码：44378783	

记账网点	766	记账柜员	231	记账日期	2024年01月16日

打印日期：2024年01月16日

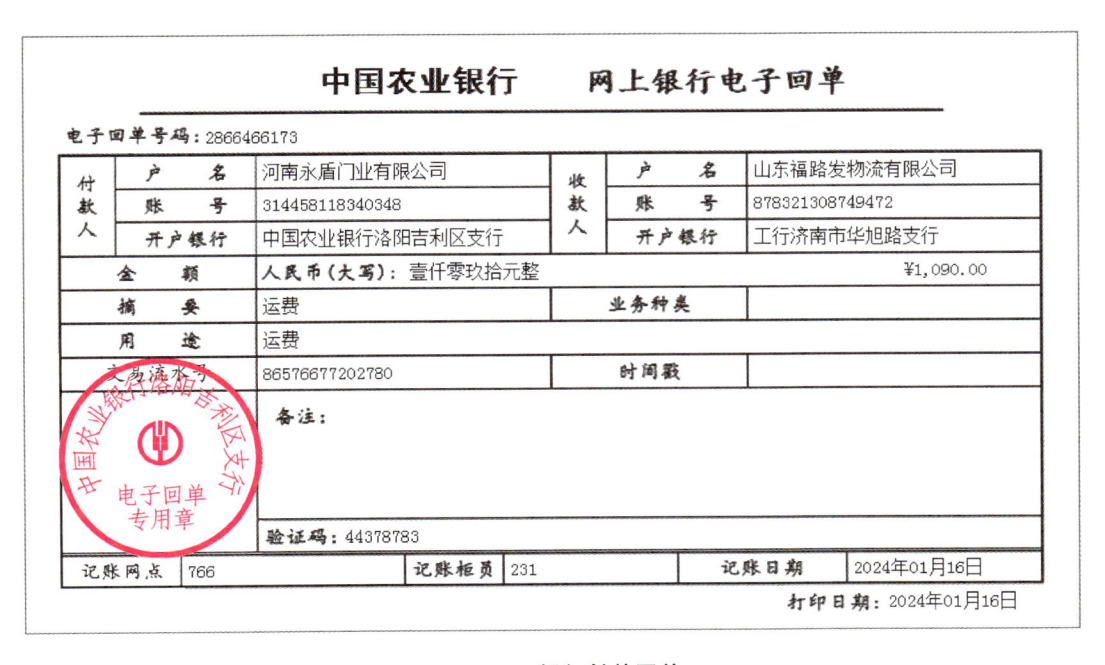

图 7-32-5　银行付款回单 2

操作步骤

（1）打开【库存管理】，单击【采购入库单】按钮，单击【选单】按钮，选择采购订单，单击【确定】按钮，生成采购入库单，保存并审核采购入库单。在采购入库单窗口，单击【生单】按钮,选择生成进货单(专用发票),生成进货单,保存并审核进货单。

(2) 在进货单窗口,单击【生单】按钮,选择生成采购发票(普通采购),生成采购发票,保存并审核采购发票。

(3) 打开【往来现金】,新增费用单,业务类型选择"现金费用",现结金额栏录入"1 090元",结算方式选择"网银",账户名称选择"农行"。单击【费用名称】输入框,打开费用参照,选择"采购运费",录入金额。保存并审核费用单。

(4) 打开【库存核算】,单击【费用分摊单】按钮,单击【选单】按钮,分别选择费用单、采购入库单,选择分摊方式"按数量分摊",单击【分摊】按钮,系统自动分摊运费。

(5) 打开【往来现金】,新增付款单,选择结算客户后,业务类型选择"普通付款"。录入多结算明细中的结算方式"网银",账号名称为"农行",录入付款金额"12 882元"。

(6) 单击【选单】按钮,选择应付单,单击【分摊】按钮,系统自动填写结款金额,保存并审核付款单。

(7) 打开【总账】,单击【单据生凭证】按钮,单据类型选择采购入库单、进货单、费用单、付款单,合并生成凭证。

【说明】

采购入库单、进货单、费用单合并可以修改合并规则,还可以手工修改合并号实现合并。

业务33 1月17日,向郑州讯达公司采购的货物到达,收到采购专用发票并验收入库,核销货款。材料入库单如图7-33-1所示,电子发票如图7-33-2所示。

材料入库单

发票号码:
供应单位:郑州讯达实业有限公司　　　　　　　　　　收料单编号:0023
收发类别:　　　　2024 年 01 月 17 日　　　　　　收料仓库:原材料库

编号	名称	规格	单位	数量 应收	数量 实收	实际成本 买价 单价	实际成本 买价 金额	运杂费	其他	合计
	不锈钢轴承合页		个	1700	1700	33.00	56,100.00			56,100.00
	可脱卸旗形合页		个	1700	1700	15.00	25,500.00			25,500.00
	J型防盗锁		个	800	800	55.00	44,000.00			44,000.00
	D型防盗锁		个	700	700	40.00	28,000.00			28,000.00
	猫眼		个	1400	1400	10.00	14,000.00			14,000.00
	合计			6300	6300		¥167,600.00			¥167,600.00
	备注									

采购员:苏大明　　　　检验员:姜宁宁　　　　记账员:　　　　保管员:姜宁宁

图7-33-1　材料入库单

项目七 综合实训

| | 电子发票（增值税专用发票） | | 发票号码：24327200000055907485 |
| | | | 开票日期：2024年01月17日 |

| 购买方信息 | 名　称：河南永盾门业有限公司
统一社会信用代码/纳税人识别号：914103060678100182 | 销售方信息 | 名　称：郑州讯达实业有限公司
统一社会信用代码/纳税人识别号：914101025905884560 |

项目名称	规格型号	单位	数量	单价	金额	税率/征收率	税额
金属家具零配件 不锈钢轴承合页		个	1700	33	56100.00	13%	7293.00
金属家具零配件 可脱卸旗形合页		个	1700	15	25500.00	13%	3315.00
金属家具零配件 J型防盗锁		个	800	55	44000.00	13%	5720.00
金属家具零配件 D型防盗锁		个	700	40	28000.00	13%	3640.00
金属家具零配件 猫眼		个	1400	10	14000.00	13%	1820.00
合　计					¥167600.00		¥21788.00

| 价税合计（大写） | ⊗ 壹拾捌万玖仟叁佰捌拾捌元整 | （小写）¥189388.00 |

| 备注 | 购方开户行：中国农业银行洛阳吉利区支行　银行账号：314458118340348
销方开户行：工行郑州群星支行　银行账号：60356169518 |

开票人：孙浩然

图 7-33-2　电子发票

操作步骤

承业务31：

（1）打开【库存管理】，单击【采购入库单】按钮，单击【选单】按钮，选择采购订单，单击【确定】按钮，生成采购入库单，保存并审核采购入库单。在采购入库单窗口，单击【生单】按钮，选择生成进货单（专用发票），生成进货单，在进货单"使用预付"栏录入"189 388元"，保存并审核进货单。

（2）在进货单窗口，单击【生单】按钮，选择生成采购发票（普通采购），生成采购发票，保存并审核采购发票。

（3）打开【总账】，单击【单据生凭证】按钮，单据类型选择采购入库单、进货单、预付冲应付，合并生成凭证。

【说明】

进货单上的使用预付填写后，系统将自动在往来现金的往来冲销中生成预付冲应付。

149

业务 34 1月17日，与丹阳优品签订销售订单。销售合同如图7-34-1所示。

购 销 合 同

合同编号：96748558

购货单位(甲方)：丹阳优品门业有限公司
供货单位(乙方)：河南永盾门业有限公司

根据《中华人民共和国民法典》及国家相关法律、法规之规定，甲乙双方本着平等互利的原则，就甲方购买乙方货物一事达成以下协议。

一、货物的名称、数量及价格：

货物名称	规格型号	单位	数量	单价	金额	税率	价税合计
YJ 高级防盗门		套	300	1 700.00	510 000.00	13%	576 300.00
BD 普通防盗门		套	600	1 300.00	720 000.00	13%	813 600.00
合计(大写) 壹佰叁拾捌万玖仟玖佰元整							￥1 389 900.00

二、交货方式和费用承担：交货方式：__销货方送货__，交货时间：__2024 年 01 月 30 日__前，交货地点：_____，运费由__供货方__承担。

三、付款时间与付款方式：__货到 20 日内结清货款_____。

四、质量异议期：订货方对供货方的货物质量有异议时，应在收到货物后__10 日__内提出，逾期视为货物质量合格。

五、未尽事宜经双方协商可作补充协议，与本合同具有同等效力。

六、本合同自双方签字、盖章之日起生效；本合同壹式贰份，甲乙双方各执壹份。

甲方(签章)： 乙方(签章)：
授 权 代 表：马玉 授 权 代 表：杨建刚
地   址：荆州区洪湖市碧顺路788号 地   址：洛阳吉利区伟同路158号
电   话：68744444 电   话：15076698156
日   期：2024 年 01 月 17 日 日   期：2024 年 01 月 17 日

图 7-34-1 销售合同

操作步骤

打开【销售管理】，单击【销售订单】按钮，新增销售订单，业务类型选择"普通销售"，选择客户后，依次录入存货名称、数量、无税单价、预计交货日期，保存并审核销售订单。

业务35 1月17日，装配车间、喷涂车间生产领料，装配车间领料单如图7-35-1所示，喷涂车间领料单如图7-35-2和图7-35-3所示。

领 料 单

领用部门：装配车间
仓库：半成品库　　　2024　年　01　月　17　日　　　编号：876

编号	类别	材料名称	规格	单位	数量请领	数量实发	实际成本单价	实际成本金额
		YJ喷涂件		套	200	200		0.00
		不锈钢轴承合页		个	300	300		0.00
		可脱卸旗形合页		个	300	300		0.00
		J型防盗锁		个	200	200		0.00
		猫眼		个	300	300		0.00
		岩棉		平方米	1740	1740		0.00
		橡胶密封条		米	900	900		0.00
		包装箱		个	300	300		0.00
		PE保护膜		平方米	2880	2880		0.00
		BD喷涂件		套	100	100		0.00
		D型防盗锁		个	100	100		0.00
合计					7320	7320		0.00

用途：YJ高级防盗门200套，BD普通防盗门100套

领料部门		发料部门	
负责人	领料人	核准人	发料人
陈力勇	王兴雷	姜宁宁	姜宁宁

第三联 记账联

图 7-35-1　装配车间领料单

领 料 单

领料部门：喷涂车间
用　途：YJ喷涂件300件　　　2024　年　01　月　17　日　　　编号：017

材料编号	材料名称	规格	计量单位	数量请领	数量实发	成本单价	成本金额
	YJ机加工件		套	300	300	8.10	0.00
	塑粉		千克	360	360	13.96	0.00
	磷化液		千克	270	270	8.95	0.00
合计				930	930		￥0.00

主管：王小娟　　记账：　　　仓管主管：　　　领料：吴晓强　　发料：姜宁宁

图 7-35-2　喷涂车间领料单1

151

领 料 单

领料部门：喷涂车间

用　　途：BD喷涂件300件　　2024 年 01 月 17 日　　编号：018

材料编号	材料名称	规格	计量单位	数量 请领	数量 实发	成本 单价	成本 金额
	BD机加工件		套	300	300		0.00
	塑粉		千克	240	240	13.96	0.00
	磷化液		千克	180	180	8.95	0.00
	合　　计			720	720		¥0.00

主管：王小娟　　记账：　　仓管主管：　　领料：吴晓强　　发料：姜宁宁

图 7-35-3　喷涂车间领料单 2

操作步骤

打开【库存核算】，单击【材料出库单】按钮，新增材料出库单，单击【选单】按钮，单击【选生产加工单】按钮，依次找到装配车间、喷涂车间生产加工单，保存并审核两张材料出库单。

业务36　1 月 17 日，生产车间下达生产丹阳优品的生产任务，生产计划表如表 7-36-1 所示。

表 7-36-1　生产计划表

序号	订单号	工序	客户	产品分类	生产数量（套）	预计开工日期	预计完工日期
1	S04430327	1	优品门业	YJ	300	2024 年 01 月 19 日	2024 年 01 月 21 日
2	S04430327	1	优品门业	BD	600	2024 年 01 月 19 日	2024 年 01 月 21 日
3	S04430327	2	优品门业	YJ	300	2024 年 01 月 22 日	2024 年 01 月 26 日
4	S04430327	2	优品门业	BD	600	2024 年 01 月 22 日	2024 年 01 月 26 日
5	S04430327	3	优品门业	YJ	300	2024 年 01 月 27 日	2024 年 01 月 29 日
6	S04430327	3	优品门业	BD	600	2024 年 01 月 27 日	2024 年 01 月 29 日

操作步骤

（1）打开【生产管理】，单击【多阶投产】按钮，单击【选择销售订单】按钮，在查询销售订单窗体，选择销售订单，单击【确定】按钮，单击【下一步】按钮，系统自动生成生产加工单，修改生产加工单预计开工日期、预计完工日期,单击【退出】按钮,系统自动生成三张生产加工单。

(2)打开【生产管理】,单击【生产加工单】按钮,单击窗口右上角【上张】按钮,依次找到三张生产加工单,依次审核生产加工单。

业务 37 1月17日,根据生产加工单查询现有库存,向华阳钢铁订购原料。采购合同如图 7-37-1 所示。

购 销 合 同

合同编号:06701394

购货单位(甲方):河南永盾门业有限公司
供货单位(乙方):华阳钢铁有限公司

根据《中华人民共和国民法典》及国家相关法律、法规之规定,甲乙双方本着平等互利的原则,就甲方购买乙方货物一事达成以下协议。

一、货物的名称、数量及价格:

货物名称	规格型号	单位	数量	单价	金额	税率	价税合计
冷轧钢板		千克	31 500	8.00	252 000.00	13%	284 760.00
不锈钢管		千克	6 600	11.00	72 600.00	13%	82 038.00
合计(大写) 叁拾陆万陆仟柒佰捌拾玖元整							¥366 789.00

二、交货方式和费用承担:交货方式:___销货方送货___,交货时间:__2024__ 年 __01__月 __19__ 日___前,交货地点:_____,运费由___购货方___承担。

三、付款时间与付款方式:___货到10日内结清_____。

四、质量异议期:订货方对供货方的货物质量有异议时,应在收到货物后___10___日内提出,逾期视为货物质量合格。

五、未尽事宜经双方协商可作补充协议,与本合同具有同等效力。

六、本合同自双方签字、盖章之日起生效;本合同壹式贰份,甲乙双方各执壹份。

甲方(签章)	乙方(签章)
授 权 代 表:杨建刚	授 权 代 表:马山
地 址:洛阳吉利区伟同路158号	地 址:安阳殷都区金迅路716号
电 话:15076698156	电 话:71824393
日 期:2024 年 01 月 17 日	日 期:2024 年 01 月 17 日

图 7-37-1 采购合同

操作步骤

承业务36：

（1）打开【生产管理】，单击【生产加工单】按钮，单击窗口右上角【上张】按钮，找到机加工车间的生产加工单，单击【工具】按钮，选择采购需求分析，根据采购需求分析，单击【生单】按钮，生成采购订单。

（2）打开【采购管理】，打开采购订单，审核订单。

业务38 1月18日，喷涂车间生产的喷涂件完工入库。产成品入库单如图7-38-1所示。

产成品入库单

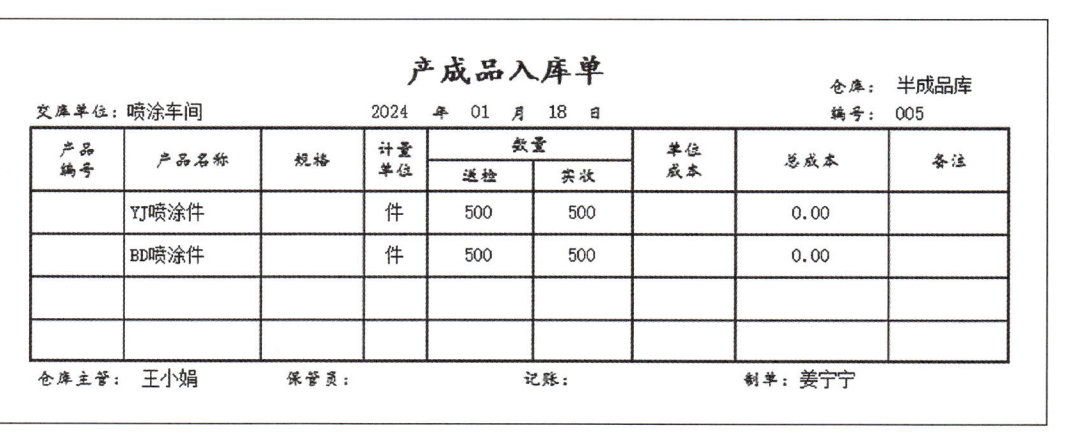

交库单位：喷涂车间　　　2024 年 01 月 18 日　　　仓库：半成品库　　编号：005

产品编号	产品名称	规格	计量单位	数量 送检	数量 实收	单位成本	总成本	备注
	YJ喷涂件		件	500	500		0.00	
	BD喷涂件		件	500	500		0.00	

仓库主管：王小娟　　保管员：　　记账：　　制单：姜宁宁

图7-38-1 产成品入库单

操作步骤

打开【库存核算】，单击【产成品入库单】按钮，新增产成品入库，单击【选单】按钮，单击【选生产加工单】按钮，找到喷涂车间的生产加工单，保存并审核产成品入库单。

业务39 1月18日，为提高生产效率，向宏达设备有限公司购入第二条喷涂流水线全套设备。固定资产采购合同如图7-39-1所示，设备采购电子发票如图7-39-2所示，安装费电子发票如图7-39-3所示，运费电子发票如图7-39-4所示，银行付款回单如图7-39-5所示。

购销合同

合同编号：56392612

购货单位（甲方）：河南永盾门业有限公司
供货单位（乙方）：宏达设备有限公司

根据《中华人民共和国民法典》及国家相关法律、法规之规定，甲乙双方本着平等互利的原则，就甲方购买乙方货物一事达成以下协议。

一、货物的名称、数量及价格：

续上图

货物名称	规格型号	单位	数量	单价	金额	税率	价税合计
喷涂流水线		套	1	200 000.00	200 000.00	13%	226 000.00
安装费		次	1	4 000.00	4 000.00	6%	4 240.00
合计（大写） 贰拾叁万零贰佰肆拾元整							￥230 240.00

二、交货方式和费用承担：交货方式： 销货方送货 ，交货时间： 2024 年 01 月 18 日 前,交货地点： 购货方所在地 ，运费由 购货方 承担。

三、付款时间与付款方式： 供货方负责安装调试,验收合格,结清货款及安装费 。

四、质量异议期：订货方对供货方的货物质量有异议时,应在收到货物后 3 个月 内提出,逾期视为货物质量合格。

五、未尽事宜经双方协商可作补充协议,与本合同具有同等效力。

六、本合同自双方签字、盖章之日起生效;本合同壹式贰份,甲乙双方各执壹份。

甲方（签章）： 乙方（签章）：
授 权 代 表：杨建刚 授 权 代 表：翟明
地 址：洛阳吉利区伟同路 158 号 地 址：宁波市东益路 210 号
电 话：15076698156 电 话：74937562
日 期：2024 年 01 月 10 日 日 期：2024 年 01 月 10 日

图 7-39-1 固定资产采购合同

电子发票（增值税专用发票）

发票号码：24327200000096123505
开票日期：2024年01月18日

购买方信息
名称：河南永盾门业有限公司
统一社会信用代码/纳税人识别号：914103060678100182

销售方信息
名称：宏达设备有限公司
统一社会信用代码/纳税人识别号：91330201M995380726

项目名称	规格型号	单位	数量	单价	金额	税率/征收率	税额
喷涂机 喷涂流水线		套	1	200000	200000.00	13%	26000.00

合 计 ￥200000.00 ￥26000.00

价税合计（大写） ⊗ 贰拾贰万陆仟元整 （小写） ￥226000.00

备注：

开票人：徐婷

图 7-39-2 设备采购电子发票

电子发票（增值税专用发票）

发票号码：24327200000055666109
开票日期：2024年01月18日

| 购买方信息 | 名称：中原宏达机械制造有限公司 统一社会信用代码/纳税人识别号：92410926MA47AU5843 | 销售方信息 | 名称：宏达设备有限公司 统一社会信用代码/纳税人识别号：91330201M995380726 |

项目名称	规格型号	单位	数量	单价	金额	税率/征收率	税额
安装服务 安装费		次	1	4000	4000.00	6%	240.00
合　　计					¥4000.00		¥240.00

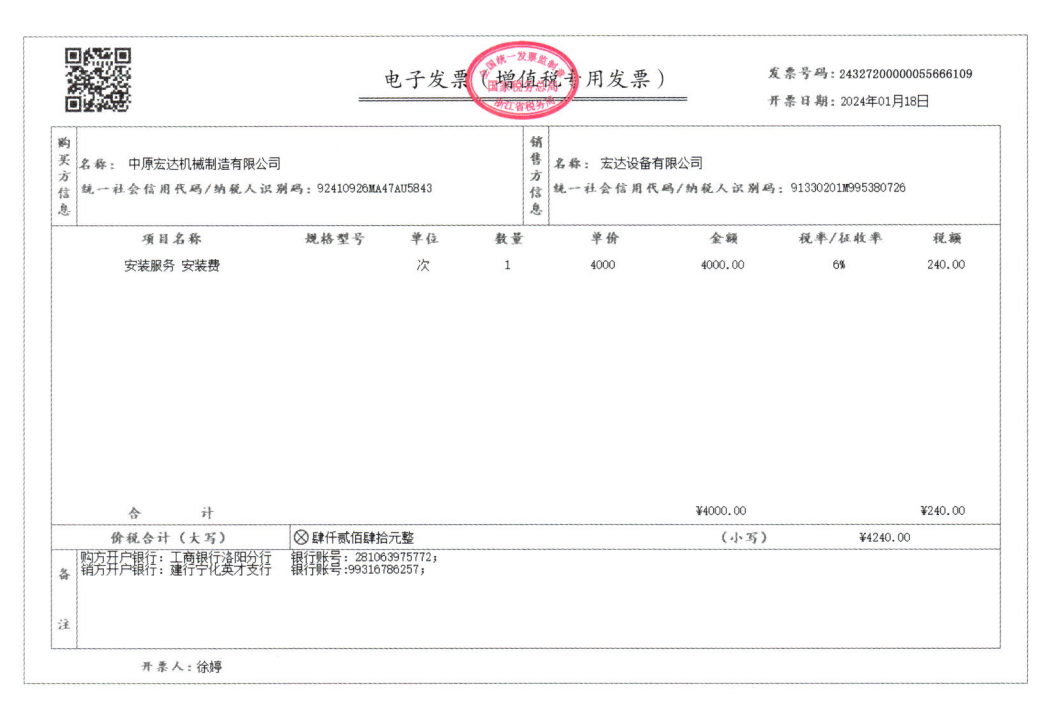

价税合计（大写）：⊗ 肆仟贰佰肆拾元整　　　（小写）¥4240.00

备注：购方开户银行：工商银行洛阳分行　银行账号：281063975772；
　　　销方开户银行：建行宁化英才支行　银行账号：99316786257；

开票人：徐婷

图 7-39-3　安装费电子发票

电子发票（增值税专用发票）

货物运输服务

发票号码：06557457240867866867
开票日期：2024年01月18日

| 购买方信息 | 名称：河南永盾门业有限公司 统一社会信用代码/纳税人识别号：91410306067810O182 | 销售方信息 | 名称：科捷物流有限公司 统一社会信用代码/纳税人识别号：91330201M413384003 |

项目名称	单位	数量	单价	金额	税率/征收率	税额
运输服务 运输费	次	1	6000	6000.00	9%	540.00
合　　计				¥6000.00		¥540.00

运输工具种类	运输工具牌号	起运地	到达地	运输货物名称
公路运输	湘B1982	浙江宁波	河南洛阳	设备

价税合计（大写）：⊗ 陆仟伍佰肆拾元整　　　（小写）¥6540.00

备注：

开票人：高帅

图 7-39-4　运费电子发票

项目七　综合实训

```
中国农业银行        网上银行电子回单
电子回单号码：42940258197
```

付款人	户　名	河南永盾门业有限公司	收款人	户　名	科捷物流有限公司
	账　号	314458118340348		账　号	084813787414136
	开户银行	中国农业银行洛阳吉利区支行		开户银行	工行宁波市安定路支行
金　额		人民币（大写）：陆仟伍佰肆拾元整			¥6,540.00
摘　要			业务种类		
用　途		运费			
交易流水号		84370339774084	时间戳		
备　注					
验证码：79314455					
记账网点	116	记账柜员	530	记账日期	2024年01月18日

打印日期：2024年01月18日

图 7-39-5　银行付款回单

【说明】

本题购置了需要安装的固定资产，先手工填制凭证，待安装完成再进入资产管理。

操作步骤

打开【总账】，单击【填制凭证】按钮，依次录入摘要、会计科目、金额后保存凭证。凭证如图 7-39-6 所示。

记账凭证

凭证类别：记账凭证　　凭证编号 0033　　制单日期 2024-01-18　　附单据数 5

序号	摘要	科目名称	辅助项	借方	贷方
1	购入待安装设备	在建工程		210000.00	
2	购入待安装设备	应交税费-应交增值税-进项税额		26780.00	
3	购入待安装设备	应付账款	宏达设备有限公司		230240.00
4	购入待安装设备	银行存款-农行吉利支行			6540.00
	合计　大写合计	贰拾叁万陆仟柒佰捌拾元整		236780.00	236780.00

图 7-39-6　会计凭证

157

业务 40　1 月 18 日，与郑州通志有限公司签订合同，采购合同如图 7-40-1 所示。

购 销 合 同

合同编号：75331093

购货单位(甲方)：河南永盾门业有限公司

供货单位(乙方)：郑州通志有限公司

根据《中华人民共和国民法典》及国家相关法律、法规之规定，甲乙双方本着平等互利的原则，就甲方购买乙方货物一事达成以下协议。

一、货物的名称、数量及价格：

货物名称	规格型号	单位	数量	单价	金额	税率	价税合计
岩棉		平方米	8 500	8.00	68 000.00	13%	76 840.00
橡胶密封条		米	2 900	2.00	5 800.00	13%	6 554.00
合计(大写)　捌万叁仟叁佰玖拾肆元整							¥83 394.00

二、交货方式和费用承担：交货方式：销货方送货，交货时间：2024 年 01 月 19 日前，交货地点：________，运费由供货方承担。

三、付款时间与付款方式：货到 3 日内付清。

四、质量异议期：订货方对供货方的货物质量有异议时，应在收到货物后 3 日内提出，逾期视为货物质量合格。

五、未尽事宜经双方协商可作补充协议，与本合同具有同等效力。

六、本合同自双方签字、盖章之日起生效；本合同壹式贰份，甲乙双方各执壹份。

甲 方(签 章)：河南永盾门业有限公司	乙 方(签 章)：郑州通志有限公司
授 权 代 表：杨建刚	授 权 代 表：王浩然
地　　址：洛阳吉利区伟同路 158 号	地　　址：郑州惠济区扬妙路 499 号
电　　话：15076698156	电　　话：92896822
日　　期：2024 年 01 月 18 日	日　　期：2024 年 01 月 18 日

图 7-40-1　采购合同

操作步骤

打开【采购管理】，单击【采购订单】按钮，新增采购订单，选择供应商后，依次录入存货名称、数量、无税单价、预计交货日期，保存并审核采购订单。

业务 41　1 月 18 日，向洛阳红景采购包装箱和 PE 保护膜，当日支付订金。采购合同如图 7-41-1 所示，转账支票存根如图 7-41-2 所示。

购 销 合 同

合同编号：35817518

购货单位(甲方)：河南永盾门业有限公司
供货单位(乙方)：洛阳红景包装材料有限公司
根据《中华人民共和国民法典》及国家相关法律、法规之规定,甲乙双方本着平等互利的原则,就甲方购买乙方货物一事达成以下协议。

一、货物的名称、数量及价格：

货物名称	规格型号	单位	数量	单价	金额	税率	价税合计
包装箱		个	900	8.00	7 200.00	13%	8 136.60
PE 保护膜		平方米	8 300	1.50	12 450.00	13%	14 068.50
合计（大写） 贰万贰仟贰佰零肆元伍角整							¥22 204.50

二、交货方式和费用承担：交货方式：__销货方送货__,交货时间：__2024 年 01 月 19 日__前,交货地点：_____,运费由__供货方__承担。

三、付款时间与付款方式：__全款支付订金,款到发货__。
_____。

四、质量异议期：订货方对供货方的货物质量有异议时,应在收到货物后____3 日____内提出,逾期视为货物质量合格。

五、未尽事宜经双方协商可作补充协议,与本合同具有同等效力。

六、本合同自双方签字小盖章之日起生效;本合同壹式贰份,甲乙双方各执壹份。

甲方（签章）：　　　　　　　　　　　乙方（签章）：
授 权 代 表：杨建刚　　　　　　　授 权 代 表：张笑玮
地　　　　址：洛阳吉利区伟同路 158 号　　　地　　　　址：洛阳老城区丰收路 037 号
电　　　　话：15076698156　　　　　电　　　　话：93975849
日　　　　期：2024 年 01 月 18 日　　　日　　　　期：2024 年 01 月 18 日

图 7-41-1　采购合同

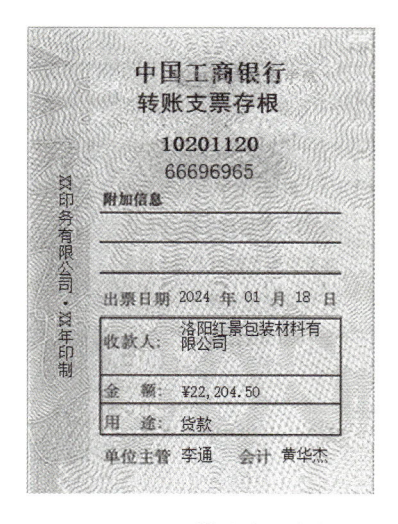

图 7-41-2　转账支票存根

操作步骤

需注意本题的结算银行是工行。

（1）打开【采购管理】，单击【采购订单】按钮，新增采购订单，选择供应商后，表头订金金额栏录入"22 204.50 元"结算方式选择"转账支票"，账户名称为"工行"，依次录入存货名称、数量、无税单价，保存并审核采购订单

（2）打开【往来现金】，单击【付款单】按钮，单击窗口右上角【上张】按钮，找到付款单，审核付款单。

（3）打开【总账】，单击【单据生凭证】按钮，选择付款单，生成凭证。

业务 42　1月19日，向华阳订购的原料到货，收到采购发票、运费发票，当日验收入库。材料入库单如图 7-42-1 所示，材料采购电子发票如图 7-42-2 所示，运费电子发票如图 7-42-3 所示，银行付款回单如图 7-42-4 所示。

材料入库单

发票号码：											
供应单位：华阳钢铁有限公司								收料单编号：0023			
收发类别：				2024 年 01 月 19 日				收料仓库：原材料库			
编号	名称	规格	单位	数量		实际成本					
				应收	实收	买价		运杂费	其他	合计	
						单价	金额				
	冷轧钢板		千克	31500	31500	8.00	252,000.00	1,653.54		253,653.54	
	不锈钢管		千克	6600	6600	11.00	72,600.00	346.46		72,946.46	
	合　计			38100	38100		¥324,600.00	¥2,000.00		¥326,600.00	
	备　注										
采购员：苏大明		检验员：姜宁宁			记账员：			保管员：姜宁宁			

图 7-42-1　材料入库单

操作步骤

承业务 37：

（1）打开【库存管理】，单击【采购入库单】按钮，单击【选单】按钮，选择采购订单，单击【确定】按钮，生成采购入库单，保存并审核采购入库单。在采购入库单窗口，单击【生单】按钮，选择生成进货单（专用发票），生成进货单，保存并审核进货单。

（2）在进货单窗口，单击【生单】按钮，选择生成采购发票（普通采购），生成采购发票，保存并审核采购发票。

电子发票（增值税专用发票）

发票号码：24327200000084622042
开票日期：2024年01月19日

购买方信息	名称：河南永盾门业有限公司 统一社会信用代码/纳税人识别码：914103060678100182		销售方信息	名称：华阳钢铁有限公司 统一社会信用代码/纳税人识别码：914105023674711667				

项目名称	规格型号	单位	数量	单价	金额	税率/征收率	税额
冷轧薄板 冷轧钢板		千克	31500	8	252000.00	13%	32760.00
焊接钢管 不锈钢管		千克	6600	11	72600.00	13%	9438.00
合 计					¥324600.00		¥42198.00

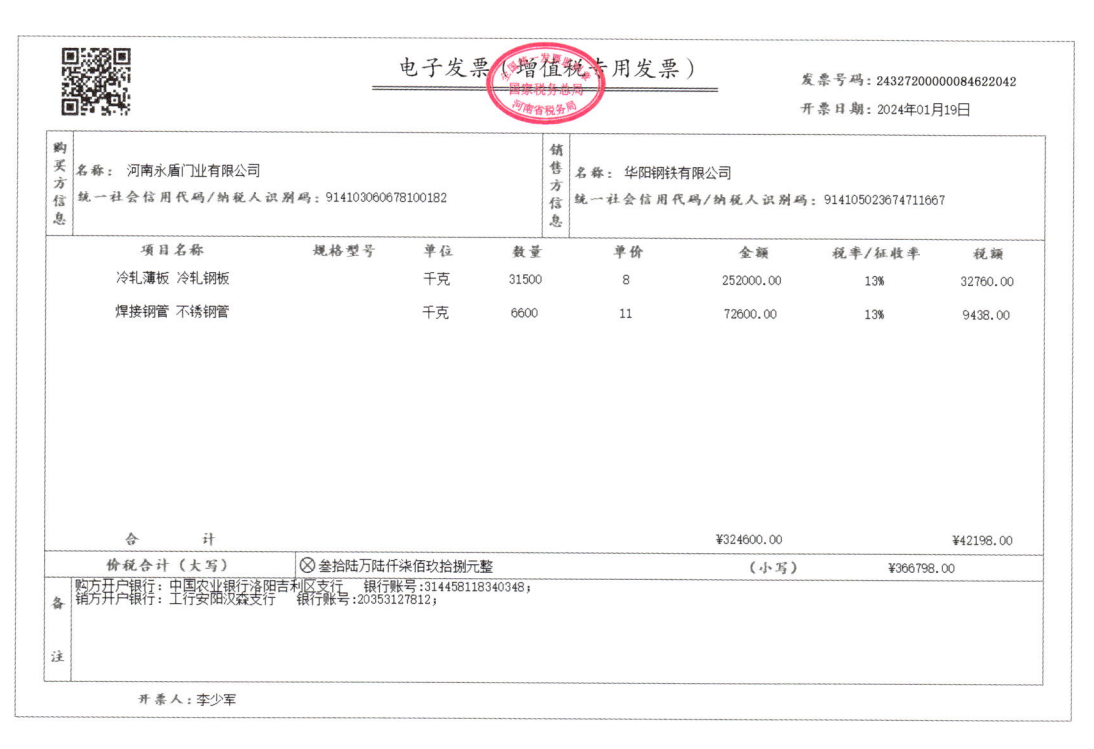

价税合计（大写）⊗ 叁拾陆万陆仟柒佰玖拾捌元整　　（小写）¥366798.00

备注：
购方开户银行：中国农业银行洛阳吉利区支行　银行账号：314458118340348；
销方开户银行：工行安阳汉森支行　银行账号：20353127812；

开票人：李少军

图 7-42-2　材料采购电子发票

电子发票（增值税专用发票）

货物运输服务

发票号码：12585240409497024369
开票日期：2024年01月19日

购买方信息	名称：河南永盾门业有限公司 统一社会信用代码/纳税人识别码：914103060678100182		销售方信息	名称：河南友达物流有限公司 统一社会信用代码/纳税人识别码：91410501M044282543			

项目名称	单位	数量	单价	金额	税率/征收率	税额
运输服务 运输费	次	1	2000	2000.00	9%	180.00
合 计				¥2000.00		¥180.00

运输工具种类	运输工具牌号	起运地	到达地	运输货物名称
公路运输	豫E8705	河南安阳	洛阳孟津	钢板

价税合计（大写）⊗ 贰仟壹佰捌拾元整　　（小写）¥2180.00

备注：

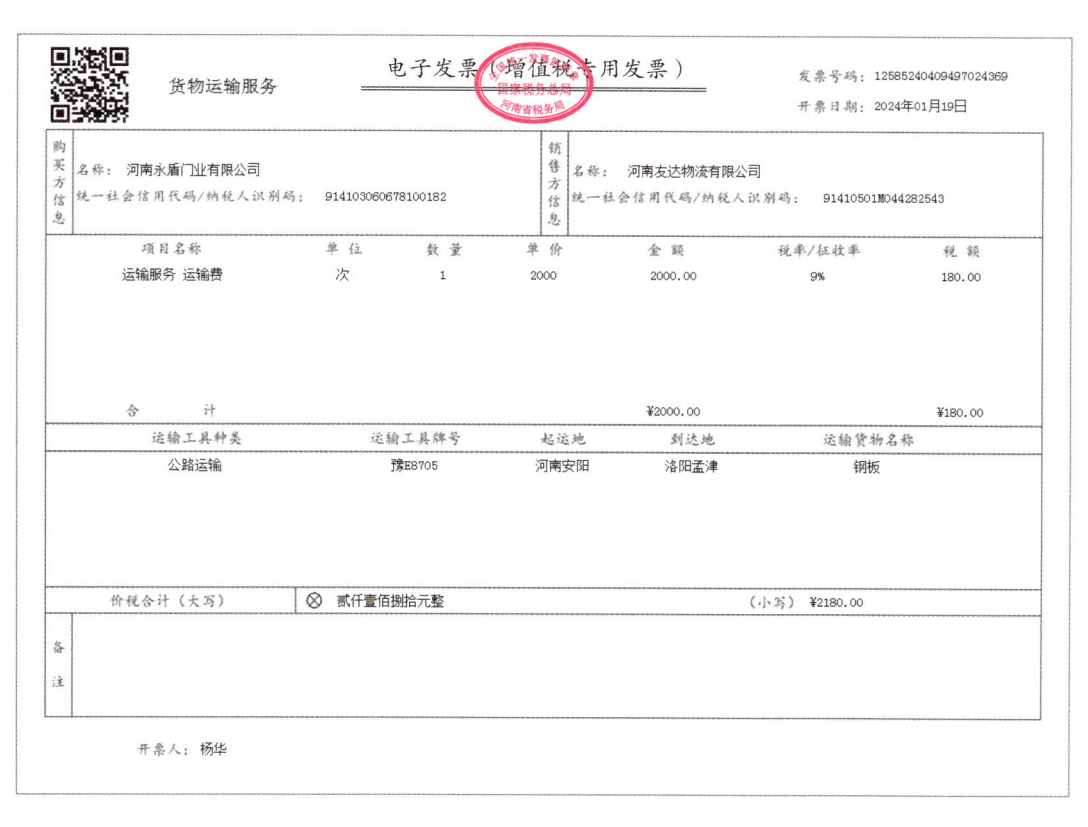

开票人：杨华

图 7-42-3　运费电子发票

[图 7-42-4 银行付款回单]

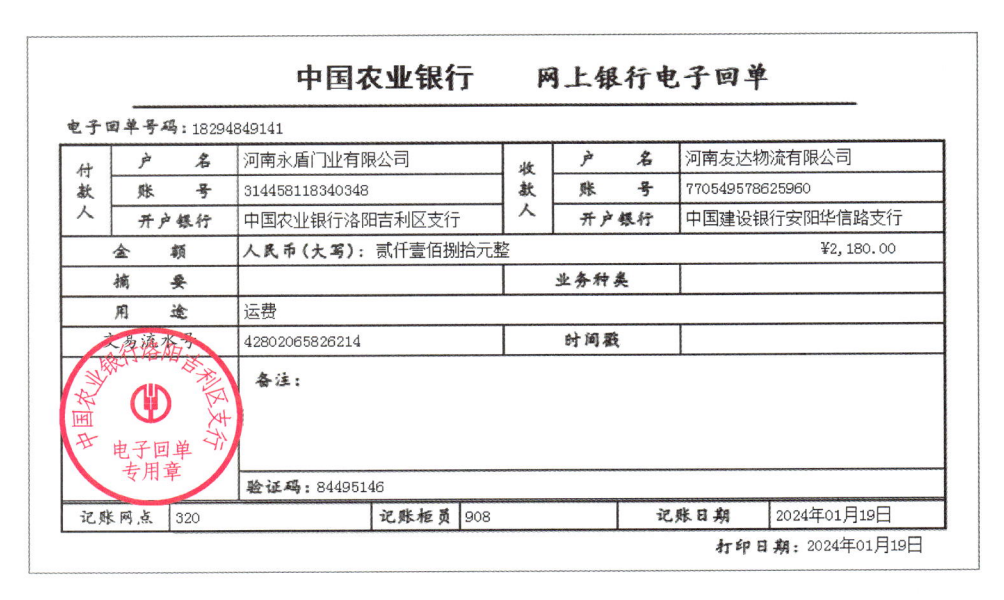

图 7-42-4　银行付款回单

（3）打开【往来现金】，新增费用单，业务类型选择"现金费用"，现结金额栏录入"2 180元"，结算方式选择"网银"，账户名称选择"农行"。单击【费用名称】输入框，打开费用参照，选择"采购运费"，录入金额。保存并审核费用单。

（4）打开【库存核算】，单击【费用分摊单】按钮，单击【选单】按钮，分别选择费用单、采购入库单，分摊方式选择"按数量分摊"，单击【分摊】按钮，系统自动分摊运费。

（5）打开【总账】，单击【单据生凭证】按钮，单据类型选择采购入库单、进货单、费用单，合并生成凭证。

业务 43　1月19日，机加工车间生产领料加工。领料单如图7-43-1和图7-43-2所示。

[领料单 1]

图 7-43-1　领料单1

领 料 单

领料部门：机加工车间
用　途：BD机加工件600件
2024 年 01 月 19 日
编号：018

材料编号	材料名称	规格	计量单位	数量 请领	数量 实发	成本 单价	成本 金额
	冷轧钢板		千克	18000	18000		0.00
	不锈钢管		千克	3600	3600		0.00
合　计				21600	21600		¥0.00

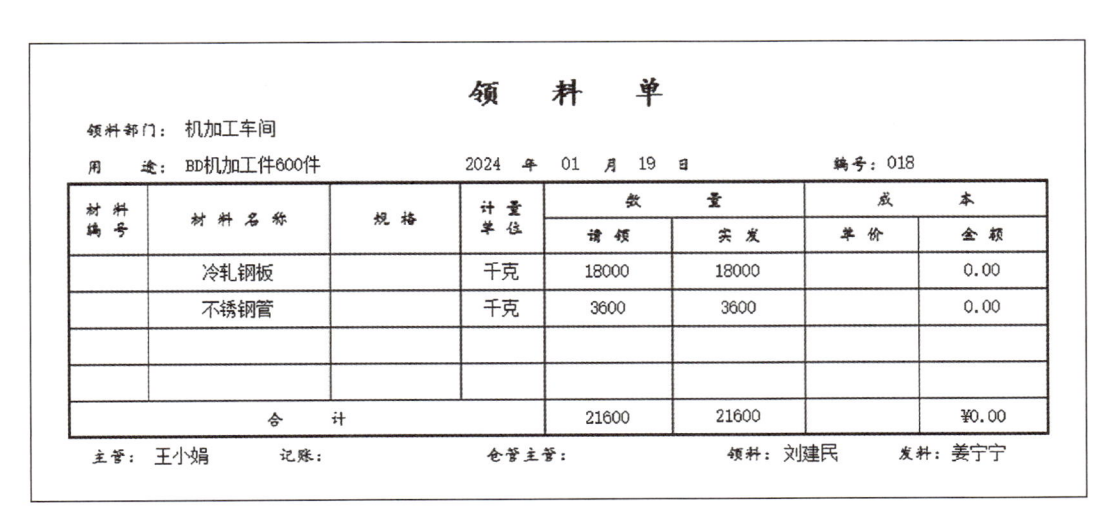

主管：王小娟　记账：　仓管主管：　领料：刘建民　发料：姜宁宁

图 7-43-2　领料单 2

操作步骤

打开【库存核算】，单击【材料出库单】按钮，新增材料出库单，单击【选单】按钮，单击【选生产加工单】按钮，找到机加工车间生产加工单，保存并审核材料出库单。

业务44　1月19日，产品完工入库。向华源家居发出商品并开出销售发票。产成品入库单如图7-44-1所示，销售单如图7-44-2所示，出库单如图7-44-3所示，电子发票如图7-44-4所示。

产成品入库单

交库单位：装配车间
2024 年 01 月 19 日
仓库：成品库
编号：001

产品编号	产品名称	规格	计量单位	数量 送检	数量 实收	单位成本	总成本	备注
	YT高级防盗门		套	200	200		0.00	
	BD普通防盗门		套	100	100		0.00	

仓库主管：王小娟　保管员：　记账：　制单：姜宁宁

图 7-44-1　产成品入库单

销售单

购货单位：	河南华源家居有限公司	地址和电话：	郑州二七区兴虹路537号95510815			单据编号：	6114
纳税识别号：	914101031111122562	开户行及账号：	工行郑州文化支行21999038147			制单日期：	2024年01月19日

编码	产品名称	规格	单位	单价	数量	金额	备注
	YJ高级防盗门		套	1,650.00	300	495,000.00	不含税
	BD普通防盗门		套	1,280.00	300	384,000.00	不含税
合计	人民币（大写）	捌拾柒万玖仟元整				¥879,000.00	
总经理：		销售经理：王晓红	经手人：李大山		会计：	签收人：	

图 7-44-2　销售单

出库单　No. 89172019

购货单位：河南华源家居有限公司　　2024年01月19日

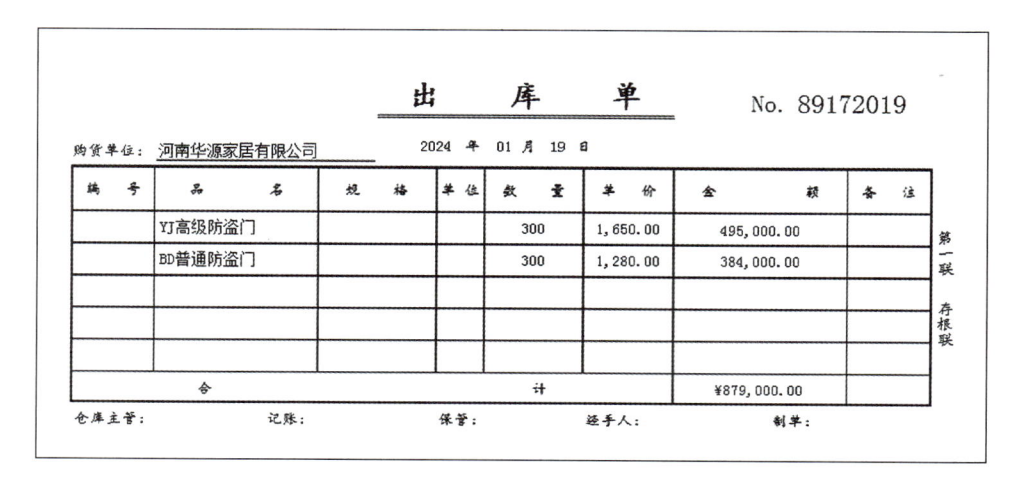

编号	品名	规格	单位	数量	单价	金额	备注
	YJ高级防盗门			300	1,650.00	495,000.00	
	BD普通防盗门			300	1,280.00	384,000.00	
	合			计		¥879,000.00	

仓库主管：　　记账：　　保管：　　经手人：　　制单：

第一联 存根联

图 7-44-3　出库单

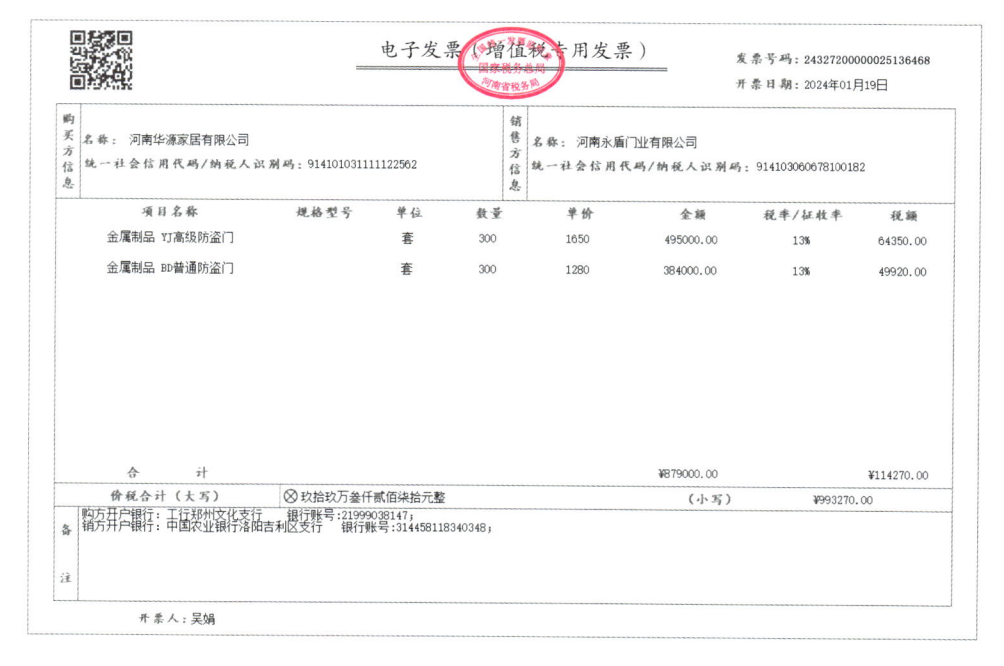

电子发票（增值税专用发票）

发票号码：24327200000025136468
开票日期：2024年01月19日

购买方信息	名称：河南华源家居有限公司 统一社会信用代码/纳税人识别码：914101031111122562	销售方信息	名称：河南永盾门业有限公司 统一社会信用代码/纳税人识别码：914103060678100182

项目名称	规格型号	单位	数量	单价	金额	税率/征收率	税额
金属制品 YJ高级防盗门		套	300	1650	495000.00	13%	64350.00
金属制品 BD普通防盗门		套	300	1280	384000.00	13%	49920.00
合　计					¥879000.00		¥114270.00
价税合计（大写）	⊗玖拾玖万叁仟贰佰柒拾元整				（小写）		¥993270.00

备注：购方开户银行：工行郑州文化支行；银行账号：21999038147；
销方开户银行：中国农业银行洛阳吉利区支行　银行账号：314458118340348；

开票人：吴娟

图 7-44-4　电子发票

操作步骤

承业务11:

(1) 打开【库存核算】,单击【产成品入库单】按钮,新增产成品入库,单击【选单】按钮,单击【选生产加工单】按钮,找到装配车间的生产加工单,保存并审核产成品入库单。

(2) 打开【销售管理】,单击【销售订单】按钮,单击【查找】按钮,选择客户"河南华源",单击【确定】按钮,双击打开销售订单。

(3) 单击该销售订单的【生单】按钮,在下拉列表中选择"生成销货单",进入销货单页面。保存并审核销货单。

(4) 单击该销货单的【生单】按钮,在下拉列表中选择生成销售出库单(普通销售),流转生成销售出库单,进入销售出库单页面,保存并审核销售出库单。

(5) 返回销货单页面,单击该销货单的【生单】按钮,在下拉列表中选择生成销售发票(普通销售),流转生成销售发票,进入销售发票页面,保存并审核销售发票。

(6) 打开【总账】,单击【单据生凭证】按钮,选择销货单生成凭证,保存凭证。

业务45 1月19日,向郑州通志有限公司订购的货物验收入库,收到采购发票。材料入库单如图7-45-1所示,电子发票如图7-45-2所示。

材料入库单

发票号码:
供应单位: 郑州通志有限公司
收料单编号: 0024
收发类别:
2024 年 01 月 19 日
收料仓库: 原材料库

编号	名称	规格	单位	数量 应收	数量 实收	买价 单价	买价 金额	运杂费	其他	合计
	岩棉		平方米	8500	8500	8.00	68,000.00			68,000.00
	橡胶密封条		米	2900	2900	2.00	5,800.00			5,800.00
	合 计			11400	11400		¥73,800.00			¥73,800.00
	备 注									

采购员: 苏大明　　检验员: 姜宁宁　　记账员:　　保管员: 姜宁宁

图 7-45-1 材料入库单

```
电子发票（增值税专用发票）                     发票号码：24327200000042731678
                                              开票日期：2024年01月19日

购买方信息  名称：河南永盾门业有限公司
           统一社会信用代码/纳税人识别号：91410306067810O182

销售方信息  名称：郑州通志有限公司
           统一社会信用代码/纳税人识别号：91410107893884222l
```

项目名称	规格型号	单位	数量	单价	金额	税率/征收率	税额
非金属矿物制品 岩棉		平方米	8500	8	68000.00	13%	8840.00
橡胶密封件 橡胶密封条		米	2900	2	5800.00	13%	754.00

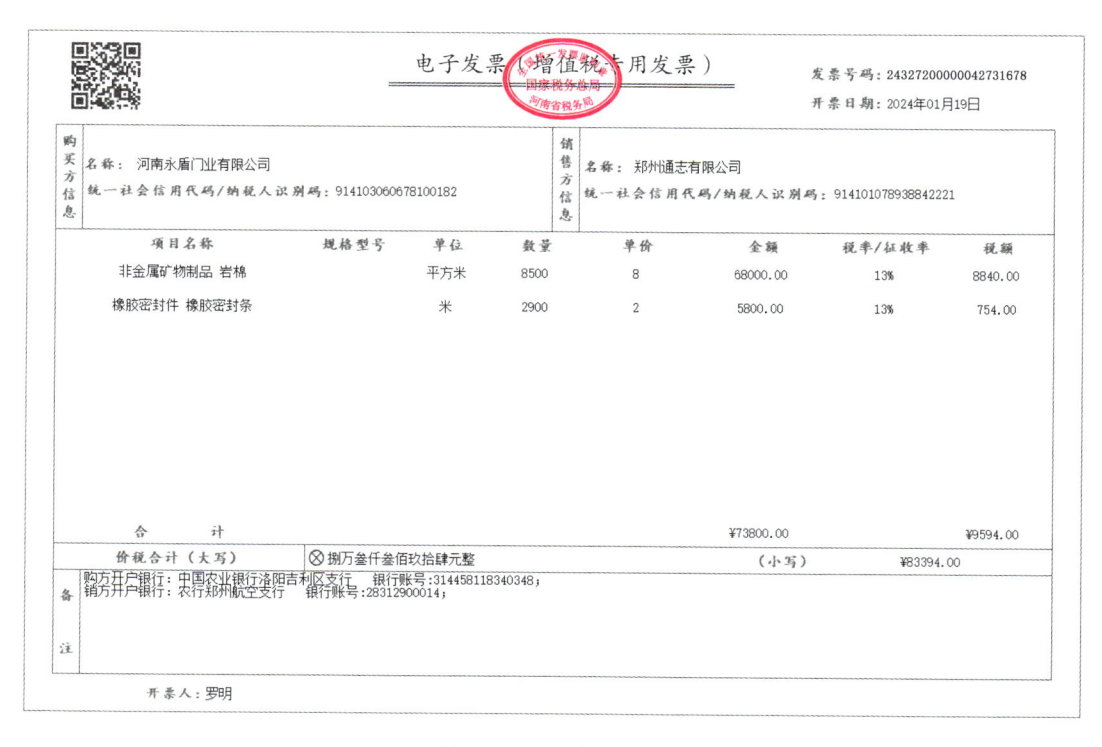

```
合计                                            ¥73800.00              ¥9594.00
价税合计（大写）  ⊗捌万叁仟叁佰玖拾肆元整      （小写）  ¥83394.00

备注：购方开户银行：中国农业银行洛阳吉利区支行   银行账号：314458118340348
     销方开户银行：农行郑州航空支行            银行账号：28312900014
     开票人：罗明
```

图7-45-2　电子发票

操作步骤

承业务40：

（1）打开【库存管理】，单击【采购入库单】按钮，单击【选单】按钮，选择采购订单，单击【确定】按钮，生成采购入库单，保存并审核采购入库单。在采购入库单窗口，单击【生单】按钮，选择生成进货单（专用发票），生成进货单，保存并审核进货单。

（2）在进货单窗口，单击【生单】按钮，选择生成采购发票（普通采购），生成采购发票，保存并审核采购发票。

（3）打开【总账】，单击【单据生凭证】按钮，单据类型选择采购入库单、进货单，合并生成凭证。

业务46　1月19日，收到红景公司采购发票，当日验收入库。材料入库单如图7-46-1所示，电子发票如图7-46-2所示。

材料入库单

发票号码：
供应单位：洛阳红景包装材料有限公司　　　　　　　　　　　　　收料单编号：0025
收发类别：　　　　　　2024 年 01 月 19 日　　　　　　　　　　收料仓库：周转材料库

编号	名称	规格	单位	数量 应收	数量 实收	买价 单价	买价 金额	运杂费	其他	合计
	包装箱		个	900	900	8.00	7,200.00			7,200.00
	PE保护膜		平方米	8300	8300	1.50	12,450.00			12,450.00
	合　　　计			9200	9200		¥19,650.00			¥19,650.00
	备　　　注									

采购员：苏大明　　　检验员：姜宁宁　　　记账员：　　　保管员：姜宁宁

图 7-46-1　材料入库单

电子发票（增值税专用发票）

发票号码：24327200000042715625
开票日期：2024年01月19日

购买方信息
名称：河南永盾门业有限公司
统一社会信用代码/纳税人识别码：91410306067810O182

销售方信息
名称：洛阳红景包装材料有限公司
统一社会信用代码/纳税人识别码：914103026185762599

项目名称	规格型号	单位	数量	单价	金额	税率/征收率	税额
包装用纸及纸板 包装箱		个	900	8	7200.00	13%	936.00
塑料包装箱及容器 PE保护膜		平方米	8300	1.5	12450.00	13%	1618.50

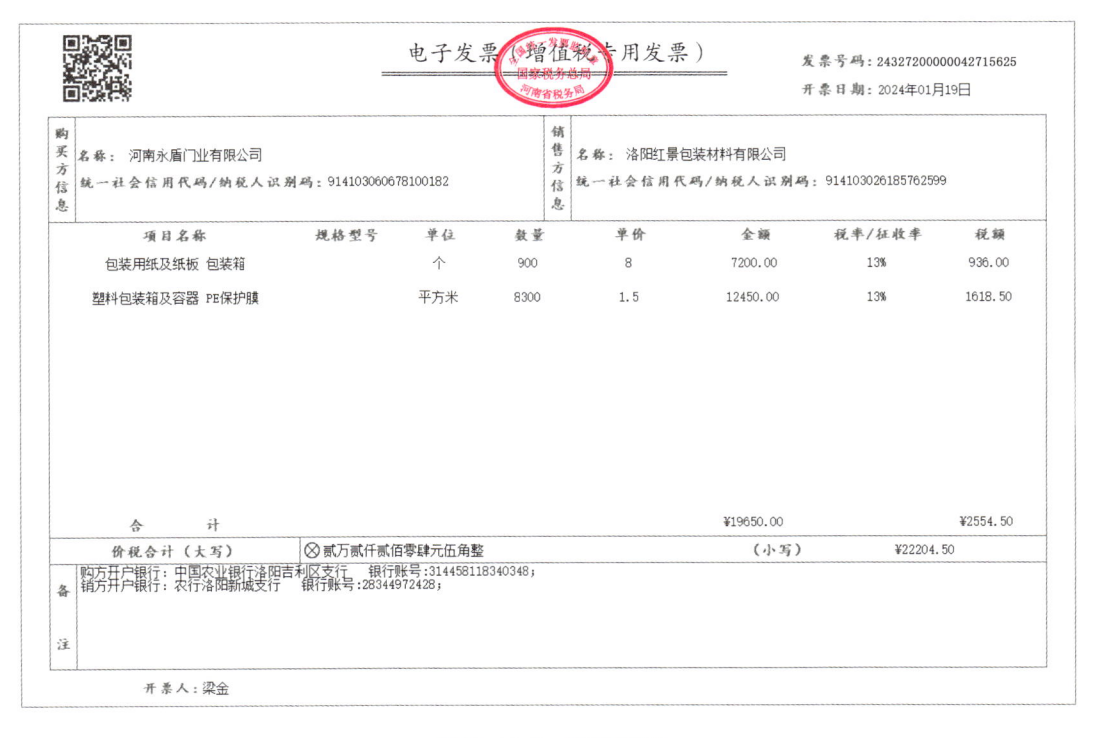

合　　计　　　　　　　　　　　　　　　　　　　　　　　　　　　¥19650.00　　　　¥2554.50
价税合计（大写）　⊗ 贰万贰仟贰佰零肆元伍角整　　　　（小写）　　¥22204.50

备注：
购方开户银行：中国农业银行洛阳吉利区支行　　银行账号：3144581183403 48；
销方开户银行：农行洛阳新城支行　　银行账号：28344972428；

开票人：梁金

图 7-46-2　电子发票

操作步骤

承业务41：

(1) 打开【库存管理】，单击【采购入库单】按钮，单击【选单】按钮，选择采购订单，单击【确定】按钮，生成采购入库单，保存并审核采购入库单。在采购入库单窗口，单击【生单】按钮，选择生成进货单（专用发票），生成进货单，在进货单"使用预付"栏录入"22 204.50 元"，保存并审核进货单。

(2) 在进货单窗口，单击【生单】按钮，选择生成采购发票（普通采购），生成采购发票，保存并审核采购发票。

(3) 打开【总账】，单击【单据生凭证】按钮，单据类型选择采购入库单、进货单、预付冲应付，合并生成凭证。

【说明】

进货单上的使用预付填写后，系统自动在往来现金的往来冲销中生成预付冲应付。

业务 47 1月19日，装配车间领料加工。领料单如图7-47-1所示。

领 料 单

领用部门：装配车间
仓库：半成品库
2024 年 01 月 19 日
编号：858

编号	类别	材料名称	规格	单位	数量请领	数量实发	实际成本单价	实际成本金额
		YJ喷涂件		套	500	500		0.00
		不锈钢轴承合页		个	1000	1000		0.00
		可脱卸旗形合页		个	1000	1000		0.00
		J型防盗锁		个	500	500		0.00
		猫眼		个	1000	1000		0.00
		岩棉		平方米	5500	5500		0.00
		橡胶密封条		米	2500	2500		0.00
		包装箱		个	1000	1000		0.00
		PE保护膜		平方米	9600	9600		0.00
		BD喷涂件		套	500	500		0.00
		D型防盗锁		个	500	500		0.00
	合	计			23600	23600		0.00

用途：YJ高级防盗门500套，BD普通防盗门500套

领料部门		发料部门	
负责人	领料人	核准人	发料人
陈力勇	王兴雷	姜宁宁	姜宁宁

第三联 记账联

图 7-47-1 领料单

操作步骤

打开【库存核算】,单击【材料出库单】按钮,新增材料出库单,单击【选单】按钮,单击【选生产加工单】按钮,找到装配车间生产加工单,保存并审核材料出库单。

业务48 1月20日,收到河南华源支付的货款693 270元,核销结清货款。银行收款回单如图7-48-1所示。

图7-48-1 银行收款回单

操作步骤

承业务44:

(1)打开【往来现金】,新增收款单,选择结算客户后,业务类型选择"普通收款"。录入多结算明细中的结算方式"转账",账号名称为"农行",录入收款金额"693 270元"。

(2)单击【选单】按钮,查询到应收单,勾选"应收单",单击【分摊】按钮,系统自动填写结款金额,保存并审核收款单。

(3)打开【总账】,单击【单据生凭证】按钮,选择收款单后生成凭证,保存凭证。

业务49 1月20日,喷涂流水线安装完成,经检验合格投入使用,当日支付货款。增加方式:在建工程转入,残值率为4%。固定资产验收单如图7-49-1所示,银行付款回单如图7-49-2所示。

固定资产验收单

2024 年 01 月 20 日　　　　　编号：0120

名称	规格型号	来源	数量	购（造）价	使用年限	预计残值
喷涂流水线		在建工程转入	1	206,000.00	10年	8,400.00
安装费	月折旧率	建造单位		交工日期		附件
4,000.00				2024年01月20日		
验收部门	喷涂车间	验收人员	吴晓强	管理部门	喷涂车间	管理人员	陈力勇
备注						

审核：李通　　制单：黄华杰

图 7-49-1　固定资产验收单

中国农业银行　网上银行电子回单

电子回单号码：40134924752

付款人	户　名	河南永盾门业有限公司	收款人	户　名	宏达设备有限公司
	账　号	314458118340348		账　号	99316786257
	开户银行	中国农业银行洛阳吉利区支行		开户银行	建行宁化英才支行
金　额		人民币（大写）：贰拾叁万零贰佰肆拾元整			¥230,240.00
摘　要			业务种类		
用　途		转账			
交易流水号		98036920168985	时间戳		
		备注：			
		验证码：56848035			
记账网点	982		记账柜员	460	记账日期	2024年01月20日

打印日期：2024年01月20日

图 7-49-2　银行付款回单

操作步骤

承业务39：

（1）打开【资产管理】，新增资产，录入资产卡片，增加方式选择"在建工程转入"，取消勾选"抵扣进项税"（因为安装时已经计入进项税），按项目填写卡片并保存。

（2）打开【总账】，单击【单据生凭证】按钮，选择资产卡片单后生成凭证，保存凭证。

（3）打开【总账】，单击【填制凭证】，填制支付设备款 230 240 元凭证。

业务 50　1 月 20 日，支付货款 121 316.8 元，核销结清货款。银行付款回单如图 7-50-1 所示。

图 7-50-1　银行付款回单

承业务 45：

（1）打开【往来现金】，新增付款单，选择结算客户后，业务类型选择"普通付款"。录入多结算明细中的结算方式"网银"，账号名称为"农行"，录入付款金额"121 316.80 元"。

（2）单击【选单】按钮，选择应付单，单击【分摊】按钮，系统自动填写结款金额，保存并审核付款单。

（3）打开【总账】，单击【单据生凭证】按钮，选择付款单后生成凭证，保存凭证。

业务 51　1 月 20 日，收到雅丹的进货单和采购发票，当日验收入库。采购合同如图 7-51-1 所示，材料入库单如图 7-51-2 所示，电子发票如图 7-53-3 所示。

购 销 合 同

合同编号：88724234

购货单位(甲方)：河南永盾门业有限公司
供货单位(乙方)：雅丹化工建材有限公司

根据《中华人民共和国民法典》及国家相关法律、法规之规定，甲乙双方本着平等互利的原则，就甲方购买乙方货物一事达成以下协议：

一、货物的名称、数量及价格：

货物名称	规格型号	单位	数量	单价	金额	税率	价税合计
塑粉		千克	840	14.00	11 760.00	13%	13 288.80
磷化液		千克	620	9.00	5 580.00	13%	6 305.40
合计(大写)	壹万玖仟伍佰玖拾肆元贰角整						¥19 594.20

二、交货方式和费用承担：交货方式：__销货方送货__，交货时间：__2024 年 01 月 20 日__前，交货地点：_____，运费由_____承担。

三、付款时间与付款方式：__货到 10 日内付清全款__
_____。

四、质量异议期：订货方对供货方的货物质量有异议时，应在收到货物后__3 日__内提出，逾期视为货物质量合格。

五、未尽事宜经双方协商可作补充协议，与本合同具有同等效力。

六、本合同自双方签字、盖章之日起生效；本合同壹式贰份，甲乙双方各执壹份。

甲方（签章）：	乙方（签章）：
授 权 代 表：杨建刚	授 权 代 表：罗明
地　　　　址：洛阳吉利区伟同路 158 号	地　　　　址：济南历下区森道路 218 号
电　　　　话：15076698156	电　　　　话：21072464
日　　　　期：2024 年 01 月 20 日	日　　　　期：2024 年 01 月 20 日

图 7-51-1　采购合同

材料入库单

发票号码：
供应单位：雅丹化工建材有限公司
收发类别：　　　　2024 年 01 月 20 日
收料单编号：0026
收料仓库：原材料库

编号	名称	规格	单位	数量		实际成本				
				应收	实收	买价		运杂费	其他	合计
						单价	金额			
	塑粉		千克	840	840	14.00	11,760.00			11,760.00
	磷化液		千克	620	620	9.00	5,580.00			5,580.00
	合　　　计			1460	1460		¥17,340.00			¥17,340.00
	备　　　注									

采购员：苏大明　　　检验员：姜宁宁　　　记账员：　　　保管员：姜宁宁

图 7-51-2　材料入库单

电子发票（增值税专用发票）						发票号码：24327200000000210285	
						开票日期：2024年01月20日	
购买方信息	名称：河南永盾门业有限公司 统一社会信用代码/纳税人识别号：914103060678100182			销售方信息	名称：雅丹化工建材有限公司 统一社会信用代码/纳税人识别号：913701026992988105		
项目名称	规格型号	单位	数量	单价	金额	税率/征收率	税额
其他塑料制品 塑粉		千克	840	14	11760.00	13%	1528.80
金属表面处理剂 磷化液		千克	620	9	5580.00	13%	725.40
合　　计					¥17340.00		¥2254.20
价税合计（大写）	⊗壹万玖仟伍佰玖拾肆元贰角整				（小写）¥19594.20		
备注	购方开户银行：中国农业银行洛阳吉利区支行　银行账号：314458118340348； 销方开户银行：建行济南泉城支行　银行账号：46442698935；						
开票人：徐博							

图 7-51-3　电子发票

操作步骤

承业务36：

（1）打开【生产管理】，单击【生产加工单】按钮，单击【查找】按钮(快捷键 Alt＋K)，填写生产车间为喷涂车间，按预计开工日期选择生产加工单，单击【确定】按钮。找到对应生产加工单，双击打开，单击【工具】按钮，选择采购需求分析，根据采购需求分析，单击【生单】按钮，生成采购订单。

（2）打开【采购管理】，单击【采购订单】按钮，单击【上张】按钮，审核订单，单击【生单】按钮，生成采购入库单，保存并审核采购入库单，在采购入库单窗体，单击【生单】按钮，生成进货单。保存并审核进货单。在进货单窗体，单击【生单】按钮，生成采购发票(专用发票)，保存并审核采购发票。

（3）打开【总账】，单击【单据生凭证】按钮，单据类型选择采购入库单、进货单，合并生成凭证。

业务52　1月21日，装配车间产成品完工入库。产成品入库单如图 7-52-1 所示。

操作步骤

打开【库存核算】，单击【产成品入库单】按钮，新增产成品入库，单击【选单】按钮，单击【选生产加工单】按钮，找到装配车间的生产加工单，参照生成产成品入库单，保存并审核产成品入库单。

产成品入库单

交库单位：装配车间　　2024 年 01 月 21 日　　仓库：成品库　编号：002

产品编号	产品名称	规格	计量单位	数量(送检)	数量(实收)	单位成本	总成本	备注
	YJ高级防盗门		套	500	500		0.00	
	BD普通防盗门		套	500	500		0.00	

仓库主管：王小娟　　保管员：　　记账：　　制单：姜宁宁

图 7-52-1　产成品入库单

业务 53　1 月 21 日，向重庆康达门业发出商品，当日开出发票并收到银行承兑汇票。销售单如图 7-53-1 所示，出库单如图 7-53-2 所示，电子发票如图 7-53-3 所示，银行承兑汇票如图 7-53-4 所示。

销售单

购货单位：重庆康达门业有限公司　　地址和电话：万州区圣彩路512号51464975　　单据编号：6547
纳税识别号：91500101477065385　　开户行及账号：中行万州江波支行77833108109　　制单日期：2024年01月21日

编码	产品名称	规格	单位	单价	数量	金额	备注
	YJ高级防盗门		套	1,630.00	500	815,000.00	
	BD普通防盗门		套	1,250.00	500	625,000.00	
合计	人民币（大写）：壹佰肆拾肆万元整					¥1,440,000.00	

总经理：　　销售经理：王晓红　　经手人：李大山　　会计：　　签收人：

图 7-53-1　销售单

出 库 单　　No. 89172020

购货单位：重庆康达门业有限公司　　2024 年 01 月 21 日

编号	品名	规格	单位	数量	单价	金额	备注
	YJ高级防盗门			500	1,630.00	815,000.00	
	BD普通防盗门			500	1,250.00	625,000.00	
	合计					¥1,440,000.00	

仓库主管：　　记账：　　保管：　　送手人：　　制单：

第一联 存根联

图 7-53-2　出库单

图 7-53-3　电子发票

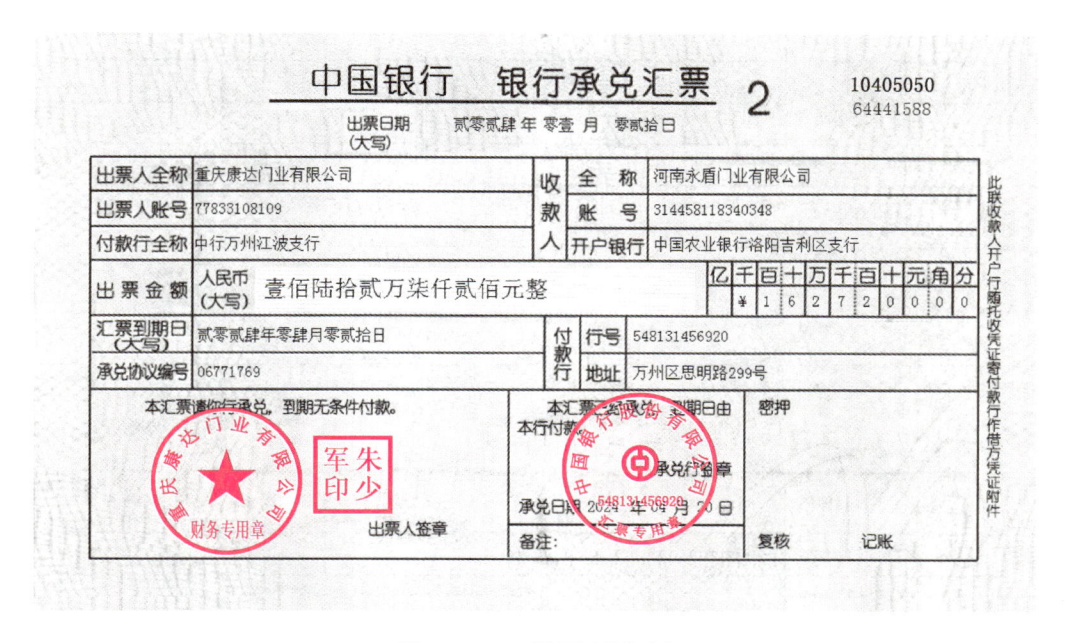

图 7-53-4　银行承兑汇票

操作步骤

（1）打开【销售管理】，单击【销售订单】按钮，单击【查找】按钮，选择客户"重庆康达"，单击【确定】按钮，双击打开销售订单。

(2) 单击该销售订单的【生单】按钮,在下拉列表中选择"生成销货单",进入销货单页面。保存并审核销货单。

(3) 单击该销货单的【生单】按钮,在下拉列表中选择生成销售出库单(普通销售),流转生成销售出库单,进入销售出库单页面,保存并审核销售出库单。

(4) 返回销货单页面,单击该销货单的【生单】按钮,在下拉列表中选择生成销售发票(普通销售),流转生成销售发票,进入销售发票页面,保存并审核销售发票。

(5) 打开【总账】,单击【单据生凭证】按钮,选择销货单生成凭证,保存凭证。

业务 54 1月21日,喷涂车间加工完工300件YJ喷涂件和300件BD喷涂件,投入下一个工序;机加工车间完工300件YJ机加工件和600件BD机加工件,投入下一个工序。喷涂车间、机加工车间的产成品入库单分别如图7-54-1和图7-54-2所示,装配车间领料单如图7-54-3所示。

产成品入库单

交库单位:喷涂车间　　2024 年 01 月 21 日　　仓库:半成品库　编号:006

产品编号	产品名称	规格	计量单位	数量送检	数量实收	单位成本	总成本	备注
0401	YJ喷涂件		件	300	300		0.00	
0402	BD喷涂件		件	300	300		0.00	

仓库主管:王小娟　　保管员:　　记账:　　制单:

图 7-54-1　喷涂车间产成品入库单

产成品入库单

交库单位:机加工车间　　2024 年 01 月 21 日　　仓库:半成品库　编号:007

产品编号	产品名称	规格	计量单位	数量送检	数量实收	单位成本	总成本	备注
	YJ机加工件		件	300	300		0.00	
	BD机加工件		件	600	600		0.00	

仓库主管:王小娟　　保管员:　　记账:　　制单:

图 7-54-2　机加工车间产成品入库单

领 料 单

领用部门：装配车间
仓库：半成品库　　　　　2024 年 01 月 21 日　　　　　编号：190

编号	类别	材料名称	规格	单位	数量 请领	数量 实发	实际成本 单价	实际成本 金额
		YJ喷涂件		套	300	300		0.00
		不锈钢轴承合页		个	600	600		0.00
		可脱卸旗形合页		个	600	600		0.00
		J型防盗锁		个	300	300		0.00
		猫眼		个	600	600		0.00
		岩棉		平方米	3300	3300		0.00
		橡胶密封条		米	1500	1500		0.00
		包装箱		个	600	600		0.00
		PE保护膜		平方米	5760	5760		0.00
		BD喷涂件		套	300	300		0.00
		D型防盗锁		个	300	300		0.00
合　　　　　计					14160	14160		0.00

用途：YJ高级防盗门300套，BD普通防盗门300套

领料部门		发料部门	
负责人	领料人	核准人	发料人
陈力勇	王兴雷	姜宁宁	姜宁宁

第三联 记账联

图 7-54-3　装配车间领料单

操作步骤

（1）打开【库存核算】，单击【产成品入库单】按钮，新增产成品入库，单击【选单】按钮，单击【选生产加工单】按钮，找到喷涂车间的生产加工单，参照生成产成品入库单，保存并审核产成品入库单。

（2）打开【库存核算】，单击【产成品入库单】按钮，新增产成品入库，单击【选单】按钮，单击【选生产加工单】按钮，找到机加工车间的生产加工单，参照生成产成品入库单，保存并审核产成品入库单。

（3）打开【库存核算】，单击【材料出库单】按钮，新增材料出库单，单击【选单】按钮，单击【选生产加工单】按钮，找到装配车间生产加工单，保存并审核材料出库单。

业务 55　1月22日，装配车间加工完成300件YJ高级门和300件BD普通门，转入成品库。喷涂车间加工领料生产300件YJ喷涂件和600件BD喷涂件。装配车间产成品入库单如图7-55-1所示，喷涂车间领料单如图7-55-2和图7-55-3所示。

177

产成品入库单

交库单位：装配车间　　　　　2024 年 01 月 22 日　　　　　仓库：成品库　　编号：712

产品编号	产品名称	规格	计量单位	数量(送检)	数量(实收)	单位成本	总成本	备注
	YJ高级防盗门		套	300	300		0.00	
	BD普通防盗门		套	300	300		0.00	

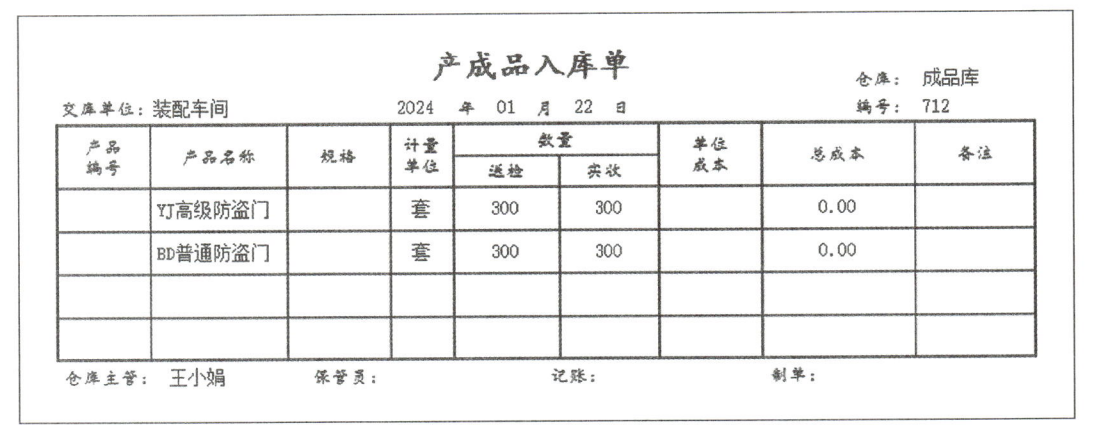

仓库主管：王小娟　　保管员：　　记账：　　制单：

图 7-55-1　装配车间产成品入库单

领 料 单

领料部门：喷涂车间
用　　途：YJ喷涂件300件　　　2024 年 01 月 22 日　　编号：019

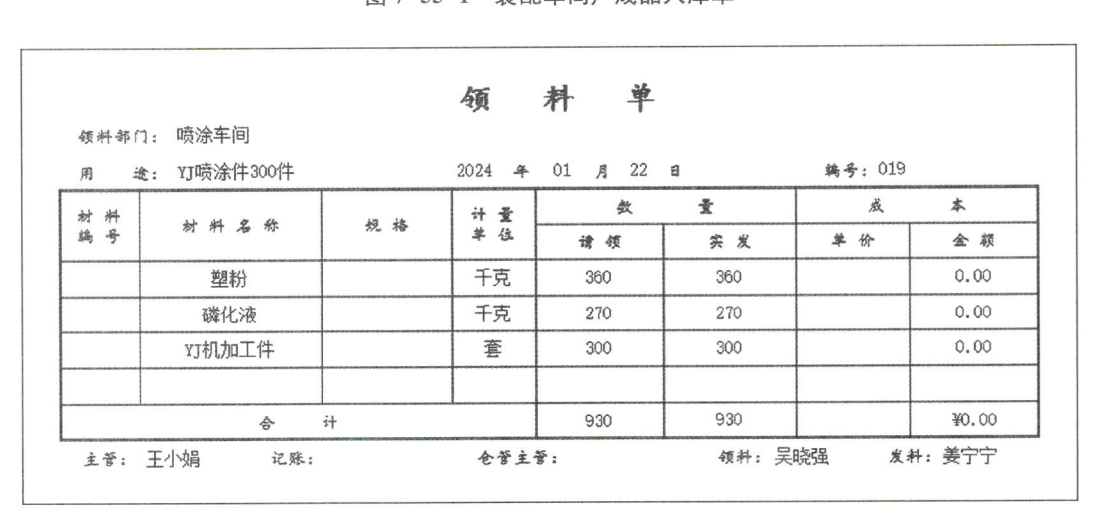

材料编号	材料名称	规格	计量单位	数量(请领)	数量(实发)	成本(单价)	成本(金额)
	塑粉		千克	360	360		0.00
	磷化液		千克	270	270		0.00
	YJ机加工件		套	300	300		0.00
	合　　计			930	930		¥0.00

主管：王小娟　记账：　仓管主管：　领料：吴晓强　发料：姜宁宁

图 7-55-2　喷涂车间领料单1

领 料 单

领料部门：喷涂车间
用　　途：BD喷涂件600件　　　2024 年 01 月 22 日　　编号：020

材料编号	材料名称	规格	计量单位	数量(请领)	数量(实发)	成本(单价)	成本(金额)
	塑粉		千克	480	480		0.00
	磷化液		千克	360	360		0.00
	BD机加工件		套	600	600		0.00
	合　　计			1440	1440		¥0.00

主管：王小娟　记账：　仓管主管：　领料：吴晓强　发料：姜宁宁

图 7-55-3　喷涂车间领料单2

操作步骤

（1）打开【库存核算】，单击【产成品入库单】按钮，新增产成品入库单，单击【选单】按钮，单击【选生产加工单】按钮，找到装配车间的生产加工单，参照生成产成品入库单，保存并审核产成品入库单。

（2）打开【库存核算】，单击【材料出库单】按钮，新增材料出库单，单击【选单】按钮，单击【选生产加工单】按钮，找到喷涂车间生产加工单，保存并审核材料出库单。

业务 56　1月22日，向中原兴盼发货，开出发票，当日收到货款。销售单如图7-56-1所示，出库单如图7-56-2所示，电子发票如图7-56-3所示，银行收款回单如图7-56-4所示。

销售单

购货单位:	中原兴盼门业有限公司	地址和电话:	郑州中原区名爱路004号53347001	单据编号:	7067
纳税识别号:	914101035890225313	开户行及账号:	工行郑州健康支行21993000019	制单日期:	2024年01月22日

编码	产品名称	规格	单位	单价	数量	金额	备注
	YJ高级防盗门		套	1,650.00	300	495,000.00	不含税
	BD普通防盗门		套	1,250.00	300	375,000.00	不含税
合计	人民币（大写）：捌拾柒万元整					¥870,000.00	

总经理：　　销售经理：王晓红　　经手人：李大山　　会计：　　签收人：

图 7-56-1　销售单

出　库　单　　No. 89172021

购货单位：中原兴盼门业有限公司　　2024 年 01 月 22 日

编号	品名	规格	单位	数量	单价	金额	备注
	YJ高级防盗门			300	1,650.00	495,000.00	
	BD普通防盗门			300	1,250.00	375,000.00	
	合			计		¥870,000.00	

仓库主管：　　记账：　　保管：　　经手人：　　制单：

图 7-56-2　出库单

电子发票（增值税专用发票）

发票号码：24327200000076847257
开票日期：2024年01月22日

购买方信息	名称：中原兴盼门业有限公司 统一社会信用代码/纳税人识别码：914101035890225313
销售方信息	名称：河南永盾门业有限公司 统一社会信用代码/纳税人识别码：914103060678100182

项目名称	规格型号	单位	数量	单价	金额	税率/征收率	税额
金属制品 YJ高级防盗门		套	300	1650	495000.00	13%	64350.00
金属制品 BD普通防盗门		套	300	1250	375000.00	13%	48750.00
合　计					¥870000.00		¥113100.00

价税合计（大写）　⊗玖拾捌万叁仟壹佰元整　　（小写）　¥983100.00

备注：
购方开户银行：工行郑州健康支行　银行账号：21993000019；
销方开户银行：中国农业银行洛阳吉利区支行　银行账号：314458118340348；

开票人：吴娟

图 7-56-3　电子发票

中国农业银行单位客户专用回单　NO.

2024 年 01 月 22 日　　流水号：1461006554313452

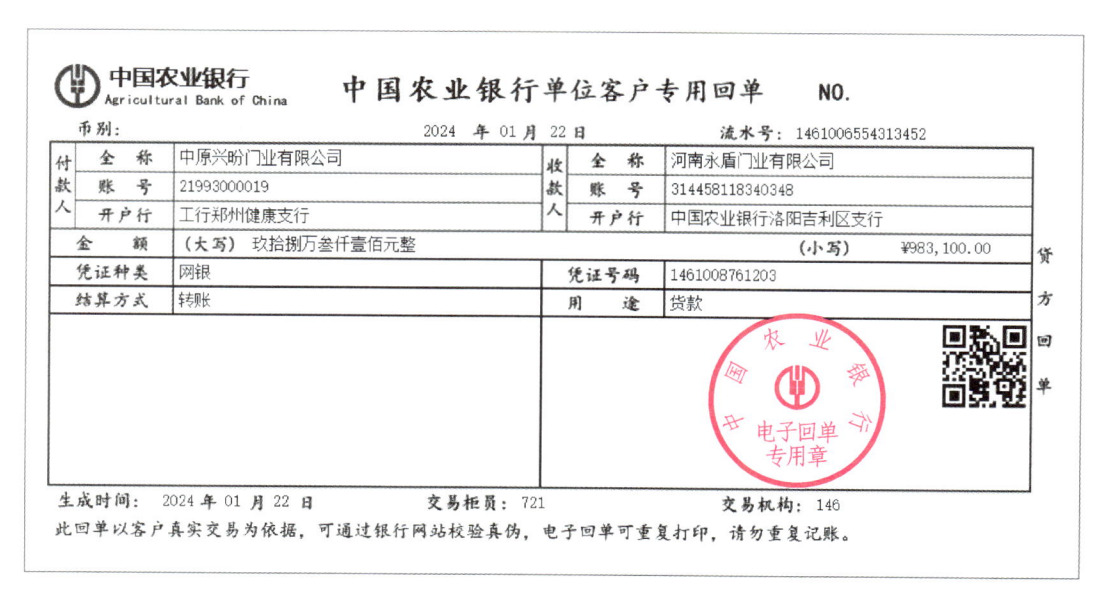

付款人	全称	中原兴盼门业有限公司	收款人	全称	河南永盾门业有限公司
	账号	21993000019		账号	314458118340348
	开户行	工行郑州健康支行		开户行	中国农业银行洛阳吉利区支行

金额　（大写）玖拾捌万叁仟壹佰元整　　（小写）　¥983,100.00

凭证种类：网银　　凭证号码：1461008761203
结算方式：转账　　用途：货款

生成时间：2024 年 01 月 22 日　　交易柜员：721　　交易机构：146
此回单以客户真实交易为依据，可通过银行网站校验真伪，电子回单可重复打印，请勿重复记账。

图 7-56-4　银行收款回单

操作步骤

（1）打开【销售管理】，单击【销售订单】按钮，单击【查找】按钮，选择客户"中原兴盼"，单击【确定】按钮，双击打开销售订单。

（2）单击该销售订单的【生单】按钮，在下拉列表中选择"生成销货单"，进入销货单页面。在销货单表头填写【现结金额】"983 100元"，保存并审核销货单。

（3）单击该销货单的【生单】按钮，在下拉列表中选择生成销售出库单（普通销售），流转生成销售出库单，进入销售出库单页面，保存并审核销售出库单。

（4）返回销货单页面，单击该销货单的【生单】按钮，在下拉列表中选择生成销售发票（普通销售），流转生成销售发票，进入销售发票页面，保存并审核销售发票。

（5）打开【往来现金】，单击【收款单】按钮，单击【上张】按钮，审核收款单。

（6）打开【总账】，单击【单据生凭证】按钮，选择销货单生成凭证，保存凭证。

业务57　1月24日，收到长远资产管理有限公司房屋租赁发票，支付厂房及办公楼租金，并摊销本月费用。电子发票如图7-57-1所示，不动产租金分配表如图7-57-2所示，银行付款回单如图7-57-3所示。

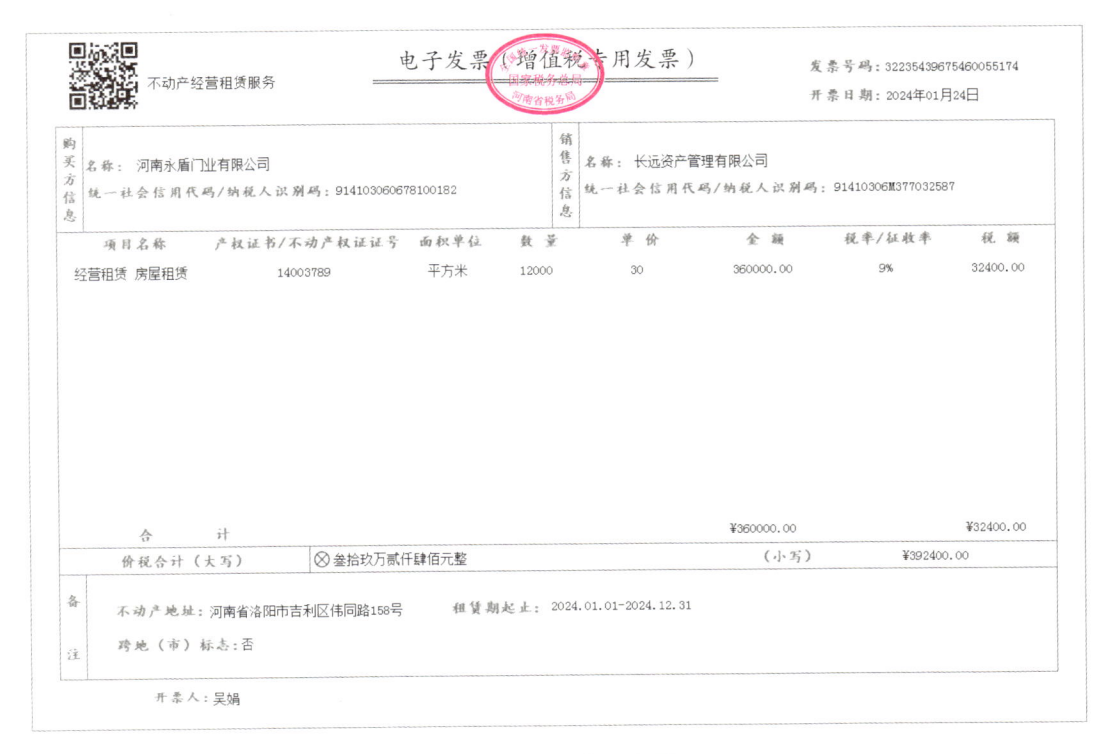

图 7-57-1　电子发票

不动产租金分配表

企业名称：河南永盾门业有限公司　　2024年01月24日　　单位：元

项目	时间	总金额	每月租金
厂房	2024.01-2024.12	240,000.00	20,000.00
办公楼	2024.01-2024.12	120,000.00	10,000.00
合计		¥360,000.00	¥30,000.00

会计主管：李通　　复核：黄华杰　　制单：曹敏

图 7-57-2　不动产租金分配表

中国农业银行　网上银行电子回单

电子回单号码：49582751863

付款人	户名	河南永盾门业有限公司	收款人	户名	长远资产管理有限公司
	账号	314458118340348		账号	38671071251
	开户银行	中国农业银行洛阳吉利区支行		开户银行	农行吉利洪波支行

金额	人民币(大写)：叁拾玖万贰仟肆佰元整	¥392,400.00
摘要		业务种类
用途	转账	
交易流水号	81812922459584	时间戳　2024年01月24日9时48分
备注		
验证码	76957058	

记账网点 182　　记账柜员 032　　记账日期 2024年01月24日

打印日期：2024年01月24日

图 7-57-3　银行付款回单

操作步骤

（1）打开【基础设置】，单击【科目】按钮，新增管理费用明细科目"租赁费"和制造费用明细科目"租赁费"。

(2) 打开【总账】，单击【填制凭证】按钮，分别填制支付租金凭证和分摊本月租金凭证。

业务 58　1月24日，现金支付电话费1 000元。电子发票如图7-58-1所示。

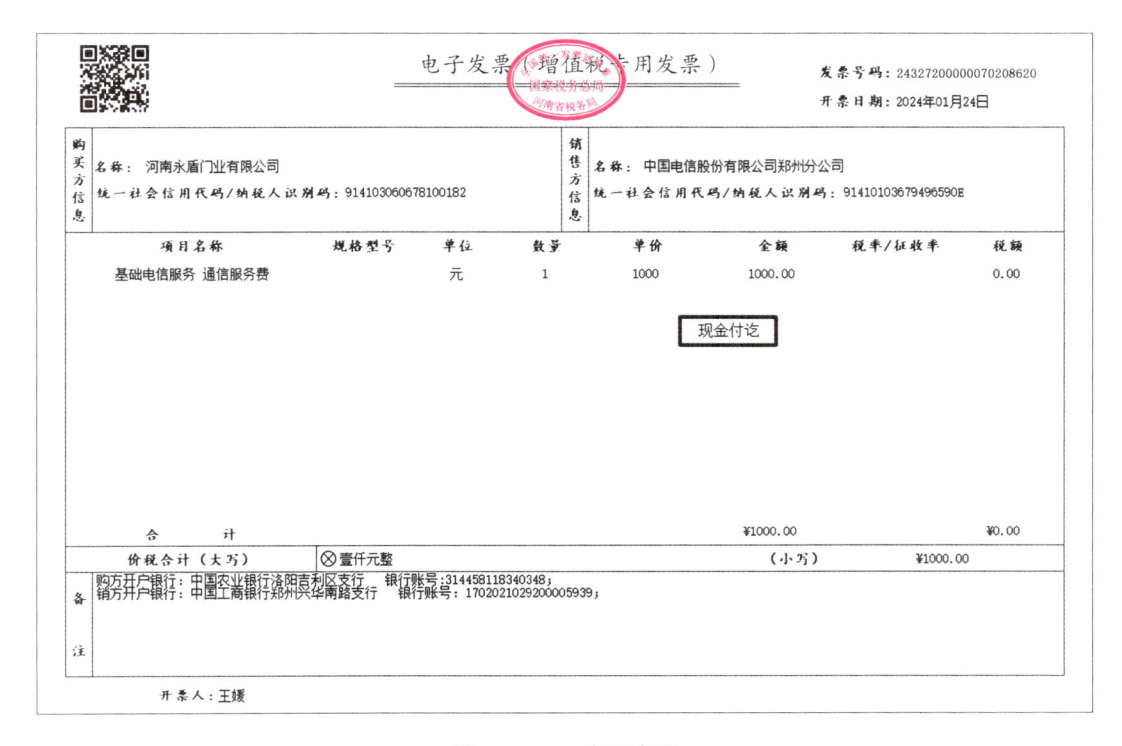

图 7-58-1　电子发票

操作步骤

（1）打开【基础设置】，单击【费用】按钮，新增费用，录入代码为"03"，名称为"通信服务费"，费用类型为"其他费用"，税率为"0"，单击【确定】按钮，保存。

（2）打开【基础设置】，单击【科目】按钮，新增管理费用明细科目"通信服务费"。

（3）打开【往来现金】，单击【费用单】按钮，新增费用单，业务类型为"现金费用"，票据类型为"普通发票"，表头【现结金额】填写"1 000元"，结算方式选择"现金"，账户名称选择"现金"。

（4）打开【总账】，单击【科目设置】按钮，选择【费用科目】的扩展设置，新增费用类型为"其他费用"，费用为"通信服务费"，科目为"管理费用——通信服务费"。

（5）打开【总账】，单击【单据生凭证】按钮，选择费用单，生成凭证。

业务 59　1月25日，支付并分摊本月水费。电子发票如图7-59-1所示，银行付款回单如图7-59-2所示，水费分配单如图7-59-3所示。

电子发票（增值税专用发票）

发票号码：24327200000016288724
开票日期：2024年01月24日

购买方信息	名称：河南永盾门业有限公司 统一社会信用代码/纳税人识别号：91410306067810182	销售方信息	名称：洛阳水务集团有限公司 统一社会信用代码/纳税人识别号：9141030000124392

项目名称	规格型号	单位	数量	单价	金额	税率/征收率	税额
水冰雪 水费		吨	300	4.7	1410.00	9%	126.90
合　计					¥1410.00		¥126.90

价税合计（大写）　⊗　壹仟伍佰叁拾陆元玖角整　　　（小写）　¥1536.90

购方开户银行：中国农业银行洛阳吉利区支行　银行账号：314458118340348
销方开户银行：中国工商银行民生支行　　　　银行账号：179890760032

备注：

图 7-59-1　电子发票

中国农业银行单位客户专用回单　NO.15630130098

2024 年 01 月 24 日　　流水号：000000298490137471

付款人	全称	河南永盾门业有限公司	收款人	全称	洛阳水务集团有限公司
	账号	314458118340348		账号	179890760032
	开户行	中国农业银行洛阳吉利区支行		开户行	中国工商银行民生支行

金额	（大写）壹仟伍佰叁拾陆元玖角整	（小写）	¥1,536.90
凭证种类	3071031806		
结算方式		凭证号码	
		用途	水费

生成时间：2024 年 01 月 24 日　　交易柜员：　　交易机构：

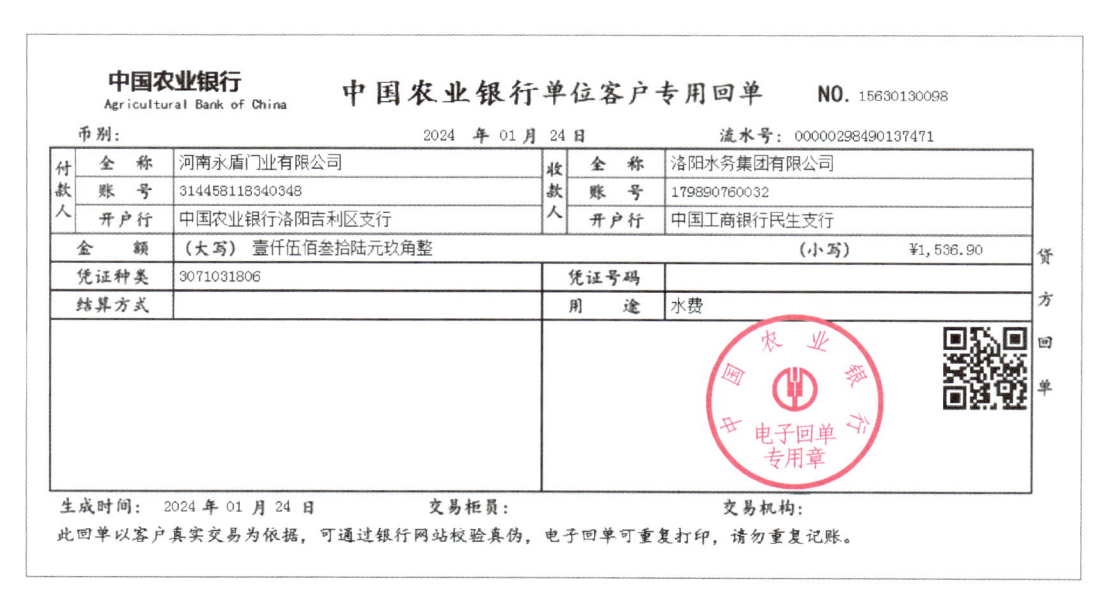

此回单以客户真实交易为依据，可通过银行网站校验真伪，电子回单可重复打印，请勿重复记账。

图 7-59-2　银行付款回单

外购水费分配表

编制单位：河南永盾门业有限公司　　2024年 01 月 24 日　　金额单位：元

受益对象	耗用量（吨）	分配率	分配金额
办公室	10	4.7	47.00
财务部	10	4.7	47.00
采购部	10	4.7	47.00
销售部	10	4.7	47.00
生产车间	260	4.7	1,222.00
合　　计			¥1,410.00

制表：黄华杰　　审核：李通

图 7-59-3　水费分配单

操作步骤

(1) 打开【往来现金】，新增费用单，业务类型为“现金费用”，票据类型为“专用发票”。现结金额录入“1 536.90 元”，结算方式选择“转账”，账户名称选择“农行”。单击【费用名称】输入框，打开费用参照窗体，新增费用“水费”，费用类型为“其他费用”，单击【确定】按钮，保存。返回填写费用单后保存并审核。新增费用如图 7-59-4 所示。

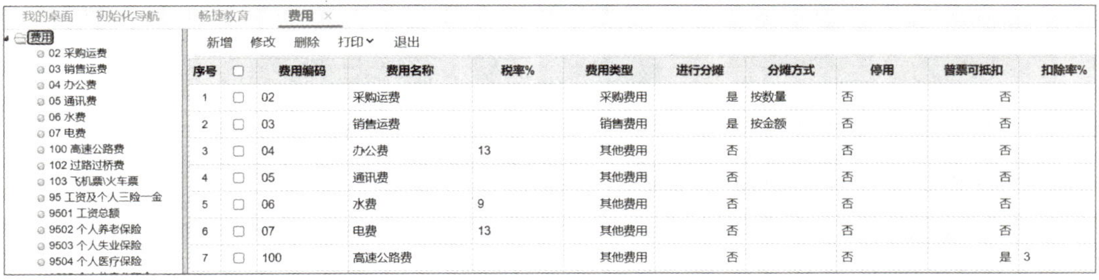

序号	☐	费用编码	费用名称	税率%	费用类型	进行分摊	分摊方式	停用	普票可抵扣	扣除率%
1	☐	02	采购运费		采购费用	是	按数量	否	否	
2	☐	03	销售运费		销售费用	是	按金额	否	否	
3	☐	04	办公费	13	其他费用	否		否	否	
4	☐	05	通讯费		其他费用	否		否	否	
5	☐	06	水费	9	其他费用	否		否	否	
6	☐	07	电费	13	其他费用	否		否	否	
7	☐	100	高速公路费		其他费用	否		否	是	3

图 7-59-4　新增费用

(2) 打开【总账】，单击【科目设置】按钮，选择【费用科目】扩展设置，增加水费，科目计入“管理费用——水费”。

(3) 打开【总账】，单击【单据生凭证】按钮，选择费用单，生成凭证，分录插行填写“销售费用——水费”“制造费用——水费”，保存凭证。

业务 60　1 月 25 日，支付并分摊本月电费。电子发票如图 7-60-1 所示，电费分配表如图 7-60-2 所示。

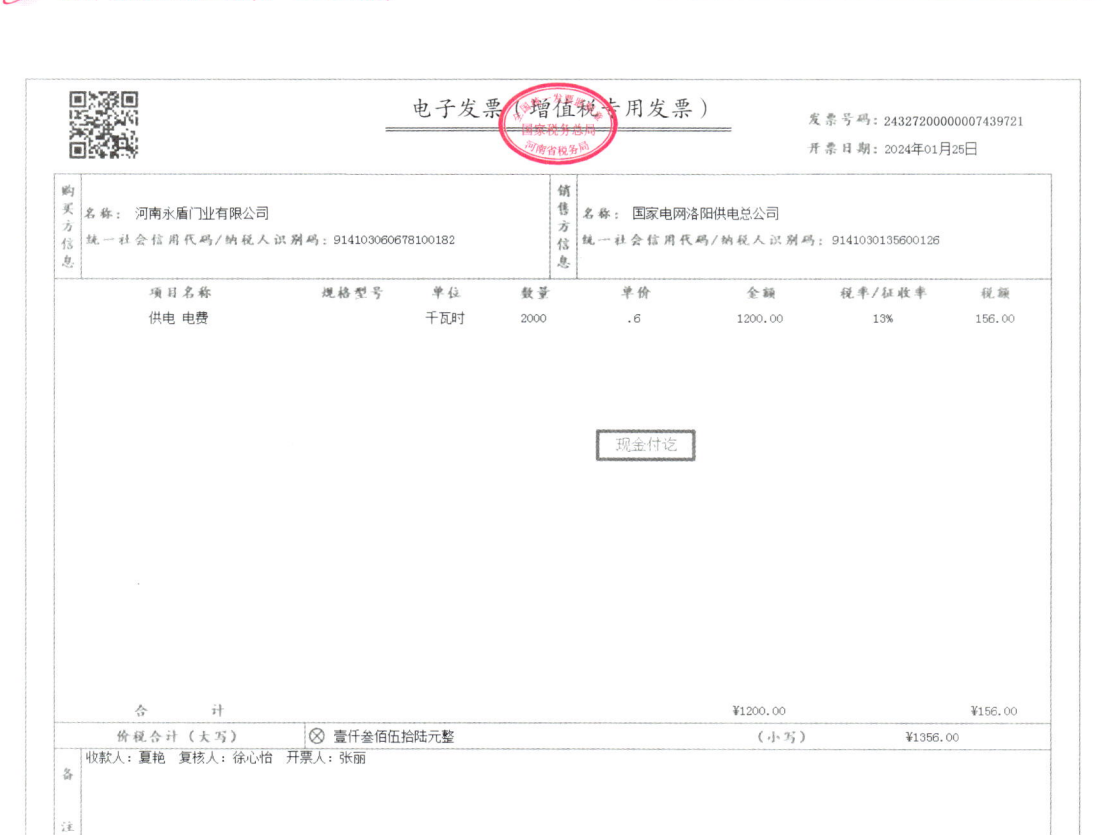

图 7-60-1　电子发票

电费分配表

编制单位：河南永盾门业有限公司　　2024 年 01 月 25 日　　金额单位：元

受益对象	耗用量（千瓦时）	分配率	分配金额
办公室	300	0.6	180.00
财务部	200	0.6	120.00
采购部	100	0.6	60.00
销售部	400	0.6	240.00
生产车间	1000	0.6	600.00
合　计			¥1,200.00

制表：黄华杰　　　　　　　　审核：李通

图 7-60-2　电费分配表

操作步骤

（1）打开【往来现金】，新增费用单，业务类型为"现金费用"，票据类型为"专用发票"，录入现结金额"1 356元"，结算方式选择"现金"，账户名称选择"现金"。单击【费用名称】输入框，新增费用"电费"，费用类型为"其他费用"，单击【确定】按钮。返回后填写费用单后保存并审核。

（2）打开【总账】，单击【科目设置】，选择【费用科目】扩展设置，增加电费，科目计入【管理费用——电费】。

（3）打开【总账】，单击【单据生凭证】，选择"费用单"，生成凭证，分录插行填写"销售费用——电费""制造费用——电费"，保存凭证。

业务61 1月26日，喷涂车间完工入库。产成品入库单如图7-61-1所示。

产成品入库单

交库单位：喷涂车间　　　　2024 年 01 月 26 日　　　　仓库：半成品库　　编号：008

产品编号	产品名称	规格	计量单位	数量 送检	数量 实收	单位成本	总成本	备注
	YJ喷涂件		件	300	300		0.00	
	BD喷涂件		件	600	600		0.00	

仓库主管：王小娟　　保管员：　　记账：　　制单：姜宁宁

图7-61-1　产成品入库单

操作步骤

打开【库存核算】，单击【产成品入库单】按钮，新增产成品入库单，单击【选单】按钮，单击【选生产加工单】按钮，找到喷涂车间的生产加工单，参照生成产成品入库单，保存并审核产成品入库单。

业务62 1月26日，根据装配车间的生产加工单进行采购需求分析，进行采购。采购合同如图7-62-1、图7-62-3和图7-62-5所示，银行付款回单如图7-62-2、图7-62-4所示，转账支票存根如图7-62-6所示。

购销合同

合同编号：43195523

购货单位(甲方)：河南永盾门业有限公司
供货单位(乙方)：郑州讯达实业有限公司

根据《中华人民共和国民法典》及国家相关法律、法规之规定，甲乙双方本着平等互利的原则，就甲方购买乙方货物一事达成以下协议。

一、货物的名称、数量及价格：

货物名称	规格型号	单位	数量	单价	金额	税率	价税合计
不锈钢轴承合页		个	900	33.00	29 700.00	13%	33 561.00
可脱卸旗形合页		个	860	15.00	12 900.00	13%	14 577.00
J型防盗锁		个	300	55.00	16 500.00	13%	18 645.00
D型防盗锁		个	600	40.00	24 000.00	13%	27 120.00
猫眼		个	900	10.00	9 000.00	13%	10 170.00
合计（大写） 壹拾万肆仟零柒拾叁元整							￥104 073.00

二、交货方式和费用承担：交货方式：__销货方送货__，交货时间：__2024年01月27日__前，交货地点：_____，运费由__供货方__承担。

三、付款时间与付款方式：__款到发货__。

四、质量异议期：订货方对供货方的货物质量有异议时，应在收到货物后__10日__内提出，逾期视为货物质量合格。

五、未尽事宜经双方协商可作补充协议，与本合同具有同等效力。

六、本合同自双方签字、盖章之日起生效；本合同壹式贰份，甲乙双方各执壹份。

甲方（签章）：	乙方（签章）：
授 权 代 表：杨建刚	授 权 代 表：梁金
地　　　址：洛阳吉利区伟同路158号	地　　　址：郑州中原区奥丰路847号
电　　　话：15076698156	电　　　话：74987945
日　　　期：2024年01月26日	日　　　期：2024年01月26日

图7-62-1 采购合同1

中国农业银行　网上银行电子回单

电子回单号码：14516227341

付款人	户　名	河南永盾门业有限公司	收款人	户　名	郑州讯达实业有限公司
	账　号	314458118340348		账　号	60356169518
	开户银行	中国农业银行洛阳吉利区支行		开户银行	工行郑州群星支行

金　额	人民币(大写)：壹拾万肆仟零柒拾叁元整	￥104,073.00

摘　要		业务种类	
用　途	转账		

| 交易流水号 | 56846498038993 | 时间戳 | |

备注：

验证码：14748504

| 记账网点 | 625 | 记账柜员 | 204 | 记账日期 | 2024年01月26日 |

打印日期：2024年01月26日

图7-62-2 银行付款回单1

购销合同

合同编号：44940311

购货单位(甲方)：河南永盾门业有限公司
供货单位(乙方)：郑州通志有限公司
根据《中华人民共和国民法典》及国家相关法律、法规之规定，甲乙双方本着平等互利的原则，就甲方购买乙方货物一事达成以下协议。
一、货物的名称、数量及价格：

货物名称	规格型号	单位	数量	单价	金额	税率	价税合计
岩棉		平方米	4 520	8.00	36 160.00	13%	40 860.80
橡胶密封条		米	1 800	2.00	3 600.00	13%	4 068.00
合计(大写)　　肆万肆仟玖佰贰拾捌元捌角整							￥44 928.80

二、交货方式和费用承担：交货方式：　销货方送货　　　　　，交货时间：　2024 年 01 月 27 日　　前，交货地点：　　　　　　　　　　　　　　　，运费由　供货方　承担。
三、付款时间与付款方式：　款到发货　　　　　　　　　　　　　　　　　　　。
四、质量异议期：订货方对供货方的货物质量有异议时，应在收到货物后　10 日　内提出，逾期视为货物质量合格。
五、未尽事宜经双方协商可作补充协议，与本合同具有同等效力。
六、本合同自双方签字、盖章之日起生效；本合同壹式贰份，甲乙双方各执壹份。

甲方(签章)：　　　　　　　　　　　　乙方(签章)：
授 权 代 表：杨建刚　　　　　　　　授 权 代 表：王浩然
地　　　　址：洛阳吉利区伟同路158号　地　　　　址：郑州惠济区扬妙路499号
电　　　　话：15076698156　　　　　电　　　　话：92896822
日　　　　期：2024 年 01 月 26 日　　日　　　　期：2024 年 01 月 26 日

图 7-62-3　采购合同 2

中国农业银行　网上银行电子回单

电子回单号码：87905483722

付款人	户　名	河南永盾门业有限公司	收款人	户　名	郑州通志有限公司
	账　号	314458118340348		账　号	28312900014
	开户银行	中国农业银行洛阳吉利区支行		开户银行	农行郑州航空支行

金　额	人民币(大写)：肆万肆仟玖佰贰拾捌元捌角整	￥44,928.80
摘　要		业务种类
用　途	转账	
交易流水号	92193644411542	时间戳
备注：		
验证码：87137660		

记账网点	350	记账柜员	401	记账日期	2024年01月26日
				打印日期	2024年01月26日

图 7-62-4　银行付款回单 2

购销合同

合同编号：74047673

购货单位(甲方)：河南永盾门业有限公司
供货单位(乙方)：洛阳红景包装材料有限公司

根据《中华人民共和国民法典》及国家相关法律、法规之规定，甲乙双方本着平等互利的原则，就甲方购买乙方货物一事达成以下协议。

一、货物的名称、数量及价格：

货物名称	规格型号	单位	数量	单价	金额	税率	价税合计
包装箱		个	900	8.00	7 200.00	13%	8 136.00
PE保护膜		平方米	8 580	1.50	12 870.00	13%	14 543.10
合计(大写)　贰万贰仟陆佰柒拾玖元壹角整						￥22 679.10		

二、交货方式和费用承担：交货方式：__销货方送货__，交货时间：__2024年01月27日__前，交货地点：_____，运费由__供货方__承担。

三、付款时间与付款方式：__款到发货__
_____。

四、质量异议期：订货方对供货方的货物质量有异议时，应在收到货物后__10__日内提出，逾期视为货物质量合格。

五、未尽事宜经双方协商可作补充协议，与本合同具有同等效力。

六、本合同自双方签字、盖章之日起生效；本合同壹式贰份，甲乙双方各执壹份。

甲方（签章）：　　　　　　　　　　　乙方（签章）：
授 权 代 表：杨建刚　　　　　　　　授 权 代 表：张笑玮
地　　　　址：洛阳吉利区伟同路158号　地　　　　址：洛阳老城区丰收路037号
电　　　　话：15076698156　　　　　电　　　　话：93975849
日　　　　期：2024年01月26日　　　日　　　　期：2024年01月26日

图 7-62-5　采购合同3

中国工商银行
转账支票存根

10201120
32453928

附加信息

出票日期 2024年01月26日

收款人	洛阳红景包装材料有限公司
金　额	￥22,679.10
用　途	货款

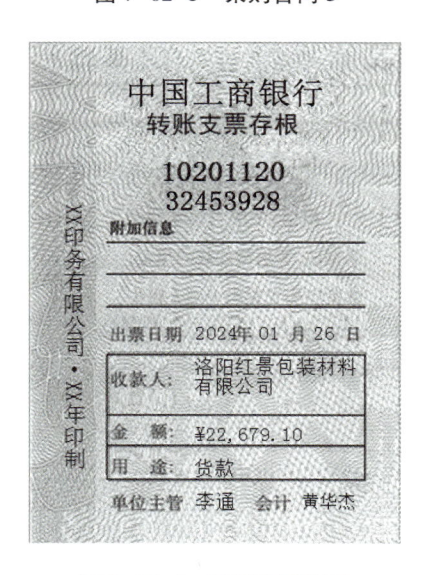

单位主管 李通　　会计 黄华杰

图 7-62-6　转账支票存根

操作步骤

承业务34：

(1) 打开【生产管理】，单击【生产加工单】按钮，单击【查找】按钮（快捷键Alt+K），填写生产车间为装配车间，按预计开工日期选择生产加工单，单击【确定】按钮。找到对应生产加工单，双击打开，单击【工具】按钮，选择采购需求分析，根据采购需求分析，单击【生单】按钮，生成采购订单。

(2) 打开【采购管理】，单击【上张】按钮，查找到上述三家供应商的采购订单依次审核。

(3) 打开【往来现金】，增加三张付款单，分别选择三家供应商，业务类型均选择"预付款"，结算方式依次为"网银""网银""转账支票"，账户名称依次为"农行""农行""工行"，保存并审核付款单。

(4) 打开【总账】，单击【单据生凭证】按钮，选择付款单，生成凭证。

业务63 1月27日，采购的原料验收入库，同时收到发票。材料入库单如图7-63-1、图7-63-3和图7-63-5所示，电子发票如图7-63-2、图7-63-4和图7-63-6所示。

材料入库单

发票号码：
供应单位：郑州讯达实业有限公司
收料单编号：0028
收发类别： 2024 年 01 月 27 日
收料仓库：原材料库

编号	名称	规格	单位	数量 应收	数量 实收	买价 单价	买价 金额	运杂费	其他	合计
	不锈钢轴承合页		个	900	900	33.00	29,700.00			29,700.00
	可脱卸旗形合页		个	860	860	15.00	12,900.00			12,900.00
	J型防盗锁		个	300	300	55.00	16,500.00			16,500.00
	D型防盗锁		个	600	600	40.00	24,000.00			24,000.00
	猫眼		个	900	900	10.00	9,000.00			9,000.00
	合计			3560	3560		¥92,100.00			¥92,100.00
	备注									

采购员：苏大明　　检验员：姜宁宁　　记账员：　　保管员：姜宁宁

图7-63-1　材料入库单1

操作步骤

(1) 打开【库存管理】，单击【采购入库单】按钮，单击【选单】按钮，选择采购订单，单击【确定】按钮，生成采购入库单，保存并审核采购入库单。在采购入库单窗口，单击【生单】按钮，选择生成进货单(专用发票)，生成进货单，在进货单表头使用预付栏分别填写"预付款金额"，保存并审核进货单。

图 7-63-2 电子发票 1

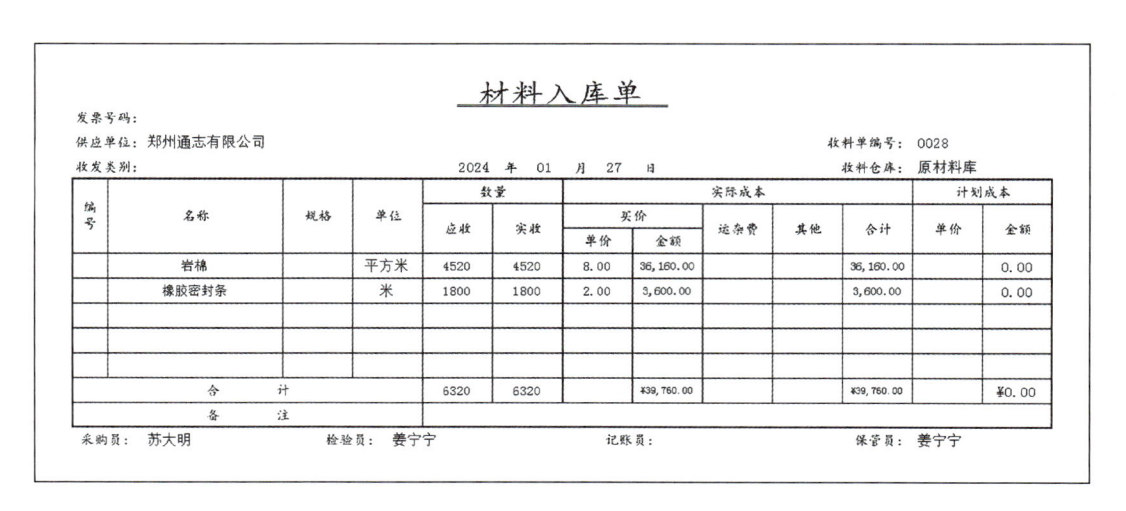

图 7-63-3 材料入库单 2

（2）在进货单窗口，单击【生单】按钮，选择生成采购发票（普通采购），生成采购发票，保存并审核采购发票。

（3）打开【总账】，单击【单据生凭证】按钮，单据类型选择采购入库单、进货单、预付冲应付，合并生成凭证。

电子发票（增值税专用发票）

发票号码：24327200000018212099
开票日期：2024年01月27日

购买方信息
名称：河南永盾门业有限公司
统一社会信用代码/纳税人识别号：914103060678100182

销售方信息
名称：郑州通志有限公司
统一社会信用代码/纳税人识别号：914101078938842221

项目名称	规格型号	单位	数量	单价	金额	税率/征收率	税额
非金属矿物制品 岩棉		平方米	4520	8	36160.00	13%	4700.80
橡胶密封件 橡胶密封条		米	1800	2	3600.00	13%	468.00
合　计					¥39760.00		¥5168.80

价税合计（大写）：⊗肆万肆仟玖佰贰拾捌元捌角整　　（小写）¥44928.80

备注：
购方开户银行：中国农业银行洛阳吉利区支行；银行账号：314458118340348；
销方开户银行：农行郑州航空支行　银行账号：28312900014；

开票人：罗明

图 7-63-4　电子发票 2

材料入库单

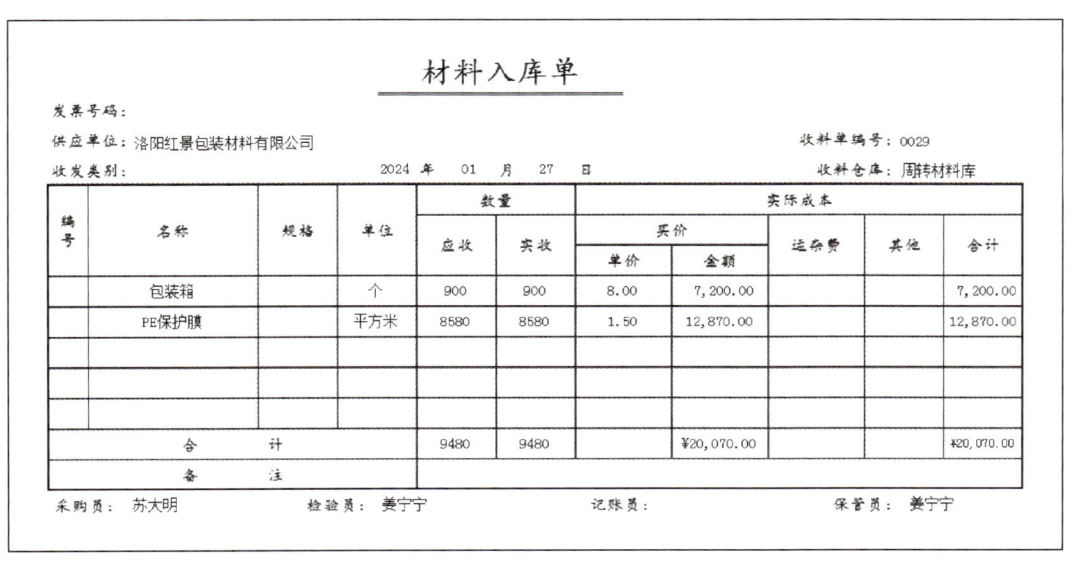

发票号码：
供应单位：洛阳红景包装材料有限公司
收发类别：　　　　2024 年 01 月 27 日
收料单编号：0029
收料仓库：周转材料库

编号	名称	规格	单位	数量 应收	数量 实收	买价 单价	买价 金额	运杂费	其他	合计
	包装箱		个	900	900	8.00	7,200.00			7,200.00
	PE保护膜		平方米	8580	8580	1.50	12,870.00			12,870.00
	合　　计			9480	9480		¥20,070.00			¥20,070.00
	备　　注									

采购员：苏大明　　检验员：姜宁宁　　记账员：　　　保管员：姜宁宁

图 7-63-5　材料入库单 3

电子发票（增值税专用发票）

发票号码：24327200000034709838
开票日期：2024年01月27日

购买方信息	名称：河南永盾门业有限公司 统一社会信用代码/纳税人识别号：914103060678100182
销售方信息	名称：洛阳红景包装材料有限公司 统一社会信用代码/纳税人识别号：914103026185762599

项目名称	规格型号	单位	数量	单价	金额	税率/征收率	税额
包装用纸及纸板 包装箱		个	900	8	7200.00	13%	936.00
塑料包装箱及容器 PE保护膜		平方米	8580	1.5	12870.00	13%	1673.10
合　计					¥20070.00		¥2609.10

价税合计（大写）　⊗ 贰万贰仟陆佰柒拾玖元壹角整　　（小写）¥22679.10

备注：
购方开户银行：中国农业银行洛阳吉利区支行　银行账号：314458118340348；
销方开户银行：农行洛阳新城支行　银行账号：28344972428；

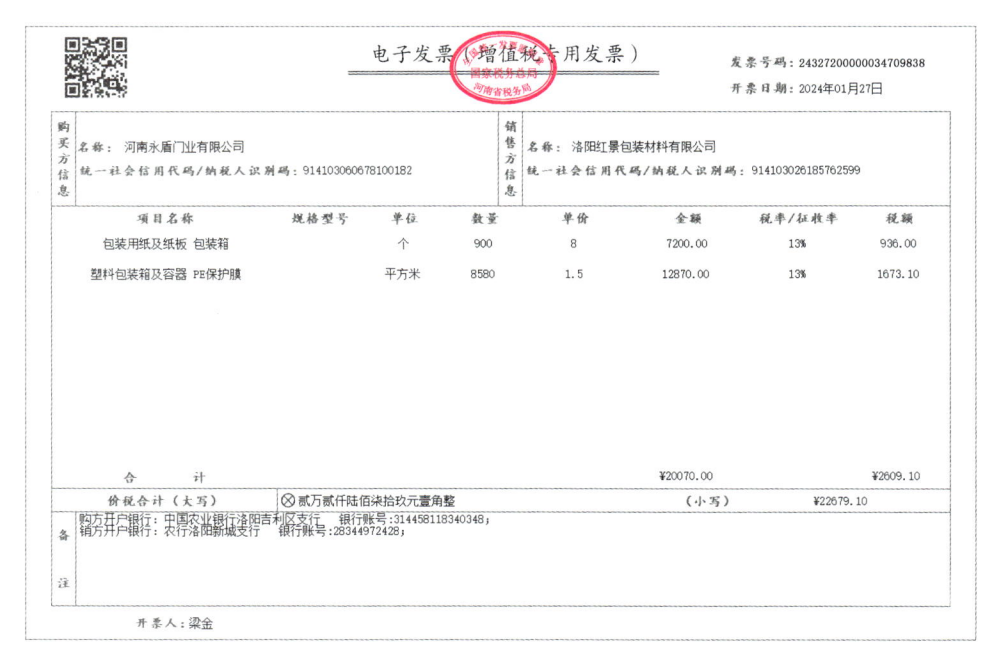

开票人：梁金

图 7-63-6　电子发票 3

业务 64　1 月 27 日，装配车间领料生产。领料单如图 7-64-1 所示。

领　料　单

领用部门：装配车间
仓库：半成品库
2024 年 01 月 27 日
编号：190

编号	类别	材料名称	规格	单位	数量 请领	数量 实发	实际成本 单价	实际成本 金额
		YJ喷涂件		套	300	300		0.00
		不锈钢轴承合页		个	900	900		0.00
		可脱卸旗形合页		个	900	900		0.00
		J型防盗锁		个	300	300		0.00
		猫眼		个	900	900		0.00
		岩棉		平方米	4680	4680		0.00
		橡胶密封条		米	1800	1800		0.00
		包装箱		个	900	900		0.00
		PE保护膜		平方米	8640	8640		0.00
		BD喷涂件		套	600	600		0.00
		D型防盗锁		个	600	600		0.00
合　计					20520	20520		0.00

用途：YJ高级防盗门300套，BD普通防盗门600套

领料部门		发料部门	
负责人	领料人	核准人	发料人
陈力勇	王兴雷	姜宁宁	姜宁宁

第三联　记账联

图 7-64-1　领料单

操作步骤

打开【库存核算】，单击【材料出库单】按钮，新增材料出库单，单击【选单】按钮，单击【选生产加工单】按钮，找到装配车间生产加工单，保存并审核材料出库单。

业务 65　1月29日，装配车间加工完成，产品入库。当日，向丹阳优品发出产品。产成品入库单如图7-65-1所示，销售单如图7-65-2所示，出库单如图7-65-3所示，电子发票如图7-65-4所示。

产成品入库单

交库单位：装配车间　　2024年01月29日　　仓库：成品库　编号：004

产品编号	产品名称	规格	计量单位	数量(送检)	数量(实收)	单位成本	总成本	备注
	YJ高级防盗门		套	300	300		0.00	
	BD普通防盗门		套	600	300		0.00	

仓库主管：干小娟　　保管员：　　记账：　　制单：姜宁宁

图7-65-1　产成品入库单

销 售 单

购货单位：丹阳优品门业有限公司　　地址和电话：荆州区洪湖市碧顺路785号68744444　　单据编号：3092
纳税识别号：91421083M833459556　　开户行及账号：工行丹阳兴达支行62170083002　　制单日期：2024年01月29日

编码	产品名称	规格	单位	单价	数量	金额	备注
	YJ高级防盗门		套	1,700.00	300	510,000.00	不含税
	BD普通防盗门		套	1,200.00	600	720,000.00	不含税
	合计	人民币（大写）：壹佰贰拾叁万元整				¥1,230,000.00	

总经理：　　销售经理：王晓红　　经手人：李大山　　会计：　　签收人：

图7-65-2　销售单

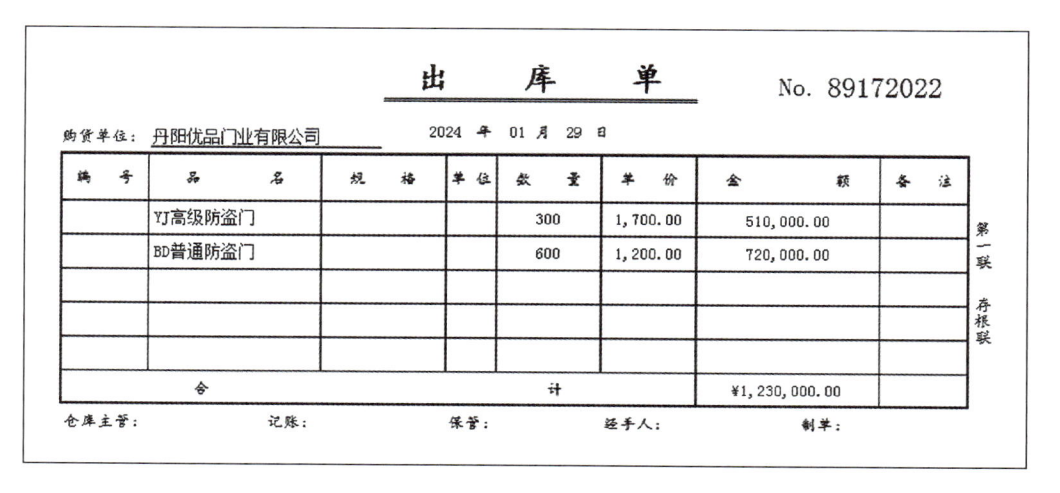

图 7-65-3 出库单

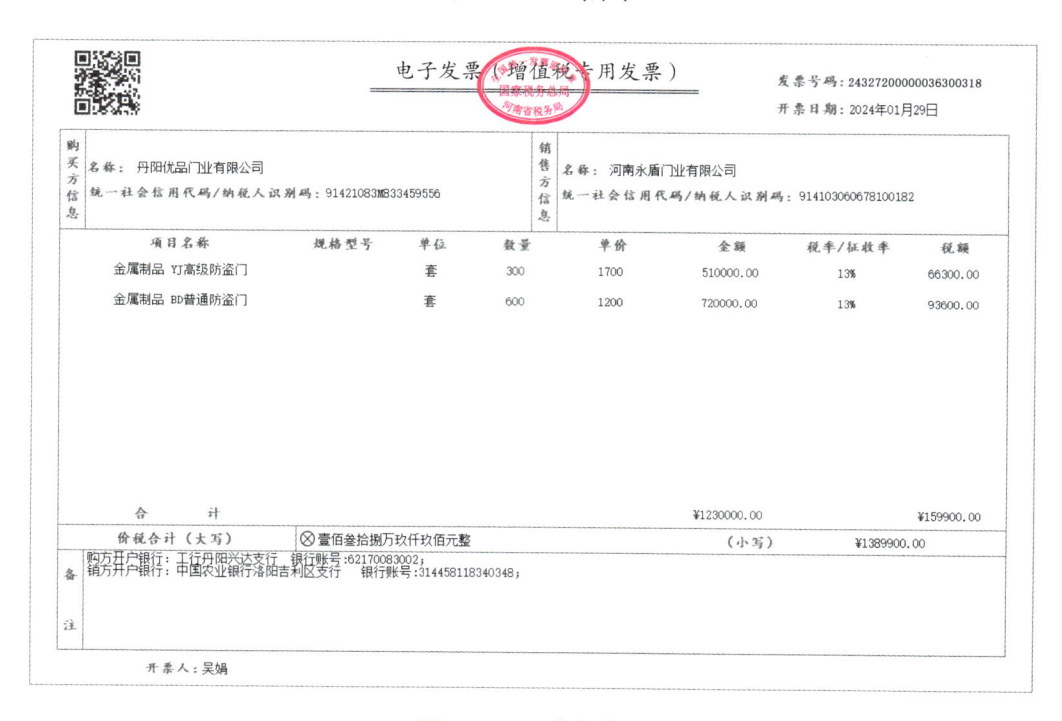

图 7-65-4 电子发票

操作步骤

（1）打开【库存核算】，单击【产成品入库单】按钮，新增产成品入库，单击【选单】按钮，单击【选生产加工单】按钮，找到装配车间的生产加工单，参照生成产成品入库单，保存并审核产成品入库单。

（2）打开【销售管理】，单击【销售订单】按钮，单击【查找】按钮，选择客户"丹阳优品"，单击【确定】按钮，双击打开销售订单。

(3) 单击该销售订单的【生单】按钮,在下拉列表中选择"生成销货单",保存并审核销货单。

(4) 单击该销货单的【生单】按钮,在下拉列表中选择生成销售出库单(普通销售),流转生成销售出库单,进入销售出库单页面,保存并审核销售出库单。

(5) 返回销货单页面,单击该销货单的【生单】按钮,在下拉列表中选择生成销售发票(普通销售),流转生成销售发票,进入销售发票页面,保存并审核销售发票。

(6) 打开【总账】,单击【单据生凭证】按钮,选择销货单生成凭证。

业务 66　1月29日,计提本月工资,1月工资计算表如表7-66-1所示,完工产品直接人工分配表如表7-66-2所示。

表7-66-1　1月工资计算表　　　　　　　　　　　金额单位:元

序号	姓名	所属部门	人员类别	应付工资	基本养老	基本医疗	失业保险	住房公积金	实发工资
1	杨建刚	办公室	管理人员	10 000.00	800.00	200.00	30.00	1 000.00	7 970.00
2	王小娟	办公室	管理人员	4 000.00	320.00	80.00	12.00	400.00	3 188.00
3	李通	财务部	管理人员	7 000.00	560.00	140.00	21.00	700.00	5 579.00
4	黄杰华	财务部	管理人员	5 000.00	400.00	100.00	15.00	500.00	3 985.00
5	曹敏	财务部	管理人员	3 800.00	304.00	76.00	11.40	380.00	3 028.60
6	朱海涛	采购部	管理人员	7 000.00	560.00	140.00	21.00	700.00	5 579.00
7	苏大明	采购部	管理人员	4 000.00	320.00	80.00	12.00	400.00	3 188.00
8	王晓红	销售部	销售人员	8 000.00	640.00	160.00	24.00	800.00	6 376.00
9	李大山	销售部	销售人员	6 000.00	480.00	120.00	18.00	600.00	4 782.00
10	陈力勇	装配车间	管理人员	7 000.00	560.00	140.00	21.00	700.00	5 579.00
11	姜宁宁	装配车间	管理人员	5 000.00	400.00	100.00	15.00	500.00	3 985.00
12	刘建民	机加工	生产工人	5 800.00	464.00	116.00	17.40	580.00	4 622.60
13	张卫国	机加工	生产工人	5 800.00	464.00	116.00	17.40	580.00	4 622.60
14	王祥顺	机加工	生产工人	5 000.00	400.00	100.00	15.00	500.00	3 985.00
15	张阳阳	机加工	生产工人	5 000.00	400.00	100.00	15.00	500.00	3 985.00
16	吴晓强	喷涂车间	生产工人	5 500.00	440.00	110.00	16.50	550.00	4 383.50
17	孙明锋	喷涂车间	生产工人	5 500.00	440.00	110.00	16.50	550.00	4 383.50
18	高向阳	喷涂车间	生产工人	4 800.00	384.00	96.00	14.40	480.00	3 825.60
19	王兴雷	装配车间	生产工人	4 500.00	360.00	90.00	13.50	450.00	3 586.50
20	吴天照	装配车间	生产工人	4 500.00	360.00	90.00	13.50	450.00	3 586.50
	总计			113 200.00	9 056.00	2 264.00	339.60	11 320.00	90 220.40

表 7-66-2　完工产品直接人工分配表

产品名称	完工产量(套)	人工分配率	人工费分配
YJ 高级防盗门	1 300	16.571 4	21 542.86
BD 普通防盗门	1 500	16.571 4	24 857.14
合计	2 800	16.571 4	46 400.00

操作步骤

打开【总账】,单击【填制凭证】按钮,填写工资分配凭证并保存。

业务 67　1 月 29 日,计提本月社保、公积金,1 月工资分配表如表 7-67-1 所示,完工产品四险一金分配表如表 7-67-2 所示。

表 7-67-1　1 月工资分配表　　　　　　　　　　　金额单位:元

| 部门 | 应发工资 | 企业负担的社保及住房公积金 ||||| 人工费用合计 |
		基本养老	基本医疗	失业保险	工伤保险	住房公积金	
办公室	14 000.00	2 240.00	910.00	98.00	56.00	1 400.00	18 704.00
财务部	15 800.00	2 528.00	1 027.00	110.60	63.20	1 580.00	21 108.80
采购部	11 000.00	1 760.00	715.00	77.00	44.00	1 100.00	14 696.00
计入管理费用工资	40 800.00	6 528.00	2 652.00	285.60	163.20	4 080.00	54 508.80
销售部	14 000.00	2 240.00	910.00	98.00	56.00	1 400.00	18 704.00
计入销售费用工资	14 000.00	2 240.00	910.00	98.00	56.00	1 400.00	18 704.00
装配车间	12 000.00	1 920.00	780.00	84.00	48.00	1 200.00	16 032.00
计入制造费用工资	12 000.00	1 920.00	780.00	84.00	48.00	1 200.00	16 032.00
机加工车间	21 600.00	3 456.00	1 404.00	151.20	86.40	2 160.00	28 857.60
喷涂车间	15 800.00	2 528.00	1 027.00	110.60	63.20	1 580.00	21 108.80
装配车间	9 000.00	1 440.00	585.00	63.00	36.00	900.00	12 024.00
计入生产成本工资	46 400.00	7 424.00	3 016.00	324.80	185.60	4 640.00	61 990.40
合计	113 200.00	18 112.00	7 358.00	792.40	452.80	11 320.00	151 235.20

表 7-67-2　完工产品四险一金分配表　　　　　金额单位：元

产品	完工数量(套)	社会保险	住房公积金	合计
YJ 高级防盗门	1 300	5 084.12	2 154.31	7 238.43
BD 普通防盗门	1 500	5 866.28	2 485.69	8 351.97
合计	2 800	10 950.40	4 640.00	15 590.40

操作步骤

打开【总账】，单击【填制凭证】按钮，填写计提本月社保、公积金凭证并保存。

业务 68　1 月 31 日，计提本月折旧。

操作步骤

（1）打开【资产管理】，单击【计提折旧与摊销】按钮，单击【快速计提】按钮，双击可以查看折旧/摊销清单。

（2）打开【总账】，单击【科目设置】按钮，选择【折旧/摊销对方科目】，增加部门折旧科目。科目设置如图 7-68-1 所示。

（3）打开【总账】，单击【单据生凭证】按钮，选择折旧/摊销单生成凭证。

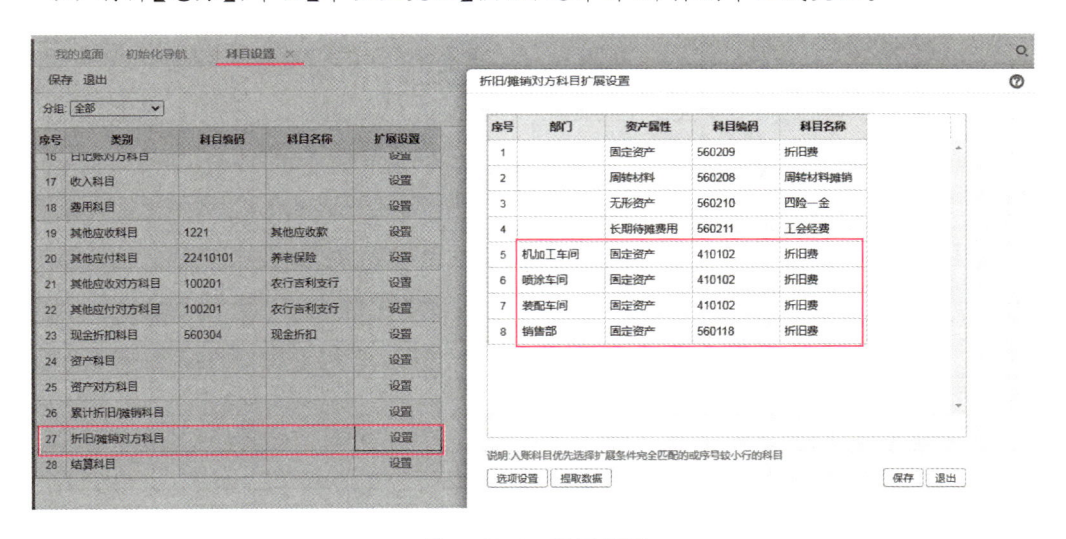

图 7-68-1　科目设置

业务 69　1 月 31 日，汇总材料出库单生成凭证。机加工车间发料汇总表如图 7-69-1 所示，喷涂车间发料汇总表如图 7-69-2 所示，装配车间发料汇总表如图 7-69-3、图 7-69-4 所示。

发出材料汇总表

2024 年 01 月 31 日　　　　　　　　　　　　单位：元

材料明细	YJ机加工件 数量	单价	金额	BD机加工件 数量	单价	金额	周转材料	合计
冷轧钢板	58500	7.60	444,600.00	45000	7.60	342,000.00		786,600.00
不锈钢管	13000	10.59	137,670.00	9000	10.59	95,310.00		232,980.00
工作服							600	600.00
防护手套							160	160.00
合计	71500		582,270.00	54000		437,310.00	760	1,020,340.00

会计主管：　　　记账：　　　保管：　　　制表：姜宁宁

图 7-69-1　机加工车间发料汇总表

发出材料汇总表

2024 年 01 月 31 日　　　　　　　　　　　　单位：元

材料明细	YJ喷涂件 数量	单价	金额	BD喷涂件 数量	单价	金额	周转材料	1020340 合计
塑粉	1560	14.73	22,978.80	1200	14.73	17,676.00		40,654.80
磷化液	1170	8.99	10,518.30	900	8.99	8,091.00		18,609.30
YJ机加工件	1300		0.00					0.00
BD机加工件				1500		0.00		0.00
工作服							450	450.00
防护手套							120	120.00
防毒面具							200	200.00
合计	4030		33,497.10	3600		25,767.00	770	60,034.10

会计主管：　　　记账：　　　保管：　　　制表：姜宁宁

图 7-69-2　喷涂车间发料汇总表

发出材料汇总表

2024 年 01 月 31 日   单位：元

材料明细	YJ高级防盗门 数量	YJ高级防盗门 单价	YJ高级防盗门 金额	BD普通防盗门 数量	BD普通防盗门 单价	BD普通防盗门 金额	周转材料	60034.1
不锈钢轴承合页	1300	33.00	42,900.00	1500	33.00	49,500.00		92,400.00
可脱卸旗形合页	1300	15.00	19,500.00	1500	15.00	22,500.00		42,000.00
J型防盗锁	1300	55.00	71,500.00					71,500.00
D型防盗锁				1500	40.00	60,000.00		60,000.00
猫眼	1300	10.25	13,325.00	1500	10.25	15,375.00		28,700.00
岩棉	8320	8.00	66,560.00	6900	8.00	55,200.00		121,760.00
橡胶密封条	5200	2.00	10,400.00	1500	2.00	3,000.00		13,400.00
包装箱	1300	8.18	10,634.00	1500	8.18	12,270.00		22,904.00
PE保护膜	12480	1.50	18,720.00	14400	1.50	21,600.00		40,320.00
YJ喷涂件	1300		0.00					0.00
合计	33800		253,539.00	30300		239,445.00		492,984.00

会计主管：   记账：   保管：   制表：姜宁宁

图 7-69-3　装配车间发料汇总表 1

发出材料汇总表

2024 年 01 月 31 日   单位：元

材料明细	YJ高级防盗门 数量	YJ高级防盗门 单价	YJ高级防盗门 金额	BD普通防盗门 数量	BD普通防盗门 单价	BD普通防盗门 金额	周转材料	479659
BD喷涂件				1500		0.00		0.00
工作服							600	600.00
防护手套							120	120.00
防毒面具							200	200.00
合计				1500		0.00	920	920.00

会计主管：   记账：   保管：   制表：姜宁宁

图 7-69-4　装配车间发料汇总表 2

【说明】

(1) 发出材料的计价方法是全月一次加权平均法,月末发出的原材料成本系统自动计算平均单价。

(2) 根据生产加工路线,喷涂车间的材料由原料和半成品组成,因此,计算喷涂车间发出材料成本要先计算机加工车间的半成品成本。计算装配车间发出材料成本要计算喷涂车间的半成品成本。

(3) 业务中的半成品成本需要使用【库存核算】的【产品成本计算】。产成品成本分配后,系统自动计算出半成品成本并回填到材料出库单上。

操作步骤

(1) 机加工车间发料成本的计算。打开【总账】,单击【单据生凭证】按钮,选择材料出库单,筛选机加工车间,单据日期:2024.01.01～2024.01.31。找到机加工车间的材料出库单,选中,修改合并条件,按业务类型相同、部门相同合并生成机加工车间材料出库凭证,修改凭证日期,改成 2024.01.31 后保存。

(2) 喷涂车间和装配车间发料成本的计算。本业务中喷涂车间和装配车间需要完成上一个工序的成本计算才能生成材料发出凭证。因此,本业务中喷涂车间和装配车间的业务类型为【自制领料】的单据暂时不生成凭证、业务类型为【直接领料】的单据分别生成两张凭证。

业务 70 1 月 31 日,结转制造费用,按完工产品数量分配。

操作步骤

方法一:

打开【总账】,填制凭证,修改凭证日期保存。

方法二:

(1) 打开【总账】,单击期末处理的【自定义结转】按钮,单击【转账设置】按钮,打开自定义转账设置窗口,结转制造费用自定义转账设置如图 7-70-1 所示。

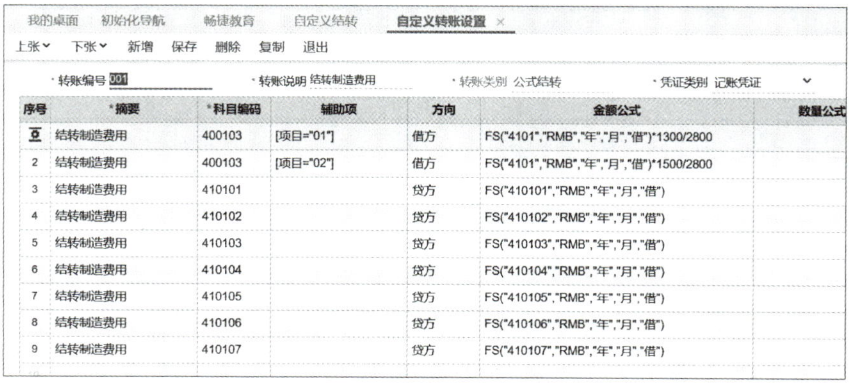

序号	*摘要	*科目编码	辅助项	方向	金额公式	数量公式
	结转制造费用	400103	[项目="01"]	借方	FS("4101","RMB","年","月","借")*1300/2800	
2	结转制造费用	400103	[项目="02"]	借方	FS("4101","RMB","年","月","借")*1500/2800	
3	结转制造费用	410101		贷方	FS("410101","RMB","年","月","借")	
4	结转制造费用	410102		贷方	FS("410102","RMB","年","月","借")	
5	结转制造费用	410103		贷方	FS("410103","RMB","年","月","借")	
6	结转制造费用	410104		贷方	FS("410104","RMB","年","月","借")	
7	结转制造费用	410105		贷方	FS("410105","RMB","年","月","借")	
8	结转制造费用	410106		贷方	FS("410106","RMB","年","月","借")	
9	结转制造费用	410107		贷方	FS("410107","RMB","年","月","借")	

图 7-70-1 自定义转账设置

(2)在自定义结转窗口,选择转账编号,勾选包含未记账凭证,单击【生成凭证】按钮。

业务71 1月31日,计算本月完工产品成本。YJ机加工件半成品成本计算单如表7-71-1所示,BD机加工件半成品成本计算单如表7-71-2所示,YJ喷涂件半成品成本计算单如表7-71-3所示,BD喷涂件半成品成本计算单如表7-71-4所示,YJ高级防盗门产成品成本计算单如表7-71-5所示,BD普通防盗门产成品成本计算单如表7-71-6所示。

表7-71-1 YJ机加工件半成品成本计算表

半成品成本计算单

2024年1月31日

产品名称 YJ机加工件　　　　　　　　　　　　　　　　　　　金额单位:元
本月完工1 300件　　　　　　　　　　　　　　　　　　　　月末在产品0

项目	直接材料	直接人工	制造费用	合计
月初在产品成本	0.00	0.00	0.00	0.00
本月生产费用	582 270.00	13 398.18	0.00	595 668.18
合计	582 270.00	13 398.18	0.00	595 668.18
完工产品成本	582 270.00	13 398.18	0.00	595 668.18
单位成本	447.90	10.31	0.00	458.21
月末在产品成本	0.00	0.00	0.00	0.00

表7-71-2 BD机加工件半成品成本计算表

半成品成本计算单

2024年1月31日

产品名称 BD机加工件　　　　　　　　　　　　　　　　　　　金额单位:元
本月完工1 500件　　　　　　　　　　　　　　　　　　　　月末在产品0

项目	直接材料	直接人工	制造费用	合计
月初在产品成本	0.00	0.00	0.00	0.00
本月生产费用	437 310.00	15 459.42	0.00	452 769.42
合计	437 310.00	15 459.42	0.00	452 769.42
完工产品成本	437 310.00	15 459.42	0.00	452 769.42
单位成本	291.54	10.31	0.00	301.85
月末在产品成本	0.00	0.00	0.00	0.00

表 7-71-3　YJ 喷涂件半成品成本计算表

半成品成本计算单

2024 年 1 月 31 日

产品名称 YJ 喷涂件　　　　　　　　　　　　　　　　　　　　　　　　金额单位：元

本月完工 1 300 件　　　　　　　　　　　　　　　　　　　　　　　　　月末在产品 0

项目	直接材料	直接人工	制造费用	合计
月初在产品成本	0.00	0.00	0.00	0.00
本月生产费用	629 170.10	9 800.52	0.00	638 970.62
合计	629 170.10	9 800.52	0.00	638 970.62
完工产品成本	629 170.10	9 800.52	0.00	638 970.62
单位成本	483.98	7.54	0.00	491.52
月末在产品成本	0.00	0.00	0.00	0.00

表 7-71-4　BD 喷涂件件半成品成本计算表

半成品成本计算单

2024 年 1 月 31 日

产品名称 BD 喷涂件　　　　　　　　　　　　　　　　　　　　　　　　金额单位：元

本月完工 1 500 件　　　　　　　　　　　　　　　　　　　　　　　　　月末在产品 0

项目	直接材料	直接人工	制造费用	合计
月初在产品成本	0.00	0.00	0.00	0.00
本月生产费用	478 542.00	11 308.28	0.00	489 850.28
合计	478 542.00	11 308.28	0.00	489 850.28
完工产品成本	478 542.00	11 308.28	0.00	489 850.28
单位成本	319.03	7.54	0.00	326.57
月末在产品成本	0.00	0.00	0.00	0.00

表 7-71-5　YJ 高级防盗门产成品成本计算表

产成品成本计算单

2024 年 1 月 31 日

产品名称 YJ 高级防盗门　　　　　　　　　　　　　　　　　　　　　　金额单位：元

本月完工 1 300 件　　　　　　　　　　　　　　　　　　　　　　　　　月末在产品 0

项目	直接材料	直接人工	制造费用	合计
月初在产品成本	0.00	0.00	0.00	0.00
本月生产费用	892 515.00	5 582.58	20 176.00	918 273.58
合计	892 515.00	5 582.58	20 176.00	918 273.58

(续表)

项目	直接材料	直接人工	制造费用	合计
完工产品成本	892 515.00	5 582.58	20 176.00	918 273.58
单位成本	686.55	4.29	15.52	706.36
月末在产品成本	0.00	0.00	0.00	0.00

表 7-71-6　BD 普通防盗门产成品成本计算表

产成品成本计算单

2024 年 1 月 31 日

产品名称 BD 普通防盗门　　　　　　　　　　　　　　　　　　　　　　金额单位：元

本月完工 1 500 件　　　　　　　　　　　　　　　　　　　　　　　　月末在产品 0

项目	直接材料	直接人工	制造费用	合计
月初在产品成本	0.00	0.00	0.00	0.00
本月生产费用	729 300.00	6 441.42	23 280.00	759 021.42
合计	729 300.00	6 441.42	23 280.00	759 021.42
完工产品成本	729 300.00	6 441.42	23 280.00	759 021.42
单位成本	486.20	4.29	15.52	506.01
月末在产品成本	0.00	0.00	0.00	0.00

【说明】

成本计算采用分步法按车间分别计算，因此，要先计算半成品成本，再计算产成品成本，为简化处理制造费用由完工产品承担，半成品不计算制造费用。成本计算过程中由于保留小数的原因，数据之间有差额。差额在出库调整单上处理。

操作步骤

（1）计算机加工车间的成本。打开【库存核算】，单击【产品成本分配】按钮，单击【选单】按钮，选择"产成品入库单"，按生产车间查询，选"机加工车间"的四张入库单，单击【确定】按钮返回。修改归集对象，归集对象下拉列表中选择【入库单＋产品】，单击【取直接材料】按钮后系统完成直接材料的自动取数，在产成品成本分配的表头【人工费用】栏手工录入"28 857.60 元"，单击【分摊】按钮，保存并审核产成品成本分配单。系统完成机加工车间成本分配后，自动将机加工件的单位成本写入机加工车间的产成品入库单和喷涂车间的材料出库单。

（2）生成喷涂车间的材料出库凭证。打开【总账】，单击【单据生凭证】按钮，选择材料出库单，筛选喷涂车间，单据日期：2024.01.01～2024.01.31。找到喷涂的材料出库单，选中，修改合并条件，按业务类型相同、部门相同合并生成喷涂车间材料出库凭证，修改凭证日期，改成"2024.01.31"后保存。

(3) 计算喷涂车间的成本。打开【库存核算】,单击【产品成本分配】按钮,单击【选单】按钮选择"产成品入库单",按生产车间查询,选"喷涂车间"的四张入库单,单击【确定】按钮返回。修改归集对象,归集对象下拉列表中选择【入库单＋产品】,单击【取直接材料】系统完成直接材料的自动取数,在产成品成本分配的表头【人工费用】栏手工录入"21 108.80元",单击【分摊】按钮,保存并审核产成品成本分配单。系统完成喷涂车间成本分配后,自动将喷涂件的单位成本写入喷涂车间的产成品入库单和装配车间的材料出库单。

(4) 生成装配车间的材料出库凭证。打开【总账】,单击【单据生凭证】按钮,选择材料出库单,筛选装配车间,单据日期：2024.01.01～2024.01.31。找到装配车间的材料出库单,选中,修改合并条件,按业务类型相同、部门相同合并生成装配车间材料出库凭证,修改凭证日期,改成"2024.01.31"后保存。

(5) 计算装配车间的成本。打开【库存核算】,单击【产品成本分配】按钮,单击【选单】按钮选择"产成品入库单",按生产车间查询,选择"装配车间"的四张入库单,单击【确定】按钮返回。修改归集对象,归集对象下拉列表中选择【入库单＋产品】,单击【取直接材料】按钮后系统完成直接材料的自动取数,在产成品成本分配的表头【人工费用】栏手工录入"12 024.00元",【制造费用】栏手工录入"43 456.00元",单击【分摊】按钮,保存并审核产成品成本分配单。系统完成装配车间成本分配后,自动将产成品的单位成本写入装配车间的产成品入库单。

(6) 打开【总账】,单击【单据生凭证】按钮,选择产成品入库单,按部门合并制单,生成凭证。

业务 72 1月31日,结转本月已销产品成本。

操作步骤

打开【总账】,单击【单据生凭证】按钮,勾选销售出库单,合并生成一张凭证(修改凭证摘要,改为结转销售成本)。

业务 73 1月31日,对业务结账,生成出库调整单。

(1) 打开【系统管理】,单击【业务结账】按钮,选择1月,单击【期末结账】按钮。

(2) 打开【库存核算】,查看出库调整单(保留小数造成的差额)。

(3) 打开【总账】,单击【科目设置】按钮,打开存货对方科目扩展设置,增行,业务单据类型选择"出库调整单",对应科目选择"5401 主营业务成本"(项目选择 BD 普通防盗门)。

(4) 打开【总账】,单击【单据生凭证】按钮,选择出库调整单生成凭证。

【说明】

对于结存数量为零、结存金额不为零的存货,在期末处理时如果用户勾选了"结存数量为零,余额不为零的自动生成出库调整单"选项,由系统自动生成出库调整单。

业务 74　1月31日,计提本月应交增值税及附加税。

操作步骤

（1）打开【总账】,查询应交增值税的明细账,确定进项税额和销项税额。
（2）打开【总账】,单击【填制凭证】按钮,保存凭证。

业务 75　1月31日,结转期间损益。

操作步骤

打开【总账】,单击期末处理的【期间损益结转】按钮,填写本年利润的科目名称,勾选"包含未记账凭证",单击【生成凭证】按钮。

业务 76　1月31日,凭证出纳签字、审核、记账。

操作步骤

（1）更换出纳员,打开【总账】,单击【凭证管理】按钮,查询待出纳签字凭证进行签字。
（2）更换账套主管,打开【总账】,单击【凭证管理】按钮,查询待审核凭证进行审核、记账。
【说明】
取消记账快捷键：Ctrl＋Alt＋H。

业务 77　生成资产负债表、利润表和现金流量表,结账。

操作步骤

（1）查看现金流量项目。打开【总账】的【现金流量管理】,单击【现金明细表】按钮,单击【查询】按钮,查看现金流量项目。本案例中购买固定资产,系统自动分配的现金流量项目不正确,双击,打开凭证,单击凭证的【流量】按钮,勾选"手工分配现金流量",重新设置为"购建固定资产、无形资产和其他非流动资产支付的现金",单击【确定】按钮,单击【保存】按钮,保存凭证。
（2）打开【T-UFO】,选择资产负债表、利润表、现金流量表模板生成报表并保存。
（3）结账前打开【总账】,单击【未生凭证检查】按钮,执行【凭证整理】,删除作废凭证。
（4）打开【系统管理】,进行【财务结账】。

附录 1 1 月凭证

制单日期	凭证字号	摘要	科目编码	科目名称	辅助项	借方（元）	贷方（元）
2024年01月03日	记-0001	现金费用	22210101	应交税费——应交增值税——进项税额		78.00	
2024年01月03日	记-0001	现金费用	560202	管理费用——办公费		600.00	
2024年01月03日	记-0001	现金费用	100201	银行存款——农行吉利支行			678.00
2024年01月03日	记-0002	普通收款	100201	银行存款——农行吉利支行		284 760.00	
2024年01月03日	记-0002	普通收款	1122	应收账款	河南华源家居有限公司		284 760.00
2024年01月04日	记-0003	普通销售/安阳启明建材有限公司	1122	应收账款	安阳启明建材有限公司	384 200.00	
2024年01月04日	记-0003	普通销售/安阳启明建材有限公司	22210106	应交税费——应交增值税——销项税额			44 200.00
2024年01月04日	记-0003	普通销售/安阳启明建材有限公司	5001	主营业务收入	YJ高级防盗门		340 000.00
2024年01月04日	记-0004	现金费用	22210101	应交税费——应交增值税——进项税额		270.00	
2024年01月04日	记-0004	现金费用	560103	销售费用——运输费		3 000.00	
2024年01月04日	记-0004	现金费用	100201	银行存款——农行吉利支行			3 270.00
2024年01月05日	记-0005	现金费用	221101	应付职工薪酬——应付职工工资		113 200.00	
2024年01月05日	记-0005	现金费用	224101	其他应付款——个人养老保险			9 056.00
2024年01月05日	记-0005	现金费用	224102	其他应付款——个人失业保险			339.60

(续表)

制单日期	凭证字号	摘要	科目编码	科目名称	辅助项	借方(元)	贷方(元)
2024年01月05日	记-0005	现金费用	224103	其他应付款——个人医疗保险			2 264.00
2024年01月05日	记-0005	现金费用	224104	其他应付款——个人住房公积金			11 320.00
2024年01月05日	记-0005	现金费用	100201	银行存款——农行吉利支行			90 220.40
2024年01月05日	记-0006	现金费用	22110401	应付职工薪酬——单位养老保险费		18 112.00	
2024年01月05日	记-0006	现金费用	22110402	应付职工薪酬——单位失业保险费		792.40	
2024年01月05日	记-0006	现金费用	22110403	应付职工薪酬——单位医疗保险费		7 358.00	
2024年01月05日	记-0006	现金费用	22110404	应付职工薪酬——单位工伤保险费		452.80	
2024年01月05日	记-0006	现金费用	224101	其他应付款——个人养老保险		9 056.00	
2024年01月05日	记-0006	现金费用	224102	其他应付款——个人失业保险		339.60	
2024年01月05日	记-0006	现金费用	224103	其他应付款——个人医疗保险		2 264.00	
2024年01月05日	记-0006	现金费用	100201	银行存款——农行吉利支行			38 374.80
2024年01月05日	记-0007	现金费用	221105	应付职工薪酬——住房公积金		11 320.00	
2024年01月05日	记-0007	现金费用	224104	其他应付款——个人住房公积金		11 320.00	

(续表)

制单日期	凭证字号	摘要	科目编码	科目名称	辅助项	借方(元)	贷方(元)
2024年01月05日	记-0007	现金费用	100201	银行存款——农行吉利支行			22 640.00
2024年01月05日	记-0008	现金费用	222102	未交增值税		12 000.00	
2024年01月05日	记-0008	现金费用	222115	应交税费——应交城市维护建设税		840.00	
2024年01月05日	记-0008	现金费用	222120	应交税费——应交教育费附加		360.00	
2024年01月05日	记-0008	现金费用	222121	应交税费——应交地方教育附加		240.00	
2024年01月05日	记-0008	现金费用	100201	银行存款——农行吉利支行			13 440.00
2024年01月06日	记-0009	普通采购/雅丹化工建材有限公司	1403	原材料	塑粉	−9 000.00	
2024年01月06日	记-0009	普通采购/雅丹化工建材有限公司	1403	原材料	磷化液	−9 000.00	
2024年01月06日	记-0009	普通采购/雅丹化工建材有限公司	220202	应付账款——暂估应付款	雅丹化工建材有限公司		−18 000.00
2024年01月06日	记-0010	普通采购/雅丹化工建材有限公司	1402	在途物资		18 000.00	
2024年01月06日	记-0010	普通采购/雅丹化工建材有限公司	22210101	应交税费——应交增值税——进项税额		2 340.00	
2024年01月06日	记-0010	普通采购/雅丹化工建材有限公司	100201	银行存款——农行吉利支行			2 340.00
2024年01月06日	记-0010	普通采购/雅丹化工建材有限公司	220201	应付账款——一般应付款	雅丹化工建材有限公司		18 000.00
2024年01月06日	记-0011	普通采购/雅丹化工建材有限公司	1403	原材料	塑粉	9 000.00	

项目七　综合实训

(续表)

制单日期	凭证字号	摘要	科目编码	科目名称	辅助项	借方(元)	贷方(元)
2024年01月06日	记-0011	普通采购/雅丹化工建材有限公司	1403	原材料	磷化液	9 000.00	
2024年01月06日	记-0011	普通采购/雅丹化工建材有限公司	1402	在途物资			18 000.00
2024年01月06日	记-0012	预付冲应付	220201	应付账款	雅丹化工建材有限公司	18 000.00	
2024年01月06日	记-0012	预付冲应付	1123	预付账款	雅丹化工建材有限公司		18 000.00
2024年01月07日	记-0013	普通收款	100201	银行存款——农行吉利支行		528 840.00	
2024年01月07日	记-0013	普通收款	1122	应收账款	安阳启明建材有限公司		528 840.00
2024年01月07日	记-0014	普通付款	220201	应付账款	华阳钢铁有限公司	273 460.00	
2024年01月07日	记-0014	普通付款	100201	银行存款——农行吉利支行			273 460.00
2024年01月07日	记-0015	预收款	100201	银行存款——农行吉利支行		300 000.00	
2024年01月07日	记-0015	预收款	2203	预收账款	河南华源家居有限公司		300 000.00
2024年01月09日	记-0016	普通采购/洛阳天宇商贸有限公司	1411	周转材料	工作服	3 000.00	
2024年01月09日	记-0016	普通采购/洛阳天宇商贸有限公司	1411	周转材料	手套	400.00	
2024年01月09日	记-0016	普通采购/洛阳天宇商贸有限公司	1411	周转材料	防毒面具	1 000.00	
2024年01月09日	记-0016	普通采购/洛阳天宇商贸有限公司	100201	银行存款——农行吉利支行			4 400.00

211

(续表)

制单日期	凭证号	摘要	科目编码	科目名称	辅助项	借方(元)	贷方(元)
2024年01月09日	记-0017	普通付款	1123	预付账款	郑州讯达实业有限公司	3 729.00	
2024年01月09日	记-0017	普通付款	220201	应付账款——一般应付款	郑州讯达实业有限公司	101 135.00	
2024年01月09日	记-0017	普通付款	100201	银行存款——农行吉利支行			104 864.00
2024年01月10日	记-0018	现金费用/采购运费	1402	在途物资		5 000.00	
2024年01月10日	记-0018	现金费用/采购运费	22210101	应交税费——应交增值税——进项税额		450.00	
2024年01月10日	记-0018	现金费用/采购运费	100201	银行存款——农行吉利支行			5 450.00
2024年01月10日	记-0019	普通采购/华阳钢铁有限公司	1403	原材料	冷轧钢板	266 620.88	
2024年01月10日	记-0019	普通采购/华阳钢铁有限公司	1403	原材料	不锈钢管	80 879.12	
2024年01月10日	记-0019	普通采购/华阳钢铁有限公司	22210101	应交税费——应交增值税——进项税额		44 525.00	
2024年01月10日	记-0019	普通采购/华阳钢铁有限公司	1402	在途物资			5 000.00
2024年01月10日	记-0019	普通采购/华阳钢铁有限公司	220201	应付账款——一般应付款	华阳钢铁有限公司		387 025.00
2024年01月11日	记-0020	普通采购/郑州讯达实业有限公司	1403	原材料	猫眼	3 300.00	
2024年01月11日	记-0020	普通采购/郑州讯达实业有限公司	22210101	应交税费——应交增值税——进项税额		429.00	
2024年01月11日	记-0020	普通采购/郑州讯达实业有限公司	220201	应付账款——一般应付款	郑州讯达实业有限公司		3 729.00

(续表)

制单日期	凭证字号	摘要	科目编码	科目名称	辅助项	借方(元)	贷方(元)
2024年01月11日	记-0021	预付冲应付	220201	应付账款——一般应付款	郑州讯达实业有限公司	3 729.00	
2024年01月11日	记-0021	预付冲应付	1123	预付账款	郑州讯达实业有限公司		3 729.00
2024年01月11日	记-0022	普通采购/雅丹化工建材有限公司	1403	原材料	塑粉	11 520.00	
2024年01月11日	记-0022	普通采购/雅丹化工建材有限公司	22210101	应交税费——应交增值税——进项税额		1 497.60	
2024年01月11日	记-0022	普通采购/雅丹化工建材有限公司	100201	银行存款——农行吉利支行			13 017.60
2024年01月12日	记-0023	普通付款	220201	应付账款——一般应付款	华阳钢铁有限公司	387 025.00	
2024年01月12日	记-0023	普通付款	100201	银行存款——农行吉利支行			387 025.00
2024年01月14日	记-0024	普通采购/华阳钢铁有限公司	1403	原材料	冷轧钢板	160 936.71	
2024年01月14日	记-0024	普通采购/华阳钢铁有限公司	1403	原材料	不锈钢管	47 263.29	
2024年01月14日	记-0024	普通采购/华阳钢铁有限公司	22210101	应交税费——应交增值税——进项税额		26 286.00	
2024年01月14日	记-0024	普通采购/华阳钢铁有限公司	220201	应付账款——一般应付款	华阳钢铁有限公司		228 486.00
2024年01月14日	记-0025	现金费用	1402	在途物资		6 000.00	
2024年01月14日	记-0025	现金费用	22210101	应交税费——应交增值税——进项税额		540.00	

213

(续表)

制单日期	凭证字号	摘要	科目编码	科目名称	辅助项	借方(元)	贷方(元)
2024年01月14日	记-0025	现金费用	100201	银行存款——农行吉利支行			6 540.00
2024年01月15日	记-0026	普通付款	220201	应付账款	华阳钢铁有限公司	228 486.00	
2024年01月15日	记-0026	普通付款	100201	银行存款——农行吉利支行			228 486.00
2024年01月16日	记-0027	预付款	1123	预付账款	郑州讯达实业有限公司	189 388.00	
2024年01月16日	记-0027	预付款	100201	银行存款——农行吉利支行			189 388.00
2024年01月16日	记-0028	普通采购/雅丹化工建材有限公司	1403	原材料	塑粉	8 371.43	
2024年01月16日	记-0028	普通采购/雅丹化工建材有限公司	1403	原材料	磷化液	4 028.57	
2024年01月16日	记-0028	普通采购/雅丹化工建材有限公司	22210101	应交税费——应交增值税——进项税额		1 482.00	
2024年01月16日	记-0028	普通采购/雅丹化工建材有限公司	1402	在途物资			
2024年01月16日	记-0028	普通采购/雅丹化工建材有限公司	220201	应付账款	雅丹化工建材有限公司		1 000.00
2024年01月16日	记-0029	现金费用	1402	在途物资		1 000.00	
2024年01月16日	记-0029	现金费用	22210101	应交税费——应交增值税——进项税额		90.00	
2024年01月16日	记-0029	现金费用	100201	银行存款——农行吉利支行		12 882.00	12 882.00
2024年01月16日	记-0030	普通付款	220201	应付账款	雅丹化工建材有限公司		1 090.00
2024年01月16日	记-0030	普通付款	100201	银行存款——农行吉利支行			12 882.00

(续表)

制单日期	凭证字号	摘要	科目编码	科目名称	辅助项	借方(元)	贷方(元)
2024年01月17日	记-0031	普通采购/郑州讯达实业有限公司	1403	原材料	不锈钢轴承合页	56 100.00	
2024年01月17日	记-0031	普通采购/郑州讯达实业有限公司	1403	原材料	可脱卸旗形合页	25 500.00	
2024年01月17日	记-0031	普通采购/郑州讯达实业有限公司	1403	原材料	J型防盗锁	44 000.00	
2024年01月17日	记-0031	普通采购/郑州讯达实业有限公司	1403	原材料	D型防盗锁	28 000.00	
2024年01月17日	记-0031	普通采购/郑州讯达实业有限公司	1403	原材料	猫眼	14 000.00	
2024年01月17日	记-0031	普通采购/郑州讯达实业有限公司	22210101	应交税费——应交增值税——进项税额		21 788.00	
2024年01月17日	记-0031	普通采购/郑州讯达实业有限公司	220201	应付账款——一般应付款	郑州讯达实业有限公司		189 388.00
2024年01月17日	记-0032	预付冲应付	220201	应付账款——一般应付款	郑州讯达实业有限公司	189 388.00	
2024年01月17日	记-0032	预付冲应付	1123	预付账款	郑州讯达实业有限公司		189 388.00
2024年01月18日	记-0033	购入待安装设备	1604	在建工程		210 000.00	
2024年01月18日	记-0033	购入待安装设备	22210101	应交税费——应交增值税——进项税额		26 780.00	
2024年01月18日	记-0033	购入待安装设备	220201	应付账款——一般应付款	宏达设备有限公司		230 240.00
2024年01月18日	记-0033	购入待安装设备	100201	银行存款——农行吉利支行			6 540.00

215

(续表)

制单日期	凭证字号	摘要	科目编码	科目名称	辅助项	借方(元)	贷方(元)
2024年01月18日	记-0034	预付款	1123	预付账款	洛阳红景包装材料有限公司	22 204.50	
2024年01月18日	记-0034	预付款	100202	银行存款——工行吉利支行			22 204.50
2024年01月19日	记-0035	普通采购/华阳钢铁有限公司	1403	原材料	冷轧钢板	253 653.54	
2024年01月19日	记-0035	普通采购/华阳钢铁有限公司	1403	原材料	不锈钢管	72 946.46	
2024年01月19日	记-0035	普通采购/华阳钢铁有限公司	22210101	应交税费——应交增值税——进项税额		42 198.00	
2024年01月19日	记-0035	普通采购/华阳钢铁有限公司	1402	在途物资			2 000.00
2024年01月19日	记-0035	普通采购/华阳钢铁有限公司	220201	应付账款	华阳钢铁有限公司		366 798.00
2024年01月19日	记-0036	现金费用/采购运费	1402	在途物资		2 000.00	
2024年01月19日	记-0036	现金费用/采购运费	22210101	应交税费——应交增值税——进项税额		180.00	
2024年01月19日	记-0036	现金费用/采购运费	100201	银行存款——农行吉利支行			2 180.00
2024年01月19日	记-0037	普通销售/河南华源家居有限公司	1122	应收账款	河南华源家居有限公司	993 270.00	
2024年01月19日	记-0037	普通销售/河南华源家居有限公司	22210106	应交税费——应交增值税——销项税额			114 270.00
2024年01月19日	记-0037	普通销售/河南华源家居有限公司	5001	主营业务收入	YJ高级防盗门		495 000.00
2024年01月19日	记-0037	普通销售/河南华源家居有限公司	5001	主营业务收入	BD普通防盗门		384 000.00

(续表)

制单日期	凭证字号	摘要	科目编码	科目名称	辅助项	借方(元)	贷方(元)
2024年01月19日	记-0038	普通采购/郑州通志有限公司	1403	原材料	岩棉	68 000.00	
2024年01月19日	记-0038	普通采购/郑州通志有限公司	1403	原材料	橡胶密封条	5 800.00	
2024年01月19日	记-0038	普通采购/郑州通志有限公司	22210101	应交税费——应交增值税——进项税额		9 594.00	
2024年01月19日	记-0038	普通采购/郑州通志有限公司	220201	应付账款	郑州通志有限公司		83 394.00
2024年01月19日	记-0039	普通采购/洛阳红景包装材料有限公司	1411	周转材料	包装箱	7 200.00	
2024年01月19日	记-0039	普通采购/洛阳红景包装材料有限公司	1411	周转材料	PE保护膜	12 450.00	
2024年01月19日	记-0039	普通采购/洛阳红景包装材料有限公司	22210101	应交税费——应交增值税——进项税额		2 554.50	
2024年01月19日	记-0039	普通采购/洛阳红景包装材料有限公司	220201	应付账款	洛阳红景包装材料有限公司		22 204.50
2024年01月19日	记-0040	预付冲应付	220201	应付账款	洛阳红景包装材料有限公司	22 204.50	
2024年01月19日	记-0040	预付冲应付	1123	预付账款	洛阳红景包装材料有限公司		22 204.50
2024年01月20日	记-0041	普通收款	100201	银行存款——农行吉利支行		693 270.00	
2024年01月20日	记-0041	普通收款	2203	预收账款	河南华源家居有限公司	300 000.00	
2024年01月20日	记-0041	普通收款	1122	应收账款	河南华源家居有限公司		993 270.00

217

(续表)

制单日期	凭证字号	摘要	科目编码	科目名称	辅助项	借方(元)	贷方(元)
2024年01月20日	记-0042	在建工程转入	1601	固定资产		210 000.00	
2024年01月20日	记-0042	在建工程转入	1604	在建工程			210 000.00
2024年01月20日	记-0043	支付货款	220201	应付账款——一般应付款	宏达设备有限公司	230 240.00	
2024年01月20日	记-0043	支付货款	100201	银行存款——农行吉利支行			230 240.00
2024年01月20日	记-0044	普通付款	220201	应付账款——一般应付款	郑州通志有限公司	121 316.80	
2024年01月20日	记-0044	普通付款	100201	银行存款——农行吉利支行			121 316.80
2024年01月20日	记-0045	普通采购/雅丹化工建材有限公司	1403	原材料	磷化液	5 580.00	
2024年01月20日	记-0045	普通采购/雅丹化工建材有限公司	1403	原材料	塑粉	11 760.00	
2024年01月20日	记-0045	普通采购/雅丹化工建材有限公司	22210101	应交税费——应交增值税——进项税额		2 254.20	
2024年01月20日	记-0045	普通采购/雅丹化工建材有限公司	220201	应付账款——一般应付款	雅丹化工建材有限公司		19 594.20
2024年01月21日	记-0046	普通销售/重庆康达门业有限公司	1121	应收票据		1 627 200.00	
2024年01月21日	记-0046	普通销售/重庆康达门业有限公司	22210106	应交税费——应交增值税——销项税额			187 200.00
2024年01月21日	记-0046	普通销售/重庆康达门业有限公司	5001	主营业务收入	YJ高级防盗门		815 000.00
2024年01月21日	记-0046	普通销售/重庆康达门业有限公司	5001	主营业务收入	BD普通防盗门		625 000.00

(续表)

制单日期	凭证字号	摘要	科目编码	科目名称	辅助项	借方(元)	贷方(元)
2024年01月22日	记-0047	普通销售/中原兴盼门业有限公司	100201	银行存款——农行吉利支行		983 100.00	
2024年01月22日	记-0047	普通销售/中原兴盼门业有限公司	22210106	应交税费——应交增值税——销项税额			113 100.00
2024年01月22日	记-0047	普通销售/中原兴盼门业有限公司	5001	主营业务收入	YJ高级防盗门		495 000.00
2024年01月22日	记-0047	普通销售/中原兴盼门业有限公司	5001	主营业务收入	BD普通防盗门		375 000.00
2024年01月24日	记-0048	预付租赁费	1123	预付账款	长远资产管理有限公司	360 000.00	
2024年01月24日	记-0048	预付租赁费	22210101	应交税费——应交增值税——进项税额		32 400.00	
2024年01月24日	记-0048	预付租赁费	100201	银行存款——农行吉利支行			392 400.00
2024年01月24日	记-0049	分摊本月租赁费	410102	制造费用——租赁费		20 000.00	
2024年01月24日	记-0049	分摊本月租赁费	560218	管理费用——租赁费		10 000.00	
2024年01月24日	记-0049	分摊本月租赁费	1123	预付账款	长远资产管理有限公司		30 000.00
2024年01月24日	记-0050	现金费用	560219	管理费用——通信服务费		1 000.00	
2024年01月24日	记-0050	现金费用	1001	库存现金			1 000.00
2024年01月24日	记-0051	现金费用	22210101	应交税费——应交增值税——进项税额		126.90	
2024年01月24日	记-0051	现金费用	560112	销售费用——水费		47.00	
2024年01月24日	记-0051	现金费用	560206	管理费用——水费		141.00	
2024年01月24日	记-0051	现金费用	410103	制造费用——水费		1 222.00	

(续表)

制单日期	凭证字号	摘要	科目编码	科目名称	辅助项	借方（元）	贷方（元）
2024年01月24日	记-0051	现金费用	100201	银行存款——农行吉利支行			1 536.90
2024年01月25日	记-0052	现金费用	22210101	应交税费——应交增值税——进项税额		156.00	
2024年01月25日	记-0052	现金费用	560207	管理费用——电费		360.00	
2024年01月25日	记-0052	现金费用	560113	销售费用——电费		240.00	
2024年01月25日	记-0052	现金费用	410104	制造费用——电费		600.00	
2024年01月25日	记-0052	现金费用	1001	库存现金			1 356.00
2024年01月26日	记-0053	预付款	1123	预付账款	郑州讯达实业有限公司	104 073.00	
2024年01月26日	记-0053	预付款	100201	银行存款——农行吉利支行			104 073.00
2024年01月26日	记-0054	预付款	1123	预付账款	郑州通志有限公司	44 928.80	
2024年01月26日	记-0054	预付款	100201	银行存款——农行吉利支行			44 928.80
2024年01月26日	记-0055	预付款	1123	预付账款	洛阳红景包装材料有限公司	22 679.10	
2024年01月26日	记-0055	预付款	100202	银行存款——工行吉利支行			22 679.10
2024年01月27日	记-0056	普通采购/郑州讯达实业有限公司	1403	原材料	不锈钢轴承合页	29 700.00	
2024年01月27日	记-0056	普通采购/郑州讯达实业有限公司	1403	原材料	可脱卸旗形合页	12 900.00	
2024年01月27日	记-0056	普通采购/郑州讯达实业有限公司	1403	原材料	J型防盗锁	16 500.00	
2024年01月27日	记-0056	普通采购/郑州讯达实业有限公司	1403	原材料	D型防盗锁	24 000.00	

(续表)

制单日期	凭证字号	摘要	科目编码	科目名称	辅助项	借方(元)	贷方(元)
2024年01月27日	记-0056	普通采购/郑州讯达实业有限公司	1403	原材料	猫眼	9 000.00	
2024年01月27日	记-0056	普通采购/郑州讯达实业有限公司	22210101	应交税费——应交增值税——进项税额		11 973.00	
2024年01月27日	记-0056	普通采购/郑州讯达实业有限公司	220201	应付账款	郑州讯达实业有限公司		104 073.00
2024年01月27日	记-0057	普通采购/郑州通志有限公司	1403	原材料	岩棉	36 160.00	
2024年01月27日	记-0057	普通采购/郑州通志有限公司	1403	原材料	橡胶密封条	3 600.00	
2024年01月27日	记-0057	普通采购/郑州通志有限公司	22210101	应交税费——应交增值税——进项税额		5 168.80	
2024年01月27日	记-0057	普通采购/郑州通志有限公司	220201	应付账款	郑州通志有限公司		44 928.80
2024年01月27日	记-0058	普通采购/洛阳红景包装材料有限公司	1411	周转材料	包装箱	7 200.00	
2024年01月27日	记-0058	普通采购/洛阳红景包装材料有限公司	1411	周转材料	PE保护膜	12 870.00	
2024年01月27日	记-0058	普通采购/洛阳红景包装材料有限公司	22210101	应交税费——应交增值税——进项税额		2 609.10	
2024年01月27日	记-0058	普通采购/洛阳红景包装材料有限公司	220201	应付账款	洛阳红景包装材料有限公司		22 679.10
2024年01月27日	记-0059	预付冲应付	220201	应付账款	郑州讯达实业有限公司	104 073.00	
2024年01月27日	记-0059	预付冲应付	1123	预付账款	郑州讯达实业有限公司		104 073.00

(续表)

制单日期	凭证字号	摘要	科目编码	科目名称	辅助项	借方(元)	贷方(元)
2024年01月27日	记-0060	预付冲应付	220201	应付账款——一般应付款	郑州通志有限公司	44 928.80	
2024年01月27日	记-0060	预付冲应付	1123	预付账款	郑州通志有限公司		44 928.80
2024年01月27日	记-0061	预付冲应付	220201	应付账款——一般应付款	洛阳红景包装材料有限公司	22 679.10	
2024年01月27日	记-0061	预付冲应付	1123	预付账款	洛阳红景包装材料有限公司		22 679.10
2024年01月29日	记-0062	普通销售/丹阳优品门业有限公司	1122	应收账款	丹阳优品门业有限公司	1 389 900.00	
2024年01月29日	记-0062	普通销售/丹阳优品门业有限公司	22210106	应交税费——应交增值税——销项税额			159 900.00
2024年01月29日	记-0062	普通销售/丹阳优品门业有限公司	5001	主营业务收入	YJ高级防盗门		510 000.00
2024年01月29日	记-0062	普通销售/丹阳优品门业有限公司	5001	主营业务收入	BD普通防盗门		720 000.00
2024年01月29日	记-0063	计提本月工资	560201	管理费用——工资		40 800.00	
2024年01月29日	记-0063	计提本月工资	560101	销售费用——工资		14 000.00	
2024年01月29日	记-0063	计提本月工资	410105	制造费用——工资		12 000.00	
2024年01月29日	记-0063	计提本月工资	400102	生产成本——直接人工	YJ高级防盗门	21 542.86	
2024年01月29日	记-0063	计提本月工资	400102	生产成本——直接人工	BD普通防盗门	24 857.14	
2024年01月29日	记-0063	计提本月工资	221101	应付职工薪酬——应付职工工资			113 200.00
2024年01月29日	记-0064	计提本月社保及公积金	560220	管理费用——四险一金		13 708.80	
2024年01月29日	记-0064	计提本月社保及公积金	560114	销售费用——四险一金		4 704.00	

222

(续表)

制单日期	凭证字号	摘要	科目编码	科目名称	辅助项	借方(元)	贷方(元)
2024年01月29日	记-0064	计提本月社保及公积金	410106	制造费用——四险一金		4 032.00	
2024年01月29日	记-0064	计提本月社保及公积金	400102	生产成本——直接人工	YJ高级防盗门	7 238.43	
2024年01月29日	记-0064	计提本月社保及公积金	400102	生产成本——直接人工	BD普通防盗门	8 351.97	
2024年01月29日	记-0064	计提本月社保及公积金	22110401	应付职工薪酬——单位医疗保险			7 358.00
2024年01月29日	记-0064	计提本月社保及公积金	22110402	应付职工薪酬——单位工伤保险			452.80
2024年01月29日	记-0064	计提本月社保及公积金	22111101	应付职工薪酬——设定提存计划——单位养老保险			18 112.00
2024年01月29日	记-0064	计提本月社保及公积金	22111102	应付职工薪酬——设定提存计划——单位失业保险			792.40
2024年01月29日	记-0064	计提本月社保及公积金	221105	应付职工薪酬——应付住房公积金			11 320.00
2024年01月31日	记-0065	计提折旧/摊销	410107	制造费用——折旧费		3 152.00	
2024年01月31日	记-0065	计提折旧/摊销	560118	销售费用——折旧费		1 056.00	
2024年01月31日	记-0065	计提折旧/摊销	560209	管理费用——折旧费		688.00	
2024年01月31日	记-0065	计提折旧/摊销	1602	累计折旧			4 896.00
2024年01月31日	记-0066	自制领料	400101	生产成本——直接材料	YJ高级防盗门	582 270.00	
2024年01月31日	记-0066	自制领料	400101	生产成本——直接材料	BD普通防盗门	437 310.00	
2024年01月31日	记-0066	自制领料	1403	原材料	冷轧钢板		786 600.00
2024年01月31日	记-0066	自制领料	1403	原材料	不锈钢管		232 980.00
2024年01月31日	记-0067	直接领料	410101	制造费用——劳保费		760.00	
2024年01月31日	记-0067	直接领料	1411	周转材料	手套		160.00
2024年01月31日	记-0067	直接领料	1411	周转材料	工作服		600.00

223

(续表)

制单日期	凭证字号	摘要	科目编码	科目名称	辅助项	借方(元)	贷方(元)
2024年01月31日	记-0068	自制领料	400101	生产成本——直接材料	YJ高级防盗门	629 170.10	
2024年01月31日	记-0068	自制领料	400101	生产成本——直接材料	BD普通防盗门	478 542.00	
2024年01月31日	记-0068	自制领料	1403	原材料	塑粉		40 654.80
2024年01月31日	记-0068	自制领料	1403	原材料	磷化液		18 609.30
2024年01月31日	记-0068	自制领料	1403	原材料	BD机加工件		452 775.00
2024年01月31日	记-0068	自制领料	1403	原材料	YJ机加工件		595 673.00
2024年01月31日	记-0069	直接领料	410101	制造费用——劳保费	防毒面具	770.00	
2024年01月31日	记-0069	直接领料	1411	周转材料	手套		200.00
2024年01月31日	记-0069	直接领料	1411	周转材料	工作服		120.00
2024年01月31日	记-0069	直接领料	1411	周转材料			450.00
2024年01月31日	记-0070	自制领料	400101	生产成本——直接材料	YJ高级防盗门	892 515.00	
2024年01月31日	记-0070	自制领料	400101	生产成本——直接材料	BD普通防盗门	729 300.00	
2024年01月31日	记-0070	自制领料	1403	原材料	可脱卸旗形合页		42 000.00
2024年01月31日	记-0070	自制领料	1403	原材料	D型防盗锁		60 000.00
2024年01月31日	记-0070	自制领料	1403	原材料	YJ喷涂件		638 976.00
2024年01月31日	记-0070	自制领料	1403	原材料	不锈钢轴承合页		92 400.00
2024年01月31日	记-0070	自制领料	1403	原材料	橡胶密封条		13 400.00
2024年01月31日	记-0070	自制领料	1403	原材料	BD喷涂件		489 855.00
2024年01月31日	记-0070	自制领料	1403	原材料	猫眼		28 700.00
2024年01月31日	记-0070	自制领料	1403	原材料	岩棉		121 760.00
2024年01月31日	记-0070	自制领料	1403	原材料	J型防盗锁		71 500.00

(续表)

制单日期	凭证字号	摘要	科目编码	科目名称	辅助项	借方(元)	贷方(元)
2024年01月31日	记-0070	自制领料	1411	周转材料	PE保护膜		40 320.00
2024年01月31日	记-0070	自制领料	1411	周转材料	包装箱		22 904.00
2024年01月31日	记-0071	直接领料	410101	制造费用——劳保费		920.00	
2024年01月31日	记-0071	直接领料	1411	周转材料	防毒面具		200.00
2024年01月31日	记-0071	直接领料	1411	周转材料	手套		120.00
2024年01月31日	记-0071	直接领料	1411	周转材料	工作服		600.00
2024年01月31日	记-0072	结转制造费用	400103	生产成本	YJ高级防盗门	20 176.00	
2024年01月31日	记-0072	结转制造费用	400103	生产成本	BD普通防盗门	23 280.00	
2024年01月31日	记-0072	结转制造费用	410101	制造费用——劳保费			2 450.00
2024年01月31日	记-0072	结转制造费用	410102	制造费用——租赁费			20 000.00
2024年01月31日	记-0072	结转制造费用	410103	制造费用——水费			1 222.00
2024年01月31日	记-0072	结转制造费用	410104	制造费用——电费			600.00
2024年01月31日	记-0072	结转制造费用	410105	制造费用——工资			12 000.00
2024年01月31日	记-0072	结转制造费用	410106	制造费用——四险一金			4 032.00
2024年01月31日	记-0072	结转制造费用	410107	制造费用——折旧费			3 152.00
2024年01月31日	记-0073	自制加工	1403	原材料	BD机加工件	452 769.42	
2024年01月31日	记-0073	自制加工	1403	原材料	YJ机加工件	595 668.18	
2024年01月31日	记-0073	自制加工	400101	生产成本——直接材料	YJ高级防盗门		582 270.00
2024年01月31日	记-0073	自制加工	400101	生产成本——直接材料	BD普通防盗门		437 310.00
2024年01月31日	记-0073	自制加工	400102	生产成本——直接人工	YJ高级防盗门		13 398.18
2024年01月31日	记-0073	自制加工	400102	生产成本——直接人工	BD普通防盗门		15 459.42

(续表)

制单日期	凭证字号	摘要	科目编码	科目名称	辅助项	借方(元)	贷方(元)
2024年01月31日	记-0074	自制加工	1403	原材料	BD喷涂件	489 850.28	
2024年01月31日	记-0074	自制加工	1403	原材料	YJ喷涂件	638 970.62	
2024年01月31日	记-0074	自制加工	400101	生产成本——直接材料	YJ高级防盗门		629 170.10
2024年01月31日	记-0074	自制加工	400101	生产成本——直接材料	BD普通防盗门		478 542.00
2024年01月31日	记-0074	自制加工	400102	生产成本——直接人工	YJ高级防盗门		9 800.52
2024年01月31日	记-0074	自制加工	400102	生产成本——直接人工	BD普通防盗门		11 308.28
2024年01月31日	记-0075	自制加工	1405	库存商品	BD普通防盗门	759 021.42	
2024年01月31日	记-0075	自制加工	1405	库存商品	YJ高级防盗门	918 273.58	
2024年01月31日	记-0075	自制加工	400101	生产成本——直接材料	BD普通防盗门		892 515.00
2024年01月31日	记-0075	自制加工	400101	生产成本——直接材料	YJ高级防盗门		729 300.00
2024年01月31日	记-0075	自制加工	400102	生产成本——直接人工	BD普通防盗门		5 582.58
2024年01月31日	记-0075	自制加工	400102	生产成本——直接人工	YJ高级防盗门		6 441.42
2024年01月31日	记-0075	自制加工	400103	生产成本——制造费用	YJ高级防盗门		20 176.00
2024年01月31日	记-0075	自制加工	400103	生产成本——制造费用	BD普通防盗门		23 280.00
2024年01月31日	记-0076	普通销售/安阳启明建材有限公司	5401	主营业务成本	YJ高级防盗门	1 248 272.00	
2024年01月31日	记-0076	普通销售/安阳启明建材有限公司	5401	主营业务成本	BD普通防盗门	939 029.00	
2024年01月31日	记-0076	普通销售/安阳启明建材有限公司	1405	库存商品	YJ高级防盗门		1 248 272.00
2024年01月31日	记-0076	普通销售/河南华源家居有限公司	1405	库存商品	BD普通防盗门		939 029.00

(续表)

制单日期	凭证字号	摘要	科目编码	科目名称	辅助项	借方(元)	贷方(元)
2024年01月31日	记-0077	出库调整单	5401	主营业务成本	BD普通防盗门	-314.60	
2024年01月31日	记-0077	出库调整单	1403	原材料	YJ机加工件		-4.82
2024年01月31日	记-0077	出库调整单	1405	库存商品	BD普通防盗门		-7.58
2024年01月31日	记-0077	出库调整单	1403	原材料	BD机加工件		-5.58
2024年01月31日	记-0077	出库调整单	1403	原材料	BD喷涂件		-4.72
2024年01月31日	记-0077	出库调整单	1403	原材料	YJ喷涂件		-5.38
2024年01月31日	记-0077	出库调整单	1405	库存商品	YJ高级防盗门		1.58
2024年01月31日	记-0077	出库调整单	1403	原材料	不锈钢管		108.87
2024年01月31日	记-0077	出库调整单	1403	原材料	冷轧钢板		-388.87
2024年01月31日	记-0077	出库调整单	1403	原材料	塑粉		-3.37
2024年01月31日	记-0077	出库调整单	1411	周转材料	包装箱		-4.00
2024年01月31日	记-0077	出库调整单	1403	原材料	磷化液		-0.73
2024年01月31日	记-0078	计提本月增值税	22210104	应交税费——应交增值税——转出未交增值税		382 899.90	
2024年01月31日	记-0078	计提本月增值税	222102	应交税费——未交增值税			382 899.90
2024年01月31日	记-0079	计提城建税	5403	税金及附加		45 947.99	
2024年01月31日	记-0079	计提城建税	222115	应交税费——应交城市维护建设税			26 802.99
2024年01月31日	记-0079	计提教育费附加	222120	应交税费——应交教育费附加			11 487.00
2024年01月31日	记-0079	计提地方教育附加	222121	应交税费——应交地方教育附加			7 658.00

(续表)

制单日期	凭证字号	摘要	科目编码	科目名称	辅助项	借方(元)	贷方(元)
2024年01月31日	记-0080	结转期间损益	5001	主营业务收入	YJ高级防盗门	2 655 000.00	
2024年01月31日	记-0080	结转期间损益	5001	主营业务收入	BD普通防盗门	2 104 000.00	
2024年01月31日	记-0080	结转期间损益	5401	主营业务成本	YJ高级防盗门		1 248 272.00
2024年01月31日	记-0080	结转期间损益	5401	主营业务成本	BD普通防盗门		938 714.40
2024年01月31日	记-0080	结转期间损益	5403	税金及附加			45 947.99
2024年01月31日	记-0080	结转期间损益	560101	销售费用——工资			14 000.00
2024年01月31日	记-0080	结转期间损益	560103	销售费用——运输费			3 000.00
2024年01月31日	记-0080	结转期间损益	560112	销售费用——水费			47.00
2024年01月31日	记-0080	结转期间损益	560113	销售费用——电费			240.00
2024年01月31日	记-0080	结转期间损益	560114	销售费用——四险一金			4 704.00
2024年01月31日	记-0080	结转期间损益	560118	销售费用——折旧费			1 056.00
2024年01月31日	记-0080	结转期间损益	560201	管理费用——工资			40 800.00
2024年01月31日	记-0080	结转期间损益	560202	管理费用——办公费			600.00
2024年01月31日	记-0080	结转期间损益	560206	管理费用——水费			141.00
2024年01月31日	记-0080	结转期间损益	560207	管理费用——电费			360.00
2024年01月31日	记-0080	结转期间损益	560209	管理费用——折旧费			688.00
2024年01月31日	记-0080	结转期间损益	560218	管理费用——租赁费			10 000.00
2024年01月31日	记-0080	结转期间损益	560219	管理费用——通信服务费			1 000.00
2024年01月31日	记-0080	结转期间损益	560220	管理费用——四险一金			13 708.80
2024年01月31日	记-0080	结转期间损益	3103	本年利润			2 435 720.81
合计						27 428 496.59	27 428 496.59

单位负责人:杨建刚　　财务主管:李通　　制表人:黄杰华

附录2 1月资产负债表

会小企01表

编制单位：河南永盾门业有限公司　　　　2024年1月31日　　　　　　　　　　　　　　　　单位：元

资　产	行次	期末余额	上年年末余额	负债和所有者权益	行次	期末余额	上年年末余额
流动资产：				流动负债：			
货币资金	1	1 012 179.53	570 230.43	短期借款	31		
短期投资	2			应付票据	32		
应收票据	3	2 006 880.00	379 680.00	应付账款	33	386 392.20	430 517.80
应收账款	4	1 579 740.00	619 240.00	预收账款	34		
预付账款	5	330 000.00	18 000.00	应付职工薪酬	35	151 235.20	151 235.20
应收股利	6			应交税费	36	428 847.89	13 440.00
应收利息	7			应付利息	37		
其他应收款	8			应付利润	38		
存货	9	1 950.00	741 700.00	其他应付款	39		
其中：原材料	10		208 200.00	其他流动负债	40		
在产品	11			流动负债合计	41	966 475.29	595 193.00
库存商品	12		510 000.00	非流动负债：			
周转材料	13	1 950.00	23 500.00	长期借款	42		
其他流动资产	14			长期应付款	43		
流动资产合计	15	4 930 749.53	2 328 850.43	递延收益	44		
非流动资产：				其他非流动负债	45		
长期债券投资	16			非流动负债合计	46		
长期股权投资	17			负债合计	47	966 475.29	595 193.00
固定资产原价	18	753 400.00	543 400.00				
减：累计折旧	19	134 064.00	129 168.00				
固定资产账面价值	20	619 336.00	414 232.00				
在建工程	21						
工程物资	22						
固定资产清理	23						
生产性生物资产	24			所有者权益（或股东权益）			

229

(续表)

资　产	行次	期末余额	上年年末余额	负债和所有者权益	行次	期末余额	上年年末余额
无形资产	25			实收资本（或股本）	48	2 000 000.00	2 000 000.00
开发支出	26			资本公积	49		
长期待摊费用	27			盈余公积	50	12 700.00	12 700.00
其他非流动资产	28			未分配利润	51	2 570 910.24	135 189.43
非流动资产合计	29	619 336.00	414 232.00	所有者权益（或股东权益）合计	52	4 583 610.24	2 147 889.43
资产总计	30	5 550 085.53	2 743 082.43	负债和所有者权益（或股东权益）总计	53	5 550 085.53	2 743 082.43

单位负责人：杨建刚　　　　　　财务主管：李通　　　　　　制表人：黄杰华

附录3　1月利润表

会小企02表

编制单位：河南永盾门业有限公司　　　2024年1月　　　　　单位：元

项　目	行次	本年累计金额	本月金额
一、营业收入	1	4 759 000.00	4 759 000.00
减：营业成本	2	2 186 986.40	2 186 986.40
税金及附加	3	45 947.99	45 947.99
其中：消费税	4		
城市维护建设税	6	26 802.99	26 802.99
资源税	7		
土地增值税	8		
城镇土地使用税、房产税、车船税、印花税	9		
教育费附加、矿产资源补偿费、排污费	10	19 145.00	19 145.00
销售费用	11	23 047.00	23 047.00
其中：商品维修费	12		
广告费和业务宣传费	13		
管理费用	14	67 297.80	67 297.80
其中：开办费	15		
业务招待费	16		
研究费用	17		

(续表)

项　目	行次	本年累计金额	本月金额
财务费用	18		
其中：利息费用（收入以"－"号填列）	19		
加：投资收益（损失以"－"号填列）	20		
二、营业利润（亏损以"－"号填列）	21	2 435 720.81	2 435 720.81
加：营业外收入	22		
其中：政府补助	23		
减：营业外支出	24		
其中：坏账损失	25		
无法收回的长期债券投资损失	26		
无法收回的长期股权投资损失	27		
自然灾害等不可抗力因素造成的损失	28		
税收滞纳金	29		
三、利润总额（亏损总额以"－"号填列）	30	2 435 720.81	2 435 720.81
减：所得税费用	31		
四、净利润（净亏损以"－"号填列）	32	2 435 720.81	2 435 720.81

单位负责人：杨建刚　　　　　财务主管：李通　　　　　制表人：黄杰华

附录 4　1 月现金流量表

会小企 03 表

编制单位：河南永盾门业有限公司　　　2024 年 1 月　　　　　单位：元

项　目	行次	本年累计金额	本月金额
一、经营活动产生的现金流量：			
销售产成品、商品、提供劳务收到的现金	1	2 789 970.00	2 789 970.00
收到的税费返还	2		
收到其他与经营活动有关的现金	3		
经营活动现金流入小计	4	2 789 970.00	2 789 970.00
购买原材料、商品、接受劳务支付的现金	5	1 939 355.70	1 939 355.70
支付的职工薪酬	6	128 255.60	128 255.60
支付的税费	7	13 440.00	13 440.00
支付其他与经营活动有关的现金	8	30 189.60	30 189.60
经营活动现金流出小计	9	2 111 240.90	2 111 240.90

(续表)

项　目	行次	本年累计金额	本月金额
经营活动产生的现金流量净额	10	678 729.10	678 729.10
二、投资活动产生的现金流量：			
收回短期投资、长期债券投资和长期股权投资收到的现金	11		
取得投资收益收到的现金	12		
处置固定资产、无形资产和其他非流动资产收回的现金净额	13		
投资活动现金流入小计	14		
短期投资、长期债券投资和长期股权投资支付的现金	15		
购建固定资产、无形资产和其他非流动资产支付的现金	16	236 780.00	236 780.00
投资活动现金流出小计	17	236 780.00	236 780.00
投资活动产生的现金流量净额	18	－236 780.00	－236 780.00
三、筹资活动产生的现金流量：			
取得借款收到的现金	19		
吸收投资者投资收到的现金	20		
筹资活动现金流入小计	21		
偿还借款本金支付的现金	22		
偿还借款利息支付的现金	23		
分配利润支付的现金	24		
筹资活动现金流出小计	25		
筹资活动产生的现金流量净额	26		
四、汇率变动对现金及现金等价物的影响	27		
五、现金及现金等价物净增加额	28	441 949.10	441 949.10
加：期初现金及现金等价物余额	29		
六、期末现金及现金等价物余额	30	441 949.10	441 949.10

单位负责人：杨建刚　　　　　　　　财务主管：李通　　　　　　　　制表人：黄杰华